媒体融合背景下播音主持艺术创新发展路径研究

王 洋 王鑫豪 著

吉林文史出版社

图书在版编目（CIP）数据

媒体融合背景下播音主持艺术创新发展路径研究 /
王洋 , 王鑫豪著 . — 长春 : 吉林文史出版社 , 2023.10
ISBN 978-7-5472-9889-3

Ⅰ . ①媒… Ⅱ . ①王… ②王… Ⅲ . ①播音 – 语言艺
术 – 研究②主持人 – 语言艺术 – 研究 Ⅳ . ① G222.2

中国国家版本馆 CIP 数据核字 (2023) 第 200093 号

媒体融合背景下播音主持艺术创新发展路径研究
MEITI RONGHE BEIJING XIA BOYIN ZHUCHI YISHU CHUANGXIN FAZHAN
LUJING YANJIU

著　　者：王 洋　王鑫豪
责任编辑：姜沐雨
出版发行：吉林文史出版社
电　　话：0431-81629369
地　　址：长春市福祉大路 5788 号
邮　　编：130117
网　　址：www.jlws.com.cn
印　　刷：河北万卷印刷有限公司
开　　本：710mm×1000mm 1/16
印　　张：17.75
字　　数：250 千字
版　　次：2023 年 10 月第 1 版
印　　次：2024 年 1 月第 1 次印刷
书　　号：ISBN 978-7-5472-9889-3
定　　价：98.00 元

前　言

随着科技的快速发展和互联网的普及，媒体行业正经历着前所未有的变革。传统媒体与新兴媒体之间的界限逐渐模糊，媒体融合成为当今时代的重要趋势。在媒体融合的背景下，播音主持艺术面临着前所未有的发展和创新机遇。

本专著旨在探讨媒体融合背景下播音主持艺术的创新发展路径，以便满足新时代的需求和挑战。笔者探讨了媒体融合的概念、形成与发展过程以及其对传媒产业的影响；介绍播音主持艺术的基础知识，包括其演变历程、美学构设和多元风格，为读者提供全面的理论基础；分析媒体融合对传统媒体和网络媒体播音主持艺术的影响；着重探讨媒体融合背景下播音主持艺术创新发展之风格创新和语言创作；关注媒体融合背景下播音主持艺术创新发展之人才培养。

该书由王洋和王鑫豪合作撰写，共分为八章，其中王鑫豪撰写一至三章，约 10 万字；王洋撰写四至八章，约 15 万字。希望本书能够为广大播音主持工作者以及相关领域的学者和研究人员提供有益的参考和指导，期待通过深入探讨媒体融合背景下播音主持艺术的创新发展路径，为我国媒体行业的发展贡献力量，推动播音主持艺术在新时代展现出更加丰富多彩的魅力。

目 录

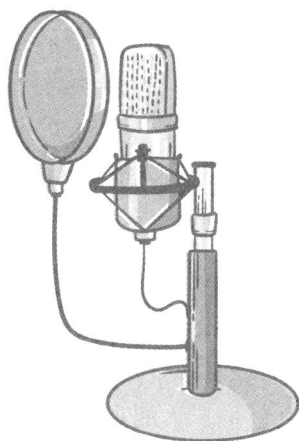

第一章　媒体融合概述

第一节　媒体融合的概念与类型

一、媒体融合的概念

（一）技术融合论

尼古拉斯·尼葛洛庞帝是一位美国计算机科学家和数字技术的创新者，也是麻省理工学院媒体实验室的创始人。他对于数字化、互联网和其他相关科技做出的贡献使他在全球范围内享有广泛的声誉。在尼葛洛庞帝的理论中，"融合"是一个核心概念。他认为，媒体的发展不再是单一的、线性的，而是交叉的、融合的。媒体（如电视、报纸、广播、电脑等）不再是各自独立的存在，而是在内容、形式、技术等多个层面上进行融合，并结合理论绘制了三个圆圈模型。三个圆圈模型是一个用来描述媒体融合的视觉工具，分别代表计算机、印刷和广播，它们的交叉处，也就是三个圆圈重叠的地方，代表媒体融合的场所，并且预见广播和动画业、电脑业以及印刷和出版业这三个领域在未来将会逐渐融合（见图1-1）。计算机代表计算机技术，包括硬件和软件。计算机是处理和传播信息的主要工具，它能够支持各种类型的媒体，包括文字、图片、音频、视频等。印刷代表印刷媒体，包括书籍、报纸、杂志等。印刷媒体是传统的信息传播方式，它在信息的存储和传播中起着重要作用。广播代表广播媒体，包括电视和广播电台。广播媒体是一种重要的大众传媒，能够向广大的观众传播信息。这三个圆圈的交叉处代表媒体创新最活跃、变革最剧烈的地方，当不同的媒体形式进行交互和融合时，会激发出更多的创新思想和新的可能性，从而推动媒体技术的发展。虽然这种设想或预言可能没有经过严格的论证和实验，但它指出了新旧媒体技术发展融合的方向。

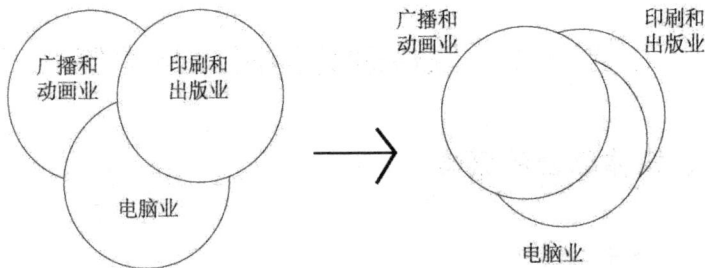

图 1-1　MIT 媒介实验室的汇聚结构

（二）大汇流论

托马斯·鲍德温是密歇根州立大学电信传播系的教授，并且还是中国香港大学的客座教授。他与史蒂文森·麦克沃依和查尔斯·斯坦菲尔德的合作研究，对新旧媒体的"融合"进行了深入的探讨和解释，无疑为人们理解和适应这个日益数字化的时代提供了宝贵的见解。三者的研究揭示了 1996 年电信法案对电信、有线电视、广播和计算机行业产生的深远影响，认为法案结束了这些行业各自为政的局面，使其汇流到一起，形成了"整合宽带系统"，开启了一个新的数字化时代，引发了大汇流。他们进一步认为，可将"整合宽带系统"称为"全方位服务网络"。"全方位服务网络"的观念实际上是对电信发展的一个重要预测。该网络设想是一个可以提供各种服务的复杂而全面的系统，其中涵盖了所有与电信、信息、媒体和互联网服务相关的各种功能。"全方位服务网络"的概念强调了各种组成元素的重要性和相互依赖性，从内容制造者（信息源）到硬件和软件的开发者，再到网络的搭建者和运营者，以及最后的用户。信息源包括电影制作人、电视和音乐创作者、杂志、报纸及其经销商（包括广播网络和辛迪加运营者）、广播公司、私营有线电视系统、游戏制造商、在线服务公司等。设备和软件的设计者和制造商主要是计算机软件和硬件（数据处理）行业、电话和有线电视公司以及相关设备的制造商。他们提供让信息在网络中流动的工具和手段。网络的建设者和经营者负责构建和维护整个网络的基础设施，使信息能够有效地从制造者传递到消费者。用户是信息的最终接收者，行为和需求将反过来影响网络的发展和改进。这个全方位的服务网络包括多元化的信息源：从电影、电视和音乐制作人，到杂志和报纸的出版和分销：从广播公司和有线电视系统，到游戏制造商和在线服务公司。技术的设计和制造主要由计算机软件和硬件（数据处理）行业、电话和有线电视公司以及相关设备的制造商来完成[1]。也就是说电信网、有线电视网和互联网的融合打破了传统的信息传输和通信的界限，促进了信息的数字化和媒体技术的融合，从而实现了新旧媒体的融合。

（三）大媒体论

凯文·曼尼是美国科技记者和传播学专家。他在《大媒体》一书中对新旧媒体的融合是这样解释的："在传媒业不分领域的全面竞争中，传统的大众传媒业、电信业、信息（网络）业都将统合到一种新产业之下，这个新产业就叫作'大媒体业'。"[2]凯文·曼尼的这一观点，简单解释就是，随着技术的发展和社会的进步，各种传媒形式不再独立运作，而是

---

[1]　鲍德温，麦克沃依，斯坦菲尔德.大汇流整合媒介信息与传播[M].北京：华夏出版社，2000：1-3.

[2]　曼尼.大媒体[M].台北：时报文化出版企业股份有限公司，1996：67.

开始融合，形成一个全新的大媒体业。"大媒体业"是一种全新的产业形态，它不再受到原有的传媒业、电信业、信息（网络）业等界限的限制，而是统合了这些领域的各种资源，包括信息传播技术、内容制作能力、分发网络等，形成一个大型的、综合性的媒体平台。这种大媒体业的特点就是融合和整合，它既包含了传统的媒体形式（如电视、电影、报纸、杂志等），又融入了新的媒体形式（如互联网、社交媒体、流媒体等），以及相关的电信和信息技术。这种融合可以为消费者提供更多元化、更方便的信息和娱乐服务，同时也给传媒业带来了新的发展机会和挑战。在"大媒体业"的构想下，消费者可以在一个平台上获取各种类型的内容，包括新闻、娱乐、教育、商业信息等，而无须跳转到多个平台。同时，这也给内容创作者和广告商提供了更大的发挥空间，可以跨平台、跨媒体形式地提供和推广内容。大媒体业的爆炸性成长意味着这个市场的潜力非常大，各种各样的企业，包括传统的大众媒体企业、电信企业，以及新兴的网络公司，都有资格争抢这个市场的份额。然而，大媒体业的竞争也非常激烈。企业不仅要与曾经的合作伙伴竞争，也可能要与过去从未竞争过的对象竞争，可能导致市场的混乱和不稳定，甚至可能导致某些企业或者市场部分"崩陷"。此情况下，企业需要制定明智的策略来应对，寻找合作伙伴，通过联盟的方式来共享资源、分担风险，并共同应对竞争对手，同时也需要保持创新，以提供更好的产品和服务来吸引和保留用户。

（四）生产融合论

中国人民大学新闻学院教授王菲对新旧媒体融合的解读是，媒介融合是在数字技术和网络技术的背景下，以信息消费终端的需求为指向，由内容融合、网络融合和终端融合所构成的媒介形态的演化过程①。其

---

① 王菲. 媒介大融合：数字新媒体时代下的媒介融合论 [M]. 广州：南方日报出版社，2007：21-22.

中，内容融合是指各种媒体（包括传统媒体和新媒体）的内容在一定程度上进行融合。比如，一个新闻报道可能同时包含文字、图片、音频和视频等多种形式的内容。网络融合指各种通信网络的融合。在数字技术和网络技术的推动下，电话网络、电视网络、互联网等传统的分离的网络正在逐渐融合为一个统一的、全球性的网络。终端融合指的是各种信息消费终端的融合。传统的电视、电话、电脑等单一功能的终端正在逐渐被如智能手机和平板电脑等多功能的终端取代。

王菲教授的这个解释表明媒介融合是在数字技术和网络技术的发展下，以信息消费终端的需求为核心，不同媒体之间的内容、网络和终端逐渐融合和交互。具体来说，内容融合指不同媒体形式（如文字、图像、音频、视频等）之间的融合，使信息可以在不同媒体之间流动和交互。网络融合指媒体通过互联网实现连接和互动，使信息可以随时随地被获取和分享。终端融合则强调了不同信息消费终端（如电脑、手机、平板等）之间的融合，使用户可以通过不同终端获取媒体内容。媒介形态的演化过程是由技术发展和用户需求驱动的，通过媒介融合，传统媒体与新兴媒体之间的界限逐渐模糊，为用户提供了更加便捷、丰富和个性化的媒体体验。王菲教授强调媒介融合的本质是生产形态的融合，这意味着新旧媒体融合是对传统媒体生产方式和形态的重新塑造和整合。

二、媒体融合的类型

（一）媒介技术融合

媒介技术的融合是指利用数字技术将音频、视频、文本、图像等多媒体信息在各种传播媒介之间实现交互和共享的过程。这一过程充分发挥了数字技术在媒体中的多样性、互动性、并行性和全球性等特点，以改变原有的传播模式，实现媒介间的无缝对接，以满足现代社会信息化、网络化的需求。

1. 媒介技术的融合体现在信息采集阶段

此前，各类媒体工作者只能以有限的手段获取信息。举例来说，新闻记者所依赖的主要是文字和图片的收集，而电视工作者则必须通过影像的捕捉来记录现场。然而，随着数字技术的飞速发展，传统的条框已逐渐被打破。以新闻记者为例，如今可以利用智能手机，实现录音、拍照、录像等多元化的信息采集，这在很大程度上提升了信息获取的效率与丰富性。在信息采集环节，传统信息采集的手段往往受限于特定的媒介形式，诸如文字、图片或视频，而媒介技术融合及其所形成的数字工具赋予了媒体工作者更多的选择和可能，现场采访记者可以便捷地使用智能手机完成录音、拍照或录像等操作，获取更全面的信息素材，提升了工作效率，也极大地丰富了信息的内容和形式。

2. 媒介技术的融合体现在信息制作阶段

以往在制作音频、视频、文本和图像时，需要使用不同的设备和工具，而媒介技术融合所产生的数字化技术使得这些媒体形式可以在计算机上进行处理，音频可以被录制、编辑和混合，视频可以被剪辑、特效化和渲染，文本和图像可以被处理、排版和修饰，不同媒体可以相互配合、相互增强，创造出更加丰富多样的内容形式。媒介技术的融合为媒体制作过程带来了无限的可能性，使得音频、视频、文本和图像能够无缝地整合在一起，从而形成富媒体的内容。同时，媒介技术的融合也使得制作过程更加便捷，不再需要专业的设备和技能，普通人也可以参与媒体制作的过程，人们可以利用各种平台自行制作和发布新闻、影片、音乐等内容，从而形成了被称为"草根媒体"的现象。社交媒体和网络平台的兴起也进一步促进了"草根媒体"的发展。社交媒体和网络平台为个人提供了一个广阔的舞台，用户可以自行制作和发布各种内容，与他人分享和互动，以低成本、高效率的方式传播信息。除此之外，用户还可以发布新闻、制作影片、录制音乐，甚至成为自媒体人或网络红人，从某种程度上来看，草根媒体的兴起改变了传统媒体的格局，赋予了普通人更多的话语权和参与权。

3. 媒介技术的融合体现在信息发布阶段

媒介技术的融合对信息发布阶段产生了深远的影响，主要体现在信息的开放性和民主化方面。这种融合使得任何人都能够利用各种媒介技术通过网络发布自己的观点和信息，从而实现了信息的广泛传播。社交媒体、博客、论坛等平台成为用户直接发布信息的途径，摆脱了过去媒体机构垄断信息发布的局面，从而极大地拓展了信息来源的多样性和传播的广度。

在过去，传统媒体通常是信息发布的主要渠道，而现在，一些社交媒体平台成为大众获取和发布信息的重要工具。中国有自己的一些社交媒体平台，如微信、微博和抖音等。作为中国最大的即时通信和社交媒体平台之一，微信拥有庞大的用户基础。用户可以通过微信发送文字、语音、图片、视频等多种形式的消息，并可以创建个人账号或公众号进行信息发布，微信还提供了朋友圈功能，让用户可以分享动态和生活瞬间，并与朋友互动。微博用户可以在微博上发布短文、图片、视频等内容，并与其他用户进行互动。微博用户可以关注其他用户、点赞、评论和转发他们的内容。微博在中国社交媒体领域具有广泛的影响力，成为公众讨论和信息传播的重要平台之一。抖音是一个短视频分享平台，用户可以拍摄和编辑15秒至60秒的短视频，并在平台上与其他用户分享。抖音以其独特的内容创作和个性化推荐算法而受到广大用户的喜爱。用户可以通过跟拍、点赞、评论和分享等方式与视频创作者互动，形成了一个充满活力和创意的社交媒体平台。博客和个人网站的兴起也为个人信息发布提供了更大的空间和自由度，所有人都可以通过博客平台创建自己的网站或博客，并在其中发布自己的观点、经验、知识等内容，个人在信息发布时不受传统媒体的限制，拥有了更多的话语权和控制权。博客和个人网站的兴起也为读者提供了更多元化、深度的信息来源，通过订阅和分享机制，读者可以自主选择自己感兴趣的内容，形成了一个开放、多元的信息传播网络。除了上述平台，中国还有其他一些社交媒体应用和平台，如 QQ 空间、哔哩哔哩、知乎等，它们都在不同的领域和用户群体中发挥着重要作用，丰富了信息发布的形式和渠道。

（二）媒体所有权合并

媒体所有权合并是指媒体产业中不同媒体机构或集团之间的合并和收购，从而实现媒体所有权的集中化。这种类型的媒体融合通常发生在传媒组织（集团）这一层面，是媒体行业中最高层次的融合形式。维亚康姆是一个综合性的传媒集团，拥有包括 CBS、MTV、尼克儿童频道、Showtime 等知名品牌在内的广播电视网、有线电视网、电影制片公司等多个业务板块。维亚康姆公司的媒体所有权合并是通过一系列的收购和重组来实现的，其前身是维亚康姆和 CBS 两个独立的传媒公司。维亚康姆成立于 1971 年，旗下拥有维亚康姆娱乐集团和维亚康姆国际媒体网络等。CBS 则是美国历史最悠久的广播公司之一，成立于 1927 年。2000 年，维亚康姆公司宣布收购 CBS，并于 2001 年完成了合并，这次收购使得维亚康姆公司拥有了更广泛的媒体平台和资源，包括广播电视网、有线电视网、电影制片公司等。2006 年，维亚康姆公司进行了分拆，将其娱乐事业和有线电视事业分为两个独立的上市公司，分别是维亚康姆和 CBS 公司。2019 年，维亚康姆和 CBS 公司宣布重新合并，成为维亚康姆 CBS 公司，这次合并旨在通过整合两家公司的媒体平台和内容资源，进一步提高规模经济效益和市场竞争力。

维旺迪集团全球出版公司（Vivendi SA）是一家总部位于法国的跨国媒体集团，业务范围涵盖音乐、电影、电视、出版等多个领域。维旺迪集团于 2000 年收购了当时全球最大的唱片公司——环球音乐集团。通过这一收购，维旺迪集团获得了环球音乐集团的音乐版权、唱片销售渠道和艺人资源，使其在音乐产业领域占据重要地位。为进一步扩大在音乐产业的影响力，维旺迪集团在 2003 年将尼尔森音乐和 BMG 音乐出版公司合并，并创建了新的 BMG 音乐出版集团。为了进一步拓展业务，维旺迪集团于 2000 年收购了法国有线电视运营商 Canal+ 集团。Canal+ 集团是欧洲最大的付费电视公司之一，拥有丰富的电影和体育节目资源。这次收购使维旺迪集团在电视和电影领域获得了更多的内容和渠道优势。在扩大电信行业的业务方面，维旺迪集团于 2013 年收购了摩洛哥电信，成为该国最大的电信运营商。随着数字媒体的兴起，维旺迪集团也积极进行数字媒体整合。2020 年，维旺迪集团与 CBS 公司完成了重组，组建成为维旺迪 CBS 公司。这次重组的目的是整合两家公司在数字媒体和流媒体服务方面的资源，以应对日益激烈的数字媒体竞争。2022 年 2 月 16 日，ViacomCBS 公司对外宣布已经更名为 Paramount Global（简称 Paramount）。

美国在线时代华纳（AOL Time Warner）也是媒体所有权合并的一个典型案例。美国在线（AOL）是一家知名的互联网服务提供商，而时代华纳（Time Warner）是一家跨媒体集团，拥有电视、电影、出版等多项媒体业务。双方的合并动机主要是实现跨媒体平台整合，通过结合互联网技术和传统媒体内容，以扩大市场份额、提供更丰富的媒体产品和服务。合并过程中，AOL 与时代华纳进行了资产交换和股份交易。AOL 以其高估值的互联网股票收购时代华纳，时代华纳股东成为合并后公司的股东。这种交易形式实现了双方在资产和所有权上的整合。合并后的美国在线时代华纳公司拥有庞大的媒体资产和业务，涵盖了互联网服务、有线电视、电影制作和发行、出版、音乐等领域，公司通过业务协同和资源整合，实现了多个媒体平台之间的优势互补。例如，AOL 的互联网技术和在线服务可以增强时代华纳的内容传播和分发能力；而时代华纳的丰富内容库则可以为 AOL 提供更多的独家内容，吸引用户和提高用户黏性。

（三）媒体间战术性联合

1. 广播媒体与网络媒体间的战术性联合

广播媒体和网络媒体间的战术性联合是一种相互促进和协同发展的合作模式。广播媒体通过建立网站、广播台将节目内容和资源以在线形式呈现给用户，使得用户可以在任何时间、任何地点通过网络收听广播节目。与传统广播不同，网络广播不受时间段的限制，用户可以根据自己的日程安排和兴趣爱好，在合适的时间收听感兴趣的节目。同时，网络广播平台还可以通过弹幕、留言等互动功能，与用户进行实时互动，提供更加个性化和参与性强的广播体验。

2. 电视媒体与手机媒体间的战术性联合

在数字无线传输飞快发展的背景下，电视媒体和手机媒体之间的战术性联合成为一种必然趋势。随着手机屏幕技术的进步和网络速度的提升，用户可以通过手机随时随地观看电视节目，无论是在公共交通工具上、户外休闲场所还是在家中。手机作为个人设备，可以与电视节目进行互动，如通过手机应用进行投票、参与电视节目的互动环节、实时评论等。另外，电视节目可以通过手机应用提前或同步发布，吸引更多的观众关注和观看。手机媒体平台也可以通过与电视台合作，对电视节目内容进行推广和宣传，提高节目的曝光度，扩大受众范围。更重要的是，电视台拥有丰富的视频内容和制作能力，而手机媒体则具备更加个性化和定制化的服务能力。通过合作，双方可以共享资源，实现内容的互通和交流，提供更丰富多样的内容和服务，满足用户的不同需求。

3. 电视媒体和网络媒体间的战术性联合

随着互联网的普及和发展，电视媒体面临着观众分流的挑战。为了适应这一趋势，电视媒体需要改变传统的传播形态，与互联网接轨，开辟新的传播渠道，并拓展新的经营思路。春节联欢晚会是中国人过年期间必看的节目之一，但随着互联网的普及，观众的媒体选择和观看习惯开始发生变化。为了适应这一变化，通过战术性联合进行春节联欢晚会的全球网上直播，并引入网上投票机制，取得了简单而有效的效果。传统上，春节晚会只能通过电视媒体进行播放，受到地域和国界的限制。而通过互联网平台的全球直播，无论观众身在何地，只要有网络连接，都能够实时观看节目，扩大了观众的范围和参与度。与此同时，观众可以通过互联网平台给他们最喜欢的春节晚会节目投票，表达自己的观点和意见，这种互动机制使观众成为节目的参与者，增强了他们的黏性和参与度，同时也为电视媒体提供了有价值的反馈和数据。

4. 报纸和网络媒体间的战术性联合

在数字化时代，报纸和网络媒体间的战术性联合对媒体融合也起到了重要的推动作用。《人民日报》是其中典型的例子，展示了报纸如何通过与网络媒体的战术性联合来适应数字化转型。作为中国最重要的官方媒体之一，《人民日报》通过与网络媒体平台的合作，积极拓展其数字化传播渠道。首先，它在网络媒体平台上建立了自己的官方账号，如抖音和微博。抖音是一款以短视频为主的社交媒体平台，《人民日报》利用这一平台发布与时事热点相关的短视频，使新闻更加生动有趣，吸引年轻一代的关注。而微博作为中国最大的社交媒体平台之一，《人民日报》通过在微博上发布新闻、评论和观点，与广大用户进行互动和交流，扩大了传播的范围和影响力。通过这些平台，《人民日报》能够以更加生动的形式传播新闻和信息，与读者进行实时互动，并提供更多多媒体内容，如视频、图片等。此外，《人民日报》还在网络媒体平台上推出了专门的移动应用程序，这种应用程序提供了以电子化形式呈现的纸质报纸内容，读者可以通过智能手机或平板电脑方便地阅读和获取报纸内容。

5. 电视媒体和广播媒体间的战术性联合

电视媒体和广播媒体之间的战术性联合是一种常见的媒体融合形式。由于电视台和广播电台通常都隶属于同一广播电视集团或公司，因此它们之间进行战术性联合相对较为方便和自然。这种战术性联合的一种基本形式是"广播的电视版"或"电视的广播版"。具体而言，电视台可以制作电视节目的广播版，将电视节目的音频内容提取出来，通过广播电台进行播放。这样一来，原本只能通过电视接收的内容，可以通过广播电台传递给更广泛的听众群体，实现内容的多平台传播。同时，广播电台也可以制作广播节目的电视版，将广播节目的音频内容与图像相配合，通过电视台进行播放。通过战术性联合，电视媒体和广播媒体可以互相借力，充分发挥各自的优势。电视媒体以其图像和声音的特点，能够更加生动地提供视觉上的信息呈现，吸引广大观众的注意力；而广播媒体则注重声音和语言的表达，通过优秀的广播网络媒体播音主持人、专业的解说员等，传递深入、详细的内容给听众。两者的结合，可以在一定程度上弥补彼此的不足，提供更加丰富多样的媒体体验。一个典型的电视台和广播电台战术性联合的案例是中国中央电视台（CCTV）和中国之声广播电台的合作。CCTV是中国最大的国家级电视台，拥有广泛的电视节目制作和播出能力。中国之声广播电台是中国国家广播电台旗下的综合性广播电台，注重深度新闻报道和文化节目。这两个媒体机构在一些特定的时刻和重要事件中进行战术性联合，以增强新闻报道的力度和广度。例如，当重大政治会议、国家庆典、重要会议等发生时，CCTV和中国之声广播电台会共同进行报道。CCTV会通过电视直播的方式向观众展示现场的图像和视频，同时中国之声广播电台会通过广播频道向听众播报现场的声音和详细报道，使得观众和听众都能获取全面的信息。

6. 报纸和广播电视之间的战术性联合

报纸和广播电视之间的战术性联合是传统媒体之间的一种合作形式，通过共享新闻资源和开展采编互动，实现信息互通和协同发展。在报纸和广播电视的联合中，双方可以共同利用彼此的优势和渠道，为读者和观众提供更丰富的媒体体验。一方面，广播电视可以在特定的时间段设置读报环节，为听众或观众提供了纸质媒体的新闻摘要。《新闻联播》是中国最重要的新闻节目之一，每天晚上7点准时播出。在节目中，主持人通常会在特定的时间段进行读报环节，简要地介绍当天的重要新闻和报纸头条。在读报环节，主持人会以简洁明了的语言，对当天的报纸头条新闻进行概要介绍，包括政治、经济、社会、文化等各个领域的重要消息。主持人通常会提到报纸的名称和相关新闻的来源，引导观众关注相关报纸的详细报道。另外，报纸也会开辟专栏或栏目，专门介绍广播和电视的各类节目。这些专栏可能包括对节目的预告、推荐、解读、点评等内容，为报纸读者提供有关广播电视节目的信息，帮助他们了解节目内容和选择感兴趣的节目。《人民日报》就开辟了专门的栏目，介绍各类电视节目的内容和亮点。在这个专栏中，《人民日报》会选择当天或近期热门的电视节目，包括新闻、综艺、纪录片、电视剧等各个类型的节目，对其进行介绍和点评。该专栏会提供节目的播出时间、频道、主要内容和观看方式等信息，同时也会对节目的制作水平、演员表现、社会影响等方面进行评论和评价。报纸和广播电视之间的战术性联合通过新闻资源共享、介绍报道、节目宣传等方式，促进了传统媒体之间的互动和合作。

（四）媒体组织结构性融合

新闻的采集和分发方式与媒体机构的结构性融合紧密相连。结构性融合的推动将导致传统媒体内部的层级和各部门之间的归属及权力格局产生巨大转变[1]。一般来说，传统媒体机构呈现出垂直式的构架，但是，在跨媒体融合的大背景下，新型的媒体组织结构将趋向于水平化。

在我国，报纸机构的内部组织结构主要呈现三种形式。一是社务委员会领导下的社长负责制。在这一制度下，社务委员会是报社重大决策的决策主体，包括但不限于如人事变动、资本运作等重大决策。在社务委员会的领导下，社长作为执行机构的主要负责人，对社务委员会负责，执行并落实社务委员会制定的各项政策、管理日常工作，并就其工作成

---

[1]　惠永桂.媒体融合背景下新闻采集思路的创新与分析 [J]. 小作家选刊（教学交流），2017（13）：28-29.

效向社务委员会汇报。此种模式的特点是领导权力和执行权力分明，实行责任到人的管理机制，有利于报社的发展和管理。二是社长主导，总编辑和总经理分工协作的组织结构模式。在这一模式中，社长通常是整个机构的决策者和领导者，他负责制定战略决策，对外代表整个机构。总编辑负责制定新闻策略，对新闻内容进行审核，管理编辑团队，还要监督整个新闻采编过程，确保按时完成并发行。总经理则负责监督各个部门的工作，管理人员、财务状况以及与其他机构的商业关系，比如广告销售、发行合作等。三是董事会领导下的总经理负责制。董事会由股东选举产生，代表股东利益，对企业进行监督和管理，在某种程度上，可将董事会视为企业的"大脑"，它是企业战略决策的核心。总经理通常负责组织和执行董事会决定的企业战略，具体包括制订年度经营计划，组织和管理企业内部的人力资源，负责产品开发和市场营销等。这种模式的优点在于：董事会和总经理的角色和职责清晰分明，总经理有足够的权力来执行董事会的决策，并且在工作中可以享有相对的自由。然而，随着媒体融合的深入推进，原有的组织结构正在面临考验。在媒体机构进行结构融合的过程中，各大媒体集团经常出现复合的组织模式。例如，总公司的各个部门可能仍采用垂直型的组织结构，但在总公司与子公司之间，可能转向水平型的组织模式，而子公司则根据自身的特定需求选择适合的结构模式。

南方报业传媒集团是中国的一家大型新闻媒体机构，拥有众多报纸、杂志、网络媒体等资源，其南方报业传媒集团在组织结构融合方面的探索值得借鉴。为了适应新媒体时代的发展，该集团开始实施结构性融合，以提高新闻的生产和传播效率。在融合中，南方报业传媒集团的不同部门进行了深度整合，实现了在内容创新、平台共享、技术运用等方面的共享和协作，大大提高了新闻生产和传播的效率。比如，集团的新闻中心将原来分散在各地的新闻采集力量集中起来，统一进行新闻选题、采编和发布。在总部与子公司之间，集团也实行了水平型的组织结构，每个子公司根据自身特点和业务需求，自主决定其运营策略和发展方向。在这样的组织结构下，总部通常负责整个集团的策略规划和资源配置，提供全局性的视角和指导。例如，总部可以决定集团的整体战略方向，比如是否进行某种新的业务尝试，或者进行技术升级等。总部还可以进行集团层面的资源调配，比如人力、资金、信息等，以确保各个子公司可以得到所需的资源，以执行其业务①。然而，虽然总部有着宏观的决策权，但在具体的业务运作方面，各个子公司则享有较大的自主权。子公司可以根据自身的业务特点和市场需求，制定出适合自己的运营策略和发展计划。比如，一个主要面向年轻人的子公司，可能更多地利用社交媒体进行推广；而一个主要服务于企业客户的子公司，则可能更侧重于研究市场动态，提供个性化的服务。这样的水平型组织结构，可以在保证集团整体战略一致性的同时，给予子公司足够的灵活性，以适应快速变化的市场环境。通过这样的组织结构，媒体集团可以更好地实现资源的优化配置，提高业务运行的效率，增强集团的竞争力。

（五）新闻报道融合

新闻报道融合是一个典型的媒体融合类型，它涵盖了众多元素的综合使用，包括文字、音频、视频、图像和互动元素，全新的新闻传播方式，使新闻报道变得更立体、更个性化，且更具互动性。

随着科技的发展和数字化进程的加速快，新闻报道开始逐渐实现融合，主要体现在两个方面。一方面，不同媒体形式的融合。在过去，新闻通常在一个特定的媒体形式中发布，比如在报纸上发布文字报道，通过电视进行视觉和音频报道，或者通过广播进行音频报道，但每种媒体形式都有自己的优势和不足。例如，报纸能提供详细的文字描述，但缺乏动态视觉和音频元素；电视和广播可以提供视觉和音频内容，但不能像文字那样提供详细的信息。然而，不同媒体形式的融合可以让新闻报

① 郝天韵.南方报业传媒集团融合发展走出新路径[J].中国传媒科技，2018（7）：4.

15

道在一个单一的平台上同时呈现文字、音频、视觉和互动元素。例如，一篇在线新闻报道可能包括文字描述、音频访谈、视频剪辑、数据可视化，甚至用户可以评论和分享。另一方面，不同媒体平台的融合。不同媒体平台的融合主要是指传统媒体，如电视、广播和报纸等，和新典型如社交媒体、新闻网站、博客、播客以及各类手机软件的数字媒体之间的整合。传统媒体和新典型的数字媒体各有其特点和受众。例如，电视和广播新闻以其生动的形式和广大的覆盖面，能够吸引大部分中老年观众；而社交媒体、新闻网站等新典型的数字媒体，以其实时更新的新闻、灵活的互动方式和便捷的获取方式，受到年轻人的青睐。新华社，是我国政府主管的国家通讯社，也是世界上最大的新闻机构之一。为适应数字化时代的变化，新华社设立了自己的官方网站——新华网，该网站提供最新的新闻报道，包括文字、图片、视频等多种形式，推出了一系列的专题报道和互动服务，增强了新闻的深度和公众的参与感。在微博、微信、抖音等主要的社交媒体平台，新华社都设有官方账号，通过发布新闻资讯、图片、视频等内容，及时与公众进行互动，满足公众的新闻需求。此外，新华社还在新媒体领域进行了一系列的创新尝试。例如，新华社推出了全球首个 AI（人工智能）新闻主播"新华智云"，可以 24 小时不间断地进行新闻报道。这一举措，将最新的技术应用到新闻报道中，提升了新华社的新闻传播效率，同时也为媒体融合提供了新的思考和可能。

互动性是新闻报道融合的关键特征之一，互动性不仅改变了新闻的生产方式，而且改变了新闻的消费方式。在传统新闻报道中，新闻内容主要由专业的新闻工作者生产，并通过单向的传播方式传递给公众。然而，随着互动技术的发展，新闻生产者的范围已经扩大到了普通公众。公众可以通过社交媒体平台发布自己的新闻故事，或者通过评论、分享等方式参与新闻的生产和传播。

（六）新闻从业者的技能融合

在传统媒体环境中，新闻人才结构呈现出一种"橄榄型"格局，即主力人员集中在采编环节，管理层和技术人员的比重较小，而专业技能人才和经营型人才的数量相对稀少，这种结构体现了新闻行业的工作特性，即每个角色都有清晰的职责划分，各负其责。然而，随着媒体融合的推进，这种人才结构正在向"哑铃型"转变，"哑铃型"人才结构的特点是管理人员在媒体融合的过程中扮演着关键的角色，他们需要协调各种媒体资源，制定融合策略，推动媒体创新。同时，技术人员在新闻的制作和发布过程中的角色也日益重要，他们需要掌握最新的技术，以适应数字化、网络化的新闻生产环境。

在媒体融合的背景下，新闻从业者所需的技能也发生了显著变化。由于媒体的融合，新闻报道不再局限于纯文字报道，还需要结合图片、音频、视频等元素进行深度报道，甚至使用数据可视化工具制作图表以更直观地展示新闻信息，这就要求新闻从业者必须具备熟练的计算机操作技能，能够使用各种多媒体制作软件，从而制作出更丰富、更立体的新闻报道。在信息爆炸的今天，新闻从业者不仅需要迅速获取和筛选信息，还需要具备分析和理解信息的能力，能够从大量信息中提炼出新闻价值，并对其进行深度挖掘和报道。随着网络和社交媒体的发展，新闻报道的形式也越来越多元化，读者的互动参与也越来越多。因此，新闻从业者需要设计出易于互动的新闻产品，引导和激发读者的参与和互动。在媒体融合的环境下，新闻不再仅仅发布在报纸或电视上，也需要在多种媒体平台上进行传播。新闻从业者需要熟悉各种媒体平台的运营规则和特点，能够根据不同平台的特性选择合适的报道方式和传播策略。

第二节　媒体融合的形成与发展

一、媒体融合的形成基础

（一）技术基础

1.技术的提高和更新可以推动媒体形态的发展

（1）传播技术的主要变革

传播技术的变革是媒体融合形成的重要推动力。过去几十年里，传播技术的主要变革涉及从模拟到数字、从线性到网络、从单一媒体到多媒体，以及从单向传播到双向互动等方面，如图1-2所示。

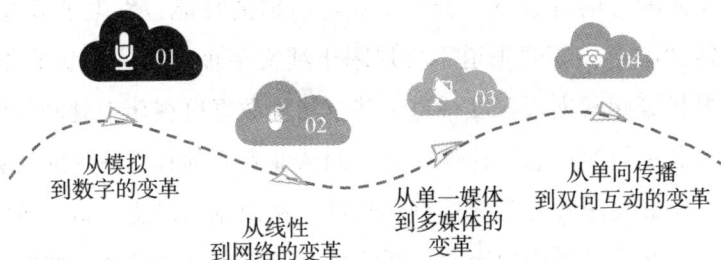

图1-2　传播技术的变革路径

从模拟到数字的变革。模拟技术是早期的传播技术，如电视和广播等，通过模拟信号传输信息。随着技术的进步，数字化技术应运而生，如数字电视和网络电视等，它们能以数字信号传输信息，提供更高质量的图像和声音，同时也使得信息的存储和传输变得更加便捷[①]。

从线性到网络的变革。早期的传播方式多为线性模式，即信息源通过媒介传递给接收者，接收者在这个过程中只是被动接收信息。随着互联网的广泛应用，信息的传播方式变得越来越网络化，接收者不仅可以接收信息，还可以反馈信息，甚至可以参与信息的生产过程，这极大增

---

① 刘宇浩.新闻传播视域下对技术变革影响的探究[J].新闻研究导刊，2020（2）：2.

强了信息的交互性。

从单一媒体到多媒体的变革。在过去，传播通常依赖于单一的媒介，如报纸、电视、电台等。然而，随着计算机技术和网络技术的发展，多媒体技术逐渐成为主流，文字、声音、图像、视频等多种媒介形式可以同时应用于信息的传播，极大地丰富了信息的表现形式和接收体验。

从单向传播到双向互动的变革。传统的传播方式大多为单向传播，即从信息源到接收者的单向流动。网络时代，信息传播趋向于双向互动，接收者可以直接对信息进行反馈，形成更加丰富的信息交流和分享，也使得信息传播更加快速和广泛。

（2）影响媒体变革的技术创新

①信息处理技术

在媒体融合中，信息处理技术包括计算机处理、数据分析、云计算、人工智能等。计算机处理技术的飞速发展使得大量的信息可以快速处理和整合。尤其是高速处理器和大容量存储设备的应用，为信息的存储、检索和处理提供了可能，使新闻报道、分析、制作等工作效率大幅提高。大数据分析技术不能仅在海量的信息中提取有价值的信息，帮助新闻工作者发现新闻事件背后的复杂关系，还能为他们提供新的新闻角度和话题。云计算技术解决了信息存储和处理的"瓶颈"问题，还使得信息可以在云端进行共享和协同处理，从而提高了信息处理的效率和质量。人工智能（AI）技术的进步，尤其是机器学习和深度学习的应用，使得计算机可以自动识别、理解和处理信息，甚至可以进行创新性的信息生成。例如，AI 新闻写作机器人可以自动生成新闻稿件，大大提高了新闻生产的效率。

②信息传输技术

在信息传输技术的发展过程中，尤其是互联网和新兴通信技术的进步，为信息传输带来了革命性的变化。互联网是信息传输技术的一次巨大飞跃，其基础协议 TCP/IP 提供了在全球范围内传输信息的可能性。从宽带到光纤，再到现在的无线网络，互联网的传输速度和容量都在不断提高，使得用户可以在几乎任何地方获取想要的信息。移动通信技术经历了从 2G、3G 到 4G，再到现在的 5G 的发展过程，特别是 5G 技术，其超高的传输速度（峰值速率可达到每秒 10 Gb）、低延迟（延迟可以低至 1 毫秒）和大连接（可以连接百万级设备）等特性，为新型媒体应用如虚拟现实、增强现实、无人驾驶等提供了可能。光纤通信技术利用光纤的特性，能够长距离传输大量的数据，且传输速度快、损耗小、干扰少。这些信息传输技术的发展，使得信息可以在瞬间跨越地理空间，传输到全世界的任何一个角落，大大推动了媒体融合的进程。

③网络技术

网络技术特别是社交网络、移动网络、云计算等新兴网络技术的发展，使得信息的获取、处理、传播和反馈变得更为便捷，为媒体融合提供了强有力的技术支撑。在社交网络上，每一个用户都可以成为信息的发布者，打破了传统媒体的信息发布垄断，让信息传播变得更加广泛和深入。5G 时代的到来，信息的传输速度和质量都得到了极大的提升，这使得包括视频、VR/AR（虚拟与现实 / 增强现实）等在内的多媒体内容的传播成为可能，为媒体融合的发展提供了新的可能性。云计算技术可以帮助媒体机构实现精准推送，提供更个性化的内容，还可以对用户行为进行分析和预测，优化媒体的内容生产和服务提供。此外，云计算也使得媒体机构无须自建昂贵的硬件设施，就可以实现全球范围内的内容分发和服务提供，大大降低了媒体运营的成本。网络技术的创新不仅推动了媒体形态的变迁和媒体融合的发展，也提供了媒体创新和发展的强大动力，正在塑造着媒体的未来。

2. 传播技术的提高和更新可以产生新的媒体形态

传播技术的提高和更新有助于新的媒体形态的产生，主要体现在从传统广播电视向数字广播电视的转变、从报纸杂志向在线阅读的转变两方面。一方面，随着数字化和网络化的发展，传统广播电视正逐步向数字广播电视转变。数字广播电视采用数字信号传输，比传统的模拟信号传输方式具有更高的传输效率和画质，而且可以通过互联网进行传输，实现全球范围内的无线覆盖。数字广播电视的接收设备也从传统的电视机转变为可以接收数字信号的电视机、电脑、手机等设备，极大地扩大了用户群体和使用场景①。另一方面，网络技术的发展和普及使得报纸和杂志的阅读方式也在发生改变。在线阅读，无论是通过网页浏览器，还是通过专门的新闻阅读 App，为人们提供了更加方便和快捷的获取信息的途径，这种转变也使得新闻内容可以实时更新，满足了人们对实时信息的需求。从某种程度上来看，互联网还为报纸和杂志的内容形式提供了更大的发展空间，如音频、视频、交互图表等多媒体内容的添加，使得新闻内容更加丰富和立体。可见，新的媒体形态不仅在提高信息传播的效率和效果上发挥了积极作用，也在满足人们日益多样化的信息需求上起到了关键的推动作用。

（二）经济基础

1. 规模化生产促进内部整合，降低经营成本

规模化生产是通过整合媒体资源和平台，实现媒体内容生产和分发的规模扩大，以达到降低单位成本的目的。传统报纸、电视、广播和网络媒体等不同媒体类型，通常分别进行内容生产和分发。但媒体融合趋势下，为了实现内部资源的优化配置和效率提升，要求各类媒体共享内容资源，共同进行新闻采编和传播，例如，一则新闻报道可以在报纸上刊登，同时也可以在电视、广播和网络媒体上进行播发，这就降低了重复生产的成本。并且媒体企业在规模化生产背景下，可以将固定成本分摊到更多的产品上，从而降低单位产品的成本。例如，一台高昂的摄影设备，如果只用来拍摄一部作品，则其单位成本极高；但如果用来拍摄多部作品，那么每部作品所分摊的设备成本就会大大降低。并且从某种

---

① 赖浩锋.数字移动电视的传播优势与市场前景 [J].广播电视信息，2005（4）：3.

程度上来看，规模化生产的媒体企业可以提供更为丰富和全面的内容，满足不同受众群体的需求，增强自身在市场上的竞争力，从而吸引更多的广告商和合作伙伴，进一步提升经济效益。

2.专业化发展，提高信息产品质量

在媒体融合的形成过程中，专业化发展在提高信息产品质量方面发挥了关键作用，展现了极大技术性价值。专业化发展的主要思路是将媒体生产过程分解成若干个独立的环节，每个环节由专门的团队或个人来完成，确保每个环节都得到充分的关注和专业的处理，从而提高信息产品的整体质量。专业化发展的特点是，媒体机构会专注于一个或几个特定的领域，如科技、经济、文化或者体育等，提供深度的、专业的内容，这种转变可以更好地服务于特定的受众群体，也能够帮助媒体机构在激烈的市场竞争中找到自己的立足点，形成独特的竞争优势。除此之外，由于专注于特定的领域，媒体机构可以投入更多的资源和精力进行深度报道和研究，从而产生高质量的新闻和信息产品，也能扩大媒体机构的品牌影响力，提升其市场地位。

（三）受众基础

1.受众信息密集化的需求，要求传媒企业大规模生产

信息爆炸的时代，每一个角落都充满各种信息，如新闻报道、科技进展、社会事件、娱乐资讯等，信息对于人们来说是认知世界、开展工作、娱乐休闲的重要来源，因此，人们对信息的需求呈现一种空前密集态势。受众信息密集化的需求是指现代受众对信息的需求越来越高，对信息的获取、处理、理解和利用的要求越来越密集，这种需求源自社会的发展以及科技的进步，人们可以通过各种手段获取各类信息，这使得受众对信息的需求越来越多样化，也更加密集。因此，要求传媒企业提供更多元化、更丰富的内容，以满足受众的各种需求。在信息密集化的趋势下，传媒企业必须借助现代科技，利用大数据、人工智能等技术提

高生产效率，实现大规模生产。与此同时，在信息密集化的需求下，只有能提供高质量、多元化内容的传媒企业才能在竞争中脱颖而出，要求传媒企业不断提高生产效率和内容质量，以满足受众的信息密集化需求。受众信息密集化的需求是媒体融合的重要驱动力，而媒体融合也正是对这种需求的一种响应。为了满足受众信息密集化的需求，传媒企业必须通过大规模生产，提供更丰富、更多元化的内容。

2. 受众分众化的需求，要求传媒企业提供特色信息服务

受众分众化的需求指的是受众群体在兴趣爱好、生活方式、消费习惯、社会认知等方面的差异化趋势。由于社会的发展和科技的进步，受众的信息需求和接收能力都发生了显著变化，不同的受众群体对信息的需求越来越具有特色和个性。这就要求传媒企业提供更具针对性和特色化的信息服务，因为只有这样，才能有效满足分众化的受众需求。换言之，传媒企业不能再像以前那样"一刀切"，只提供一种形式的信息服务，需要深入研究各类受众群体，理解其需求和偏好，然后根据这些需求和偏好提供定制化的信息服务。以数字媒体为例，不同年龄段、不同社会阶层、不同兴趣爱好的人群，对于信息的需求有着显著的不同，比如年轻人可能对时尚、娱乐、科技等信息有更高的需求，而中老年人可能对健康、教育、生活服务等信息有更高的需求。对此，数字媒体需要提供多元化的内容，以满足不同受众群体的需求。

3. 受众多样化的需求，要求传媒企业提供全媒体的信息服务

全媒体信息服务在这里指的是，传媒企业需要在不同的媒体平台，包括传统的电视、广播、报纸，以及互联网、社交媒体、移动应用等上提供内容和服务，以适应受众在不同场合、不同设备上获取信息的需求[①]。每个人都有自己的兴趣点和信息需求，有的人可能对政治新闻感兴趣，有的人可能喜欢了解最新的科技发展，还有的人可能经常关注娱乐和生活方式的新闻。这就要求传媒企业拥有广泛的新闻来源，且必须拥

---

① 何新华. 受众取向与分众化电视媒体的品牌经营 [D]. 厦门大学，2006：12.

有各种类型的新闻报道技术，以便能够对不同类型的新闻进行深度的挖掘和精准的报道，以满足这些不同的需求。且随着社会和科技的发展，人们的信息需求也在不断变化。例如，十年前，大多数人可能还不了解区块链和人工智能，而现在这些已经成为很多人关注的焦点，受众的这种变化意味着传媒企业需要紧跟新的发展趋势，并能够快速对新的话题进行报道。除此之外，受众获取信息的场合也正在发生变化①。在传统的媒体环境下，受众主要在特定的时间和地点获取信息，比如在家中看电视新闻、在公司阅读报纸等。然而，在现代的媒体环境下，由于移动设备的普及和移动网络的发展，受众可以在任何时间、任何地点获取信息。比如，在公交车上通过手机阅读新闻、在咖啡店通过平板电脑看电影、在公园通过智能手表听广播等，新的获取信息的场合使得受众可以在满足信息需求的同时，也能更好地享受生活。

二、媒体融合形成的一般路径

（一）互动

1. 传统媒体间的互动

传统媒体通常指的是新闻报纸、广播电视、杂志等依托于特定物理形式，以传播信息和内容为主要功能的媒体，它们的互动就是传统媒体通过交流和分享内容、资源、技术等，实现信息的共享、提高媒体效益，以适应新的媒体环境。内容分享与交流是最基本也是最常见的互动形式。例如，电视台与报社之间的新闻内容共享，或者不同电台之间的节目交换，都是内容分享与交流的例子。传统媒体间的互动也体现在共享和整合资源上。例如，两家或多家媒体可以共同采购设备，共享采编人员，从而节约成本、提高效率。随着科技的进步，传统媒体也在寻求通过技术合作，推动自身的技术更新。一方面，传统媒体可以通过与科技公司的合作，引入

---

① 李瑞，李文晋.电视媒体发展趋势的探讨 [J].新闻前哨，2014（10）：2.

最新的科技，实现技术的升级和更新。如：引入人工智能技术，以提高新闻生产的效率；引入云计算技术，实现数据的高效存储和处理。另一方面，传统媒体之间也可以进行技术合作，共享技术资源。例如，通过共享采编系统、播放系统等，可以大大降低技术投入的成本，提高工作效率。

2. 传统媒体与新媒体间的互动

随着新媒体技术的迅速发展，传统媒体和新媒体之间的互动正在日益增强。这种互动的过程可以分为多个层面，包括内容传播、用户参与以及平台合作等方面。传统媒体与新媒体之间的内容传播互动是指传统媒体通过新媒体平台传播内容，以及新媒体平台对传统媒体内容的引用和转载。传统媒体机构通过在新媒体平台上发布内容，可以扩大传播范围、吸引更多的受众。同时，新媒体平台也可以借助传统媒体的权威性和专业性，给用户提供更多丰富多样的内容。例如，一家报纸可以通过其网站、移动应用等新媒体渠道，向用户提供在线新闻、视频报道等形式的内容，使传统媒体的信息更加便捷地传播给用户。而传统媒体与新媒体之间的用户参与互动是指用户通过新媒体平台参与传统媒体的内容创作、评论和分享等活动。传统媒体可以通过新媒体平台提供的互动功能，与用户进行即时互动，获取用户的反馈和意见。用户通过新媒体平台则可以成为内容的创造者，通过评论、转发、创作等形式与传统媒体进行互动。这种参与互动的方式，不仅能够满足用户个性化需求，还能够为传统媒体带来更多的用户生成内容和社交分享，进一步丰富传统媒体的内容。另外，传统媒体机构可以与新媒体平台合作，共同开展内容制作、推广和营销等活动。通过与新媒体平台的合作，传统媒体可以借助新媒体平台的技术和渠道优势，拓展自身的影响力和覆盖面。同时，新媒体平台也可以通过与传统媒体的合作，获取传统媒体的优质内容资源，提升自身的品牌形象和内容质量。

3. 新媒体间的互动

在媒体融合的进程中，新媒体的兴起和发展成为媒体互动的重要组成部分。特别是手机与互联网的互动与结合更为紧密，相比于传统媒体，网络媒体与手机媒体在时间上最接近，同时它们在特点上也存在许多相似之处。通过互联网，用户不仅可以随时随地浏览新闻、观看视频、阅读文章，而且可以即时评论、分享和转发这些内容，互联网即时性和互动性的特点，使得网络媒体成为人们获取信息、表达观点和参与社交的重要工具。与此同时，手机作为一个普及率极高的个人设备，已经成为人们日常生活中不可或缺的一部分。手机媒体的兴起进一步加强了人们与新媒体之间的互动。通过手机，用户可以随时使用各种应用程序浏览新闻、观看视频、进行社交互动等。手机的移动性和便捷性使得用户不再受限于时间和空间，随时随地与新媒体进行互动。在新媒体间的互动中，手机与互联网的结合还推动了一系列创新的应用和业务模式的出现。例如，通过扫描二维码或使用手机支付等技术，用户可以在手机上直接参与线下活动、购买商品或进行支付，实现了线上线下的无缝链接。

（二）整合

1. 媒体整合的先锋——坦帕新闻中心

坦帕新闻中心作为美国媒体整合的领军者，在媒体融合方面取得了显著成就。据坦帕新闻中心的"媒体融合新闻内容协调官"肯·耐特透露，每年有 200～300 条新闻在三家媒体之间共享，但三家媒体在报道角度和方式上可能存在差异。通常情况下，三家媒体在编前会议上讨论各自的选题，并提出可以进行融合的新闻以及融合的方法。

坦帕新闻中心的做法是通过不同媒体平台的协同合作来进行整合报道。举例来说，对于某一事件的报道，网站可能首先发布快讯，接着电视新闻进行播报，第二天报纸再进行深度报道和挖掘，同时网络则以超文本报道的形式展开，通过文字、视频、各种链接等方式将信息整合在一起，甚至有可能由同一名记者进行采访，将新闻内容加工成文字、音像等形式，以适应不同的媒体平台。通过这样的方式，相同的信息可以通过不同的形式包装成适合各种媒体的产品。这种媒体整合的先进做法使坦帕新闻中心成为媒体融合领域的典范。通过有效的协调和整合，不同媒体间的资源得到充分利用，信息的传播和报道变得更加全面和多样化。这种模式的成功实践为其他地区和媒体机构提供了借鉴，为媒体融合的进一步发展指明了方向。

2.媒体整合——接触点

媒体整合的接触点是媒体融合过程中的一个重要阶段。在这个阶段，不同类型的媒体之间开始形成接触点，实现跨平台、跨媒体的合作与整合。这个过程中，有两种主要情况可能发生。一种常见的情况是新媒体并购传统媒体。随着新媒体的兴起和发展，许多传统媒体面临转型和生存的挑战，为了保持竞争力并适应媒体融合的潮流，一些新媒体公司选择并购传统媒体，以获取其丰富的内容资源、品牌影响力和读者（受众）基础，通过这种并购，传统媒体可以成为新媒体公司的内容生产部门，为其提供高质量的内容，同时利用新媒体平台进行更广泛的传播和互动。传统媒体延伸到新媒体领域是媒体整合接触点的另一种情况。一些传统媒体机构意识到媒体融合的重要性，并积极寻求与新媒体平台的合作与整合，利用自身的品牌影响力、专业报道和丰富的内容资源，进军新媒体领域，以拓展受众群体和增加收入来源。这种跨媒体经营的方式可以通过在新媒体平台上推出移动应用程序、建立在线新闻门户网站、开设社交媒体账号等来实现，从而与读者（受众）进行更多的互动。

（三）大融合

网络、媒体和通信这三个领域之间的融合被称为"大融合"，标志着媒体融合进入了一个更高级、更复杂的阶段，同时也展现出了新的机遇和挑战。

1.网络与媒体的融合

随着互联网的快速发展，传统媒体正在与网络媒体相互渗透、相互融合。传统媒体通过建立在线平台、推出移动应用等方式拓展自己的传播渠道，同时网络媒体也在加强内容的生产和传播能力，与传统媒体形成了互补和竞争的关系，使得新闻、娱乐、广告等各类内容在网络上得以广泛传播，用户可以随时随地获取信息，媒体的传播效果得到进一步提升。

2.通信与媒体的融合

移动通信技术的普及和移动设备的智能化使得用户可以方便地获取、分享和传播媒体内容。同时，通信技术的进步也改变了媒体的生产方式和传播方式。通过社交媒体平台，用户可以直接参与新闻报道，发表评论，分享观点，与媒体机构和其他用户进行互动，促使媒体更加注重用户需求，提供个性化、定制化的内容服务。

3.网络、媒体和通信的深度融合

在大融合的阶段，网络、媒体和通信不再是孤立存在，而是在技术、业务和服务层面进行深度融合。这种深度融合使得媒体能够更好地满足用户的多元化需求。通过云计算和大数据技术，媒体可以实现对用户兴趣和偏好的精准分析，提供个性化推荐和定制化服务。同时，虚拟现实、增强现实等新兴技术的应用也为媒体创新带来了新的可能性，打破了传统媒体形式的限制，提供了更加丰富和沉浸式的用户体验。

三、媒体融合的发展趋势

（一）思维变革：互动与服务意识

在信息时代，消费者的信息获取途径和方式发生了深刻变化，传统的"一对多"传播模式已经无法满足现代人的需求，而"多对多"的交互式传播正在成为主流，这种转变要求媒体企业要对传播模式的理解进行重大的思维变革。

互动意识强调的是媒体与受众之间的双向交流。媒体不仅是信息的传播者，也应该成为观众反馈的接收者，让观众从信息的被动接收者转变为主动参与者。通过社交媒体、网络论坛等平台，媒体能够及时收到用户的反馈，了解他们的需求，调整自己的信息发布策略，从而提升信息传播的效果。服务意识是指媒体的目标不仅仅是提供信息，更重要的是提供解决问题的方法，满足受众的实际需求。信息服务已经从"提供什么"转向了"如何提供"，并且更加关注在提供信息的过程中如何为受众带来价值。通过数据分析和用户行为研究，媒体可以提供更为精准、个性化的信息服务，满足不同用户的需求。在数字化转型过程中，《纽约时报》推出了"NYT Cooking"这一烹饪服务。这不仅是一款提供食谱的应用，它还提供了一个平台，让用户可以收藏、分享食谱，甚至可以对食谱进行评价和评论，从而形成一个热闹而活跃的互动社区①。这种模式打破了传统新闻机构只做信息提供者的角色，让《纽约时报》变得更加生活化，更加接近用户的日常生活，并且这种互动和服务的方式非常符合当前媒体融合的发展趋势，它强调的是媒体与用户之间的双向互动，而不仅仅是单向的信息提供。同时，《纽约时报》也通过这种方式发现并满足了用户在生活中的实际需求，从而赢得了用户的青睐。

（二）人才培育：打造新型意见领袖

在当下互联网时代，传媒行业的传统工作方式已经无法满足快速发展的媒体环境。因此，媒体融合中的人才培养就显得尤为重要。新的媒体环境需要新的工作者，他们不仅需要具备传统的新闻采编能力，还需要掌握互联网思维和新媒体技术，以适应日益变化的传播环境。

首先，新一代媒体工作者需要具备互联网思维。新一代的媒体工作者在互联网时代下需要具备互联网思维，这种思维方式与传统媒体思维有着明显的差异。新一代的媒体工作者不仅需要提供信息，更需要倾听用户的声音，引导和激发用户参与信息的生产和传播。通过社交媒体平

---

① 潘舒怡，生奇志.《纽约时报》新闻客户端分众化传播的探索和启示 [J]. 新闻研究导刊，2017（7）：3.

台邀请用户参与话题讨论，或者引导用户分享个人经验和故事，形成用户生成内容（UGC）。互联网思维强调信息的开放和分享，鼓励媒体工作者创建有价值、有吸引力的内容，以此吸引用户自愿分享，实现信息的快速扩散，需要新一代媒体工作者具备独立思考、创新的能力，能创作出有深度、有独特视角的内容。互联网时代，数据成为重要的决策工具。新一代媒体工作者需要具备数据敏感性和数据分析能力，以便从大量的用户行为数据中发现规律，以数据支持决策，如优化内容制作、提升用户体验、改进推广策略等。互联网的发展速度极快，这要求媒体工作者能够快速适应和把握变化，持续学习新的技术和理念，对工作进行快速的迭代和创新。例如，随着短视频、直播等新形式的出现，媒体工作者需要快速掌握这些新的表达方式，并将其融入工作。

其次，新一代媒体工作者还需要具备数据分析和使用能力。数据反映了用户的需求、偏好、行为模式等重要信息，对于媒体工作者来说，掌握数据分析和使用能力，可以帮助他们更准确地判断新闻价值，更科学地决定报道方式，甚至更精准地预测新闻走向。每一个点击、每一个分享、每一个评论都是用户行为的反映，也是用户需求的表达，通过对这些数据进行分析，媒体工作者可以更好地理解用户的关注点和兴趣点，从而创作出更贴近用户需求的内容。在互联网上，信息的传播是快速且无序的。但是，通过对数据进行分析，媒体工作者可以挖掘出信息传播的规律，例如最佳发布时间、最有效的分享渠道等，从而实现信息传播的最大效果。除此之外，在新闻事件发展的初期，通过对相关数据的分析，媒体工作者可以预测事件的可能走向，从而提前做好报道准备，抢占新闻制高点。

再次，新一代媒体工作者需要具备多元化的技术能力。为适应媒体融合需求，新一代的媒体工作者需要具备多种技能，包括新媒体制作、网络编程、社交媒体运营等。新媒体工作者需要掌握如何制作交互式的多媒体内容，如视频、动画、VR/AR体验等，以吸引用户的注意力、增强信息的吸收和记忆；要掌握一定的编程技能，即如何创建和维护网站，如何编写和修改代码，如何使用 API（应用程序接口）获取和处理数据等；还要熟悉各种社交媒体的运营规则和策略，即如何创建和管理社区，如何进行内容营销和推广，如何处理用户反馈和危机公关等。此外，他们还需要具备数据分析能力，以监控和优化社交媒体的运营效果。

最后，对于媒体融合的人才培养而言，高校和企业的紧密合作也是极为关键的一环。以网易与复旦大学共建的"媒体内容实验室"为例，这个实验室是一个典型的高校企业合作项目。在这里，学生们可以接触最前沿的媒体技术和理念，通过项目实践，加深对理论知识的理解，提升实践能力。同时，网易也可以通过这个平台，发现和培养未来的新闻行业精英，为其媒体融合的战略布局提供人才支持。

（三）机制创新："互联网 +"的融合建设

"互联网 +"作为一个重要的现代化概念，是指互联网与其他各种行业的深度融合，其在媒体行业的应用被称为"互联网 + 媒体"，目的是提升媒体行业的运作效率和服务质量，从而满足日益变化的用户需求。在当下的媒体环境中，面对"有限融合"的限制，要想实现深度的媒体融合，一种可能的方法就是以"融媒体中心"为平台，整合各种媒体资源，形成统一的指挥调度机构。这个中心可以利用互联网的广泛连接性和即时性，将传统媒体和新兴媒体深度融合，打破以往的机制藩篱，提升信息传播的效率和效果。实现这种深度融合的关键在于制度创新。首先，需要对现有的组织架构进行调整，将各种媒体资源统一管理，实现资源的优化配置。其次，需要进行流程再造，打破传统的工作模式，实现更为灵活高效的工作方式。最后，人才是实现深度媒体融合的关键。需要重塑思维理念，引导媒体工作者适应新的媒体环境，成为可以适应媒体融合的新型人才，只有实现了资源、人才、体制、机制的"全融合"，才能在打造新型主流媒体的道路上走得更远。

第三节　媒体融合的特征与功能

一、媒体融合的特征

（一）技术先导性

在媒体融合的特征中，技术先导性尤为突出，融合现象的出现和发展，是因为在全球信息化和网络化的背景下，新的技术和工具的发展和应用，使得不同媒体类型的界限变得模糊，交叉和互动成为可能。在理论和实践层面，技术先导性是媒体融合的重要推动力，这是因为新技术的应用，推动了媒体行业的创新和转型，也推动了传统媒体和新媒体的融合。在数字化的趋势下，如互联网、大数据、云计算、人工智能等新兴技术的应用，使得媒体融合具有了前所未有的可能性。根据国际典型联盟（ITU）发布的报告，截至 2023 年 4 月，全球互联网用户数已达 85 亿，全球超过 60% 的互联网用户每天都会阅读或浏览新闻和其他内容相关的文章。这种广泛的网络覆盖，为全球范围内的信息交流和传播提供了基础，也为媒体融合提供了重要的技术基础。中国在数字化、网络化、大数据等技术领域的飞速发展，为推动媒体的融合提供了重要的技术支撑。据中国互联网络信息中心（CNNIC）的报告，截至 2022 年 12 月，中国网民规模达 10.67 亿，较 2021 年 12 月增长 3549 万人，互联网普及率达 75.6%。这一数据的增长趋势不仅说明了网络技术在中国的广泛普及，更凸显出技术在媒体融合过程中的关键作用。在新兴技术的应用上，例如人工智能在新闻生产、信息推荐、用户行为分析等方面已经发挥了重要作用。以中国新华社为例，新华社利用人工智能技术，开发出"新华社写稿机器人"和"AI 记者采写系统"，可以 24 小时不间断地自动生成新闻报道，以应对大规模、高频率的新闻事件，极大地提升了新闻生产效率。新华社作为中国最大的新闻机构，早在 2014 年就开始探索人工智能在新闻生产特别是新闻写作这一关键环节中的应用。2015 年，新华社发布了首个人工智能写稿机器人"小新"。据新华社报告，2016 年，小新在总结并撰写全年的企业年报新闻中，产出了近三千篇新闻稿件。2018 年，新华社再度升级其人工智能技术，推出了全球首个全媒体工作站，利用人工智能进行新闻采集、编辑、发布全流程的智能化工作。其中，"AI 记者采写系统"是全媒体工作站的重要组成部分，它可以通过智能采集和处理新闻线索，自动生成新闻初稿。新华社的"AI 记者采写系统"能够 24 小时不间断地自动生成新闻报道，这无疑为大规模、高频率的新闻事件报道提供了极大的帮助。以股市报道为例，股市数据的更新极其频繁，需要实时准确地报道，对于人工记者来说，无法做到 24 小时不间断地报道，而且在数据处理和新闻生成的速度上也无法和机器相比。然而，"AI 记者采写系统"可以实时采集和处理股市数据，快速生成并发布新闻报道，大大提高了新闻报道的时效性和准确性。此外，人工智能技术的应用还极大地提升了新闻生产效率。在新闻产出量方面，一位资深新闻记者一天可能撰写 3 ～ 5 篇新闻稿件，而"AI 记者采写系统"却可以在一天之内产出上百篇甚至上千篇新闻稿件。在新闻报道质量方面，虽然机器无法替代人类记者在新闻选题和深度报道方面的独特视角，但是在处理大量数据、生成简单新闻报道方面，机器却可以保证高效且无错误。

　　一些社交媒体平台在媒体融合中也起到了重要的作用。在对腾讯一季报进行解读后发现，2023 年第一季度，微信及 WeChat 的合并月活跃账户数为 13.19 亿，微博在 2023 年 3 月的月活跃用户为 5.93 亿，截至 2023 年 1 月抖音的月活跃用户数达到 8.09 亿。社交媒体平台的广泛应用，不仅为用户提供了全新的信息获取和分享方式，也为媒体内容的生产和分发提供了新的平台。微信公众平台、抖音短视频等功能的推出，也为内容生产者提供了更多表达和创新的空间。例如，许多新闻机构和自媒体人士，利用社交公众平台和短视频平台，制作和发布了大量的新闻报道和原创内容，内容形式丰富多样，包括文字、图片、音频、视频等，深受用户的喜爱和欢迎。

（二）媒体内容多媒体化

多媒体化是指在同一信息平台上融合了文字、图像、声音、视频等多种媒体形式，以提供丰富多样的信息体验。在媒体融合的背景下，这一特征表现得尤为明显。多媒体化内容的呈现是媒体融合进程中的一个重要环节，它以更为直观和生动的形式为公众提供信息。在中国，网络新闻、社交媒体、移动应用等新型媒体平台已经广泛运用文字、图片、音频、视频等多种形式的内容，提供了全新的信息消费体验。例如，不少网络新闻网站开始提供图文并茂、声音生动、视觉动感的新闻报道，让用户在阅读的同时，也能通过图片、音频和视频等多种方式获取信息，媒体内容的多媒体化，更好地适应了人们的信息消费习惯。在视觉、听觉、阅读等多种感官体验中，用户可以选择最为舒适和便捷的方式获取信息，大大提高了信息的接收效率和消费满意度。同时，多媒体化内容的表现形式也为媒体提供了更为丰富和灵活的表达方式，增强了信息的传播效果和影响力。在中国，媒体内容的多媒体化还被有效地运用在新闻报道、公共服务、教育培训等多个领域。如在新闻报道中，多媒体化的新闻形式如图文新闻、音视频新闻等，使新闻报道更具视觉冲击力和感染力，更能吸引用户的注意力，提高新闻的传播效果。在公共服务中，政府部门和公共机构通过发布包含文字、图片、音视频等多种形式的信息，提高了服务的可接受性和满意度。在教育培训中，多媒体化的教学资源如视频教程、互动教学软件等，使教学过程更加生动有趣，提高了教学的效果和效率。

（三）系统性

1.媒体融合是多维度的，且各维度之间具有紧密的联系

系统性是媒体融合的一种核心特性，这种特性指出，媒体融合并不仅仅是各种元素或组成部分的简单拼接，而是构成了一个高度整合、内部联系紧密的系统。从各个纬度来看，媒体融合呈现出的系统性可具体细化为技术、内容、业务和用户等多个层面的相互关联和整合。技术层面，不同的技术元素如互联网、移动通信、云计算、大数据等融合在一起，为用户提供了无缝的信息访问和交互体验。在内容层面，各种媒体形式包括文字、图像、声音和视频等在同一个平台上相互融合，满足了用户对信息多样性的需求。在业务层面，各种业务流程和运营模式的整合，使得媒体组织能够更加高效和灵活地响应市场变化和用户需求。在用户层面，用户的信息获取、消费和互动行为也发生了深度融合，媒体消费不再是线性的、分离的过程，而是一个连续的、综合的体验。这些纬度间的融合并非相互孤立，它们之间存在着紧密的联系。技术的融合推动了内容的多媒体化，内容的多媒体化又要求业务流程的调整，业务流程的调整则进一步影响了用户的行为模式。反过来，用户行为的改变也会反馈到技术、内容和业务的变革上来，这样一来，媒体融合的各个维度形成了一个动态的、相互影响的系统。

2.媒体融合是一个由弱到强、由表及里的历史性过程

从历史的角度看，媒体融合在中国的发展确实呈现出系统性的特征，并且这个过程可以被视为一个由弱到强、由表及里的历史性过程。在20世纪90年代末，随着互联网的引入和移动通信技术的广泛应用，中国的媒体行业开始出现一些初级的融合迹象。这些早期的媒体融合主要体现在技术层面的整合，新闻媒体开始尝试在网上发布新闻，电视台开始尝试在线直播等，该阶段的融合可以说是"弱"的，因为更多的是技术的应用，而不是真正意义上的融合。然而，随着新一代信息技术的发展，

如社交媒体、移动互联网、大数据、人工智能等，媒体融合开始向内容和业务的深度融合转变。这一阶段的媒体融合可以说是"强"的，不仅涉及技术的应用，而且涉及内容的创新和业务模式的转变。例如，新闻媒体不再仅仅是在网上发布新闻，还可以通过社交媒体、移动应用等多种方式，提供个性化、互动化的新闻服务。电视台也不再仅仅是在线直播，还可以通过视频点播、互动节目等方式，为大众提供丰富多样的视听服务[①]。现如今，媒体融合在中国已经进入用户需求和行为的融合阶段，该阶段的媒体融合可以说是"由表及里"的，除了涉及技术的应用和内容的创新，还涉及用户的需求和行为的改变。新闻媒体不再仅仅是提供新闻服务，还可以通过深度了解用户的需求和行为，提供更加精准、更加贴近用户生活的服务。

3. 媒体融合的系统性表现在其多层次、立体化的影响力上

媒体融合的系统性在其多层次、立体化的影响力中得到了深刻体现。这种影响力的展现，不仅局限于媒体自身的形态和运行模式，更延伸到了社会的各个方面，深度和广度皆展现出其立体的特质。从微观层面看，媒体融合的系统性影响力首先体现在媒体组织的运营和管理中。媒体融合对媒体的组织结构、运作模式、内容制作、传播路径等方面产生了深刻影响，推动媒体组织实现从传统到现代、从单一到多元的转型。在中间层面，媒体融合对媒体产业的格局和发展产生了深远影响。通过整合各种媒体资源，构建跨平台、跨领域的新型媒体组合，使得媒体产业的竞争格局、市场结构以及产业发展的动态等都发生了重大变化。在宏观层面，媒体融合的系统性影响力则体现在其对整个社会的深度影响。信息是社会运行的重要资源，而媒体融合则为信息的生产、传播和使用提供了全新的模式，改变了信息流动的方式和规律，从而对社会的经济发展、文化交流、政治参与等多个方面产生了深远影响。例如，在经济发展方面，媒体融合推动了新的经济增长点的形成、创造了新的就业机会、

---

① 刘扩，孙晓静."体验式"的新闻连线直播方式分析 [J]. 电视指南，2018（2）：34.

引领了消费模式的变革。在文化交流方面，媒体融合打破了地域、语言、文化等壁垒，促进了不同文化的交流和碰撞，提高了文化多样性。在政治参与方面，媒体融合拓宽了公民参与政治的途径、强化了政府的透明度和公众的监督力度。

（四）选择性

选在媒体融合的进程中，选择性并非表现为全面、均质的整合，而是针对待定目标和重点进行的融合。在中国，媒体融合的选择性特征首先表现在技术应用上。中国的媒体行业在互联网技术的推动下，成功地实现了从传统媒体到新媒体的转型。然而，这并不意味着所有的传统媒体都能或都应该完全转型为新媒体。在选择性融合的过程中，许多传统媒体依然保留并强化了其特色和优势，比如报纸和电视的深度报道、电台的即时性和亲近感等。同时，它们也积极利用新技术，开展线上的新闻发布、直播、互动等新业务。这样的选择性融合使得中国的媒体行业既能保持多元性，也能充分利用新技术，满足用户的新需求。此外，媒体融合的选择性特征也体现在内容生产上。中国的媒体在选择性融合的过程中，注重兼顾大众化和专业化的内容，以满足不同群体的信息需求。例如，有的媒体在保持对政治、经济、社会等大众化主题的报道的同时，也开展科技、教育、健康等专业化的内容生产。在业务模式上，中国的媒体也体现了媒体融合的选择性特征，有的媒体在保持传统的广告业务的同时，开展线上广告、电商、付费阅读等新业务。

二、媒体融合的功能

（一）传播功能

1.报道新闻，传播信息

在媒体融合的环境下，新闻报道已经跨越了传统的纸质报纸或电视节目的界限，使得新闻可以通过多种形式呈现，如文字、图片、视频、音频、数据可视化等，多元化表现形式使新闻报道更具吸引力，能够满足不同受众的需求。此外，随着社交媒体和移动设备的普及，新闻报道也更加及时和快速，可以实时跟踪事件的发展。媒体融合的环境也提供了信息传播的新平台。无论是政府发布的政策信息，还是企业发布的产品信息，或是个人分享的生活信息，都可以通过各种媒体平台进行传播。而且信息传播不再是单向的，受众可以通过评论、分享、点赞等方式参与信息的传播，形成了多元化的信息交流模式。

2.表达意见，沟通情况

现代社会中，媒体不仅是单向的信息传播工具，更是公众互动、交流意见、分享经验的平台。社交媒体是媒体融合在表达意见和沟通情况方面的重要载体。用户可以在一些社交媒体平台上面发表自己的观点和感想，分享个人经历，对他人的帖子进行评论和转发，实现了用户与用户之间的互动交流。论坛、博客等平台也是媒体融合中意见表达和沟通的重要工具。用户在这些平台上可以发表长篇的观点和评论，对某个话题进行深入的探讨和分析，实现了更深层次的沟通交流。

3.宣传政策，引导舆论

宣传政策是媒体融合的重要任务之一。政策是政府为解决社会问题、推动社会进步而制定的行动指南，有效的政策宣传能让公众了解和理解政策内容，增强公众的政策执行和遵守意识。政府为解决环境污染问题发布了新的环保政策，通过媒体融合的方式，比如新闻发布会、电视和网络新闻报道、社交媒体推送等，这个政策可以迅速地被传播到全社会，增强公众的环保意识，引导大众参与环保行动来。引导舆论是媒体融合的另一项关键功能。舆论是对特定问题的公众看法和态度，它能反映社会的意识形态，影响社会的发展方向[①]。媒体融合有能力塑造和引导公众对某一问题的看法。例如，国外在大选期间，媒体可以通过播放各位候

---

① 陈绚.论媒体融合的功能[J].国际新闻界，2006（12）:5.

选人的政策讲述、举行辩论会、发布选民调查等方式，引导公众形成对候选人和其政策的认知和评价，从而影响选民的投票行为。

4.服务社会，指导生活

媒体融合为社区、个人和政府等提供了全面和及时的服务。比如，在突发事件中，媒体融合能够迅速传播紧急信息，提供救援的联系方式，引导公众做出正确的应对行为。在日常生活中，它能够提供各种生活必需信息，如天气预报、交通状况、健康咨询等。此外，通过与政府机构、非政府组织等的合作，媒体融合可以帮助公众更好地了解和使用各种社会服务。媒体融合通过提供有用的生活指南，帮助公众改善生活品质。这可能涉及各种主题，包括但不限于健康饮食、锻炼和保持健康、个人财务管理、环保生活等。例如，通过观看健康饮食的在线教程，用户可以学习如何制作营养均衡的饮食；通过查看在线运动视频，用户可以在家中进行有效的锻炼；通过阅读财务管理的博客和文章，用户可以学习如何有效管理个人财务；通过参与在线环保活动，用户可以了解如何过上更环保的生活。

5.传播知识，普及教育

媒体融合通过整合传统的和新型的媒体形式，提供了一个多元化的知识传播平台。无论是在线课程、学术讲座、教育电视节目，还是新闻报道、专业博客，媒体融合都能为公众提供宝贵的学习资源和丰富的知识。教师和教育工作者可以利用媒体融合提供的各种工具和资源，改进教学方法，提高教学效果，例如，教师可以使用视频、动画等多媒体资源来丰富教学内容，激发学生的学习兴趣。

（二）"生活场""生活情境"功能

如今，媒体已经超越了其基础的信息传播角色，并融入用户的生活环境和社会活动，使得用户在获取信息、娱乐、交流以及学习等各种生活场所和情境中，都能体验到媒体的影响和作用。在当今的购物领域，消费者不再仅仅在实体商店购物，还可以在各种不同的媒体环境下，如在线商店、社交媒体平台、电子邮件营销等，进行商品的浏览和购买。电子商务平台提供了一个在线购物"生活场"，使消费者可以在任何时间、任何地点浏览和购买商品。用户可以根据个人喜好、需要以及搜索历史，获得个性化的商品推荐。这种以用户为中心的体验，构成了特殊的"生活情境"，使消费者可以在各种生活环境中，如家中、办公室，甚至是在旅行途中，都能享受方便快捷的购物体验。社交媒体平台也在电子商务中发挥了重要作用。例如一些平台的购物功能，可以让用户在滚动图片的同时，看到商品的价格和详情，点击后可以直接跳转到商家的网页进行购买。此外，基于大数据的精准推送技术也构建了独特的"生活情境"。例如，用户在搜索某一商品后，相关的广告就可能在他们浏览的网页或社交媒体平台上出现，情境化的广告让用户在不经意间做出购物的决策。在教育领域，线上教育平台如 Coursera（在线教育）和网易云课堂，也实现了教育的融合。在线教育平台提供了广泛的课程选择，涵盖各种学科和领域，无论是职业技能提升，还是兴趣爱好学习，用户都可以在这些平台上找到适合自己的课程。课程的形式多样，包括录播视频、实时直播、文字教程、在线测验等，让学习更加灵活，更具个性化。只要有网络连接，用户就可以在自己的家中、图书馆、咖啡厅，甚至在移动的公交车和地铁上进行学习，学习的便利性和灵活性，使得学习可以无缝融入用户的生活，让学习的时间和地点更加自由。

第四节　媒体融合的核心与影响

一、媒体融合的核心

（一）传播关系的转型

在媒体融合时代，传播关系发生了巨大的变革，受众的角色从被动的接收者转变为积极的参与者和互动者。媒体融合背景下，互联网和社交媒体平台成为受众表达观点、分享经验和互动讨论的重要场所。社交媒体的评论功能和分享功能使得受众能够积极参与和互动，可以对信息进行评论以及回复其他人的评论，形成一个开放的信息交流平台，使得受众不再是被动接收信息的对象，而是能够与其他受众共同创造和分享内容。各类媒体的相互融合使得任何人都可以成为信息的发布者和传播者。个人、组织和社区通过互联网和社交媒体发布信息，促使信息来源更加多样化；也可以从不同的渠道获取信息，获取更全面和多样化的观点，并能够根据自己的兴趣和需求选择信息来源，获得更加个性化的信息体验。在传统媒体时代，信息传播需要经过制作和发布的环节，时间较长。然而，在媒体融合时代，信息可以实时发布和传播。社交媒体的实时性和即时性使得新闻和事件在第一时间传递给受众，例如，重大事件发生时，人们可以通过社交媒体获取最新的信息和动态。此外，媒体融合还创造了新的传播方式，如直播、短视频等，进一步提升了信息传播的速度和效果[①]。

（二）主流媒体的价值重塑

媒体融合经历了渠道、平台、经营、管理等多维度的深度融合，正在依托人工智能（AI）、区块链（Block）、云（Cloud）、大数据（Big Data）转向全媒体生态系统以及内容产业价值链的构建。从央媒到市县媒体坚持导向为魂、移动为先、内容为王、创新为要，以融媒体中心建设为抓手，推动媒体融合向纵深发展，实现媒体融合、媒介融合、思维融合、技术融合、流程融合、人才融合、经营融合等，使主流媒体在互联网时代更具传播力、引导力、影响力、公信力。媒体融合拓展了主流媒体的传播通路和空间，丰富和衍变了主流媒体的传播样态。

媒体融合是一个多维度的发展过程，它涉及渠道、平台、经营和管

---

① 陈昌凤.媒体融合的核心：传播关系转型 [J].中国记者，2014（3）：7.

理等多个方面的变革。同时，媒体融合还依赖于人工智能（AI）、区块链（Block）、云（Cloud）和大数据（Big Data）等新兴技术的支持，努力朝着全媒体生态系统和内容产业价值链的方向推进。在媒体融合的发展中，无论是央媒还是地方媒体，都积极推进媒体融合，将融媒体中心建设作为关键抓手。媒体融合不仅涉及不同媒体形式的融合，还涵盖了媒介、思维、技术、流程、人才和经营等多个层面的深度融合，通过整合各种资源和优势，实现多个方面的协同和互补，媒体融合为主流媒体提供了更强的传播力、引导力、影响力和公信力。在媒体融合过程中，主流媒体积极探索新的传播渠道和空间。传统媒体通过借助互联网和移动互联网等新兴媒体平台，拓展了传播通路，实现了跨媒体的传播。央媒和地方媒体在互联网时代积极推动新媒体的发展，通过在社交媒体和移动应用上发布内容，吸引更广泛的受众。此外，媒体融合丰富了传播样态，使得主流媒体能够更加灵活多样地传播信息，与受众进行更紧密的互动。

媒体融合是一种新生产模式，其本质在于传输通路的多维化。传统的报纸、电视、广播等主流媒体与互联网、移动互联网等网络新兴媒体进行有效融合，实现资源共享、集中处理、专业制作，创作出适应不同媒介传播样态和规律的内容产品，并通过不同的媒介传播路径将其送达给终端用户。媒体融合是在互联网和移动互联网迅猛发展的背景下，主流媒体在思维、理念、技术、流程、人才、介质和经营等全维度、全视角的有机融合。在这种媒体发展理念下，主流媒体正积极适应新媒体环境的要求，寻求与互联网和移动互联网的有效融合，以实现媒体行业的持续发展。

传统主流媒体以新闻报道、信息传递和舆论引导为使命，其价值观体现在客观、真实、公正、可信等方面。在媒体融合时代，主流媒体需要坚守这些价值观，并在融合过程中将其体现出来。无论是在新闻报道还是内容制作方面，主流媒体都应该保持高标准的专业水准，确保信息的准确性和可靠性。互联网的出现和发展改变了传统媒体的格局，用户拥有更多的选择权和话语权。在媒体融合过程中，主流媒体需要充分利用互联网新技术，创造更多的交互和参与机会，满足用户个性化、多样化的需求。通过与用户的互动和反馈，主流媒体能够更好地理解用户的诉求，提供更符合他们兴趣和需求的内容。并且主流媒体应该理解并适应网络新兴媒体的传播规律和特点，例如社交媒体的分享和互动性、短视频的简洁和快速等，通过与网络新兴媒体的融合，主流媒体能够更好地把握传播节奏和形式，实现信息的更广泛传播。

（三）人的融合

人的融合，包括媒体从业者、媒体使用者和社会各方面的人。理解这一点，需要从两个层面来看：生产者的融合和用户的融合。生产者的融合指的是在技术、思想和内容的层面实现媒体人的综合。在技术层面，生产者的融合是媒体从业者具备跨媒体的技能。在信息技术迅猛发展的今天，从业者不仅需要掌握单一媒体形式的制作和编辑技术，也要具备跨媒体、跨平台的运用和创新能力，包括文字、图像、音频、视频等各种媒介的制作和编辑技能，以及对新的媒体技术如直播、VR/AR、AI等的理解和运用。在思想层面，生产者的融合是媒体从业者拥有广阔的知识视野和多元的思维方式。媒体从业者不仅要有深厚的专业知识，也要有对社会、文化、经济、政治等各方面的理解和洞察，这种多元化的思维方式使媒体从业者能够从不同角度理解和分析问题，提出有深度和广度的观点和见解。在内容层面，生产者的融合是媒体从业者具备创新的观点和丰富的内容。媒体从业者不仅要有生产高质量内容的能力，也要有创新和变革的勇气和智慧，内容的创新和丰富是吸引和留住用户的关键，也是提升媒体影响力和公信力的重要手段。

用户的融合主要体现在接收、使用和互动媒体内容的过程中。首先，用户接收过程中的融合，表现在对多种媒体形式的接受和理解。用户可以通过报纸、电视、广播、网络、社交媒体等多种渠道获取信息，这需要用户具备解读和理解不同媒体语言的能力。同时，跨媒体、跨平台的接收还意味着用户需要有辨别、筛选和评价信息的能力，以便从众多信息源中找到自己真正需要的信息。其次，用户使用过程中的融合，体现在对多种媒体工具的灵活运用。用户可能在电脑上看新闻，在手机上分享给朋友，在平板电脑上对新闻进行评论，这涉及不同的媒体工具和平台，显示了用户对媒体工具的熟练运用和对信息的主动掌控。最后，用户互动过程中的融合，表现在与多种媒体内容和用户的深度互动。在社交媒体上用户可以对新闻进行评论，发表自己的观点，也可以通过点赞、分享、转发等方式参与媒体内容的传播。

二、媒体融合的影响

（一）媒体融合对信息传播的影响

1. 信息传播主体和信息源结构的改变

在传统媒体时代，信息传播的主体大多是专业的新闻机构，如电视台、广播台、报社等，这些机构掌握着丰富的新闻资源，拥有专业的新闻采编队伍，是公众获取信息的主要渠道。而信息源则主要依赖于这些机构的新闻采集网络，包括记者、通讯员等。在媒体融合的环境下，信息传播的主体和信息源的结构发生了显著的改变。公众逐渐从被动的信息接收者转变为积极的信息传播者，特别是在社交媒体的推动下，每一个普通用户都可以发表自己的观点、分享自己的生活，甚至报道自己所见所闻的事件。信息源的结构也变得更加复杂。除了传统的新闻机构，社交媒体、博客、论坛、微信公众号等也成为重要的信息源，平台不仅包括专业新闻，还包括个人见闻、观点评论、学术研究等，丰富了信息的类型和内容。

2. 传播内容规模和结构的改变

媒体融合使得信息的传播速度和数量显著增加。传统的新闻传播方式受到生产、印刷、分发等物理条件的限制，信息的产生和传播速度相对较慢。然而，随着互联网和数字技术的发展，新闻的生产和传播速度大大提高，信息的数量也呈现爆炸式增长。此外，因为网络技术打破了时间和空间的限制，新闻的覆盖范围也大大扩大，使得信息的传播规模前所未有地扩大。媒体融合也改变了信息传播内容的结构，传播内容的形式变得更为多样，包括音频、视频、数据可视化、虚拟现实等多媒体形式，甚至还出现了直播、短视频、社交媒体等新的传播方式，改变丰富了信息的表达方式，使得信息的传播更为立体和全面。

3. 媒介组织结构和生产流程的变化

在媒体融合环境下，媒介组织结构正在变得更扁平，决策和创新更多地依赖于具有专业知识和技能的团队，而不再完全依赖于高级管理者。与此同时，媒体从业者角色的多元化成为一种新的常态。例如，记者可能需要兼具文字撰写、图片编辑、视频剪辑等多种技能；营销人员可能需要具备数据分析、用户研究等能力。在生产流程方面，新的数字化工具的应用，使得内容创新和制作流程变得更加快速和动态，从采集、编辑到发布的流程可以在短时间内完成，新的技术还使得创新可以在任何阶段进行，而不仅限于创意的构思阶段。通过收集和分析用户数据，媒体机构可以更好地了解用户的需求和偏好，从而制定更有效的内容策略。同时，利用人工智能和机器学习等技术，可以自动化地进行内容的筛选、编辑和发布，大大提高了生产效率。并且用户可以通过社交媒体和互联网平台发布自己的观点和故事，也可以对媒体内容进行评论和分享，不仅使得内容更加丰富和多元，也使得媒体与用户之间的关系更加紧密。

（二）媒体融合对传媒产业的影响

1. 媒体融合带来规模经济和范围经济效应

规模经济是指当生产或销售规模扩大到一定程度时，单位成本降低的经济现象。在媒体融合的背景下，由于各种媒体形式的资源整合，生产过程得以优化，资源利用率提高，从而实现了规模经济效应。例如，一个新闻机构可以同时通过网络、电视、广播等多种渠道发布新闻，这种整合减少了重复劳动，提高了新闻生产和发布的效率，降低了单位成本。范围经济则是指通过扩大产品或服务种类，提高资源利用率，降低单位成本的经济现象①。媒体融合通过提供多种形式的内容，如文字、图片、音频、视频等，以满足不同用户的需求，实现了范围经济效应。例如，一个新闻网站除了提供文字新闻，还可能提供视频新闻、音频新闻、图表新闻等，这种多样化的内容形式不仅丰富了用户体验，也提高了内容生产的效率。媒体融合通过实现规模经济和范围经济效应，使得媒体组织可以更有效地利用资源、提高效率、降低成本，从而增强媒体产业的竞争力。同时，规模经济和范围经济效应也促使媒体组织积极探索新的业务模式和盈利模式，推动了媒体产业的创新和发展。

2. 媒体融合改变传媒产业经营模式

随着媒体融合的推进，传媒产业经营模式正面临着深刻转型，具体表现在以下几个方面：一是内容付费成为新的盈利方式。随着用户对高质量内容的需求增加，许多媒体开始实行内容付费模式，比如订阅制、会员制等。二是社区化运营逐渐兴起。在社交媒体的推动下，越来越多的媒体开始重视与用户的互动，通过构建用户社区，提升用户黏性，从而增加用户活跃度和参与度，也能进一步开发更多的盈利点。三是媒体融合推动了多元化经营。除了传统的广告和新兴的内容付费，许多媒体还开发出了多元化的经营方式，如开展线上线下活动、推出周边产品、提供定制化服务等，这些都成为媒体获取收益的新途径。

3. 媒体融合促成产业融合

在媒体融合的大背景下，各行业之间的界限正变得越来越模糊，媒体融合正在促进产业融合，催生出全新的商业模式和发展机遇。随着移动互联网、大数据、人工智能等新兴技术的飞速发展，传统媒体与科技行业之间的界限逐渐被打破。科技行业的创新推动了媒体技术的更新；

---

① 杨晓，郭晓川. 范围经济研究综述 [J]. 资源与产业，2016（4）：6.

反过来，媒体行业的发展也为科技行业创造了新的市场和应用场景。随着数字娱乐内容的兴起，娱乐行业已经成为媒体行业不可忽视的一部分。电影、音乐、游戏等娱乐内容的制作与发行，以及与媒体平台的深度合作，这些都是媒体与娱乐行业融合的体现。再者，媒体融合还推动了媒体与教育、旅游、零售等其他行业的融合。例如，教育行业通过媒体平台提供在线教育服务；旅游行业通过媒体平台推广旅游产品和服务；零售行业通过媒体平台进行线上销售和品牌推广。媒体融合还在推动着全新商业模式的创新，如社交媒体广告、直播电商、内容付费等新型商业模式的出现，都与媒体融合有着密切关系。

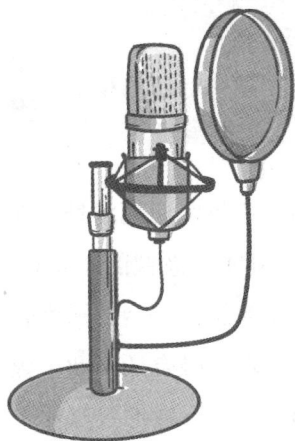

第二章 播音主持艺术的基础知识

第一节 全面认识播音与主持艺术

一、播音

（一）播音的内涵

播音这一概念的产生源自20世纪初的无线电时代，这个时期标志着信息传播方式的重大转变。随着电磁波的发现和无线电的发明，人们首次有了迅速传播语音信息的可能，这也催生了新的职业——播音员。最早的播音员是电台的操作员，负责通过无线电设备发送报告或者信息，早期的播音员需要对无线电设备有深入的了解，并且需要能够精确地控制自己的语音，以便信息能够清晰、准确地传递。随着技术的发展，无线电逐渐从单纯的信息传输工具变成了娱乐和新闻传播的重要平台。到了20世纪20年代，随着电台的普及，"播音"这一职业开始受到公众的关注，播音员的角色也逐渐发生变化，开始被要求更好地控制他们的声音，以适应各种类型的节目，如新闻、音乐、戏剧等。进入电视时代，播音员的角色进一步扩大，不仅需要控制语音，还需要控制身体语言和面部表情，因为播音员需要出现在镜头前，需要通过更多方式来传达信息。近年来，随着网络媒体和数字化的发展，播音的形式再次发生了变化。播音员不再只是在电台或电视台工作，他们也可以在网络上进行直播，或者录制播客和音频书籍。这使得播音员的角色变得更加多样化，不仅需要有良好的语音和表达能力，还需要能够适应各种新的媒体形式。

　　《现代汉语词典》（第 7 版）对"播音"的解释是："广播电台等播送节目。"[①] 在实践中，由于播送场景更丰富、播送内容更广泛，播音成为一个专业、一门学科，在此过程中，"播音"的词义也发生了变化：解释中的"等"所承载的播送场景更丰富，如电视播音、客舱播音、列车播音、商超播音等；播送的内容也不再被"节目"所限定，如客舱安全提示、寻人等；还包括了对播送者播送活动的概括，如"播音员和主持人运用有声语言和副语言，通过广播、电视等传播媒介所进行的传播信息的创造性活动"[②]。

　　播音在中国经历了不少阶段的发展，反映了中国社会的变迁，以及信息传播方式的革新。中国的播音艺术起源于 20 世纪 20 年代的广播电台，最初主要用于军事和政府信息的传播。20 世纪 50 年代以后，广播开始服务于大众，播音内容逐渐丰富，包括新闻、天气预报、音乐、戏剧、农业信息等。播音员的角色也开始从单纯的信息传播者向艺术表现者转变。随着电视的普及，20 世纪 60 年代到 90 年代，电视新闻的播音员成为公众熟知的面孔，他们的语言表达、声音特色和个人魅力对塑造新闻报道的风格产生了重大影响。进入 21 世纪，随着互联网的快速发展，播音方式和形式发生了重大变化。网络直播、播客、有声读物等新形式的出现，让播音员有了更多展示自己才华的平台，新媒体形式让播音的内容和形式更加丰富和多元化，也对播音员的技能提出了更高的要求。总的来说，播音在中国的发展历经了广播、电视和网络三个主要阶段。当

---

① 《中华成语词典》编委会 . 现代汉语词典　第 7 版 [M]. 上海：复旦大学出版社，2019：102.

② 　张颂 . 中国播音学 [M]. 北京：北京广播学院出版社，1994：2.

前，随着 5G、人工智能等新技术的发展，播音的形式和内容还将进一步发展和创新。

（二）播音的外延

在深入讨论播音的外延之前需要先理解"外延"的含义，"外延"这个词源自逻辑学和哲学，用于描述一个概念、类别、符号或标志所包含的具体实例或对象的全体。它对应于"内涵"这个词，后者指的是一个概念、类别、符号或标志的固有属性或特征。在更具体的环境中，比如在语言学或文化研究中，"外延"可能指的是一个词或短语在不同语境中的具体应用或实例。比如，"鸟"这个词的外延就包括了所有的具体鸟类，如麻雀、鸽子、鹦鹉等。在其他领域，"外延"也可能有其他含义。例如，在计算机科学中，"外延"可能指的是一个程序或函数的所有可能的输出。在数学中，"外延"可能指的是一个集合的所有元素。在讨论播音的外延时主要是讨论播音这个概念的具体实例或应用，包括各种类型的节目、场合、技巧等等。播音并非仅仅在广播电台里读出文字，而是一种广泛存在于生活各个方面的语言艺术。

1. 播音的外延——新闻广播

在一个充满动态与变化的世界里，新闻广播如同一面镜子，反映着社会的每一个角落，揭示着每一个故事，而播音员则是这一切的讲述者。通过广播，播音员将新闻故事带给千家万户，而在这一过程中，播音员的语言技巧和对新闻事件的理解至关重要，需以准确、清晰的语言描绘事件的每一个细节，转述各种复杂的情况，就像在听众的脑海中绘制一幅画面，使他们仿佛亲临现场。除此之外，新闻播音员的职责不止于传达事实，他们的声音，他们的语调，他们的情感，都是新闻故事的一部分，需要在平衡客观报道与情感传达之间找到恰当的点，既让听众感受到事件的重要性，又不失公正、公平的立场。播音员在新闻报道中，也需要展现出敏锐的判断力和深厚的新闻知识，对于新闻事件的真实性、重要性、影响范围等方面，需要有足够的判断力，需要从众多的新闻事件中，选择最值得报道的，最能引起公众关注的。对于新闻报道来说，新闻播音员还需灵活掌握语速，根据新闻内容的不同，或缓或急，或轻或重，使得新闻报道更具吸引力，更易于理解。

2.播音的外延——教育领域

教育领域的播音，是信息传播与教学艺术的融合。在各种教育节目中，播音员如同教师的角色，用丰富多样的语言、生动有趣的解释，将复杂深奥的学术知识转化为易于接收的信息。在一定程度上扩展了教育资源，尤其对于那些地理环境限制下难以获取教育资源的人群，起到了至关重要的作用。进一步来说，在线教育的兴起，无疑为播音员提供了更多的舞台，在这种新型的教学模式下，播音员需要借助自身的语言魅力，让教学内容变得更加引人入胜。例如，在一门网络编程课程中，播音员需要以积极的语气、详尽的解释，让学习者在听的过程中体验到编程的乐趣、感受到创造力的魅力。然而，教育领域的播音并不仅限于课堂。无论是播音员在博物馆的解说，还是在公开课程的演讲，他们的声音都能带给听众新的理解和启发。通过播音，讲述者能够与听众建立一种特殊的联系，使听众能够从多元的视角理解并接纳知识。

3.播音的外延——体育赛事

当人们闭上眼睛，只通过耳朵去感受一场足球比赛或者篮球赛事，依赖的就是那位解说员富有韵律和情感的嗓音，他们的描述会瞬间把听众带到赛场上，仿佛亲眼看见每一个进球、每一个犀利的突破。体育解说首先是一种技艺，解说员需要拥有广泛而深入的体育知识，能够在比赛的瞬息万变中，快速准确地解读并传达场上发生的事情，需要了解运动员的能力、了解每个队伍的战术，还需要了解比赛的规则，甚至包括那些极为复杂和微妙的规则。除了技术性，体育解说更是一种艺术，解说员需要有强烈的情感投入，将激情和热血通过话筒传递给每一位听众。在描述一次决定性的进球，或者一次惊人的防守时，那种兴奋和紧张的情绪会让听众仿佛置身于现场，体验到运动的魅力和激动人心的瞬间。但是，体育解说并非易事。解说员需要有很强的即兴发挥能力，需要在比赛的每一刻，都能找到合适的语言和形象的比喻，来描绘场上的情况，需要有灵活的思维，才能在瞬息万变的比赛中快速做出反应。

二、主持

（一）主持的内涵

主持作为一种专业的活动和职业，起源于 20 世纪初广播的出现和发展。其后，随着电视和网络媒体的兴起，主持这一角色逐渐丰富并获得了广泛的认可。美国的广播业在 20 世纪 20 年代迅速崛起，电台开始寻找一个新的角色来引导节目并与听众互动，于是主持人这一角色应运而生。主持人在各种广播节目中担任重要角色，包括新闻、音乐、戏剧、访谈和体育节目等。随着电视的出现和普及，主持人的职责进一步扩大，涵盖了更广泛的领域，如娱乐、教育、新闻报道、政治讨论等。美国的主持人在媒体发展历程中扮演了关键的角色。像奥普拉·温弗瑞、约翰尼·卡森、大卫·莱特曼和吉米·法隆等人都是美国广播和电视主持的重要代表人物，他们的风格和技巧深深影响了主持这一职业。与美国相似，中国的主持工作起源于 20 世纪中期的广播事业。随着电台的快速发展，中国的主持人开始在各种节目中出现，包括新闻、音乐、戏剧、体育和文化节目等。但真正推动主持工作向更广阔领域发展的，是 20 世纪 50 年代以来电视的兴起和普及。从那时起，主持人成为电视节目的重要组成部分，涉及新闻、娱乐、教育、公共事务等各个方面。中国的电台广播在 1981 年的"空中之友"栏目首次设立了主持人角色，由徐曼小姐担任。这标志着主持人角色在中国媒体界的正式出现。同年，赵忠祥在《北京中学生智力竞赛》节目中担任"网络媒体播音主持"，这一角色被进一步推广和认可[1]。至于电视主持，它的发展在中国比广播晚了一些，但同样取得了显著的进步。赵忠祥、周涛、杨澜等优秀主持人的出现，带动了电视主持事业的发展，他们的专业精神和独特风格，深深影响了后来的主持人。而1993年，被誉为"中国的广播主持人年"，这一年中国的各大电台涌现出大量优秀的网络媒体播音主持他们通过自身的努力，不仅提高了自己的专业素质，也推动了中国广播主持事业的发展，使之逐渐向深度和广度扩展。

主持，作为一个专业术语，源于广播电视领域，指的是在一个事件、活动或节目中，某个人或一组人负责引领、指导和协调的角色。这个角色是为了确保活动或节目有序、有效和连贯进行，同时，也起到激发和维持观众兴趣，保证信息传达的准确性的作用。在广播和电视节目中，主持是节目进行的核心环节，通过主持，可以将节目内容以有组织、有序的方式传达给观众，引导观众了解和理解节目的主题，确保节目的内容和形式得到有效的展示。此外，主持的概念也扩展到了非媒体领域，如各类公共活动和商业活动中也存在主持这个角色。例如在研讨会、座谈会、表演等场合，主持人会负责介绍议程、引领讨论、组织交流等，以确保活动的顺利进行。因此，主持的概念涵盖了一种复杂的职能，其主要任务是通过组织、引导和协调，确保活动或节目的有效进行，同时传递必要的信息，激发和维持观众的兴趣。

（二）主持的外延

主持的外延主要涵盖了主持活动的多种形式和内容。具体来说，这涉及一系列不同的主持类型和领域，包括新闻节目主持、娱乐节目主持、读书节目主持、金融节目主持、谈话节目主持等。

1.新闻节目主持

新闻节目主持是一种特殊的广播和电视节目主持形式，主持人需要

---

[1]　李洪涛.浅谈电视节目主持人应具备的素质[J].新闻世界，2009（10）：93-94.

在节目中引导新闻的播报和讨论。新闻节目主持涵盖了多种形式，包括但不限于新闻联播、早间新闻、午间新闻、晚间新闻、24 小时滚动新闻以及特别报道等。新闻节目主持的主要任务是将新闻准确无误地传达给观众，必须具备良好的新闻判断力和敏锐的新闻嗅觉，对新闻事件有全面、深入的理解，不仅需要熟悉新闻的基本事实，而且需要了解新闻的背景和上下文。在现场报道或者采访过程中，新闻主持人需要具备良好的语言表达能力和沟通技巧，清晰、准确、简洁地介绍新闻事件，引导观众理解新闻的重要性和影响；需要具备快速反应的能力，对突发事件进行处理和引导，坚守新闻职业道德，尊重事实、公正报道，避免偏见和歧视。尊重受众的知情权和公众利益，时刻保持警惕，对权力进行监督和质疑。

2. 娱乐节目主持

娱乐节目主持是电视媒体中的一个重要角色，负责引导和主持各种娱乐性质的节目，为观众提供欢乐和娱乐体验。在当下中国，有很多优秀的娱乐网络媒体播音主持，其中一个最突出的主持人是何炅。何炅是中国当下最受欢迎的娱乐节目主持之一。他以其独特的风格和幽默的表演，赢得了观众的喜爱和认可。何炅在节目中展现出了出色的口才和情感表达能力，他的幽默风趣和亲和力使他成为娱乐圈的代表人物。作为娱乐节目主持，何炅在节目中经常与嘉宾互动，通过幽默的提问和对话来调动观众的兴趣。他善于制造欢乐的气氛，通过诙谐的语言和搞笑的动作，让观众在欢笑中度过愉快的时光。

3. 读书节目主持

读书节目主持是一种专门负责主持读书节目的角色，在这种节目中，主持人的主要任务是引导观众深入了解和探索文学作品的世界，以及与嘉宾或观众一起分享和讨论书籍的内容和主题。主持人需要具备广泛的文学知识和阅读经验，能够深入理解和解读各类书籍，深入了解不同类型的文学作品，如小说、诗歌、传记等，能够通过自己的理解和解读向观众传递书籍的精髓和内涵。主持人要能够以生动、富有感染力的方式向观众介绍书籍，并通过朗读、讲述故事情节或引用书中的经典语句来吸引观众的注意力。凭借自己的主持技巧和情感表达能力处理好节目的节奏和情绪，使观众在观看过程中感受到一种和谐、温暖的氛围。根据不同书籍和节目的需求变换主持风格，既能带给观众欢乐和轻松，又能引发深思和共鸣。一个著名的中国读书节目主持人是董卿，她主持过《朗读者》这一备受欢迎的节目。《朗读者》是一档以文学作品为主题的节目，每期邀请一位嘉宾和董卿一起朗读和讨论一本书。这个节目形式以其独特的魅力和温暖的氛围赢得了广大观众的喜爱。作为主持人，董卿在《朗读者》中展现出了她的专业知识和艺术魅力。她以亲切、温暖的语调引导观众进入每一本书的世界。在节目中，董卿经常与嘉宾进行深入的对话和讨论，分享自己对书籍的理解和感悟。她的倾听和提问能力让每一期节目都充满了思想碰撞和启发。董卿在节目中的角色不仅仅是一个主持人，她也是观众的代言人和表达者。她能够通过朗读和讲述书中的精彩片段，将书籍中的情感和思想传递给观众。她的声音和语调都充满了细腻的情感和感染力，让人不禁沉浸在故事的情节和人物的世界中。除了在现场主持节目，董卿在节目中还经常与观众互动。她鼓励观众分享自己的读书经历和感受，通过读者们的故事和观点，扩展了节目的多样性和深度。她以开放的心态接纳不同的意见和观点，给观众带来了更广泛的文学体验。

4. 金融节目主持

金融节目主持是一种专注于金融、经济话题的节目形式。主持人在这类节目中扮演着重要的角色，通过节目的形式向观众传递金融信息、解读市场趋势和提供专业的意见。金融节目主持应该了解金融市场的运作原理、各类金融产品的特点并擅长经济趋势的分析，这样才能够准确地理解、解读并传达金融信息给观众。同时，主持人还需要及时更新自己的知识，紧跟市场变化和新兴金融领域的动态。主持人要用通俗易懂的语言解释复杂的金融概念和术语，避免使用过于专业化的术语，以免让观众感到困惑，将复杂的金融信息转化为简单明了的语言，使观众能够轻松理解。金融节目常常涉及对经济数据、市场趋势和金融事件的解读和分析，主持人需要能够准确理解这些信息，并就其影响、原因和可能的发展趋势进行客观的评估和判断，向观众提供有深度、有价值的观点和见解。除此之外，要与嘉宾进行对话，引导他们分享自己的观点和经验，通过提问和互动，激发观众的兴趣，引起他们对金融话题的关注和思考。通过与观众的互动，主持人能够更好地传递信息，使节目更加生动有趣。

5. 谈话节目主持

谈话节目主持是一种通过对话和互动来探讨特定话题或主题的节目形式。谈话网络媒体播音主持需要具备良好的倾听和提问能力，能够引导嘉宾深入探讨话题，同时维持节目的流畅和有趣。以下是一个中国谈话节目的案例，展示了谈话节目主持的具体情景和特点。《对话》是一档备受观众喜爱的中国谈话节目，主持人在每期节目中邀请不同领域的专家学者、名人或普通人士参与讨论。节目开场，主持人以平和而充满好奇心的语调引领观众进入讨论的氛围，通过简短的介绍，主持人向观众介绍本期节目的主题，激发观众的兴趣，并强调讨论话题的重要性。主持人首先向嘉宾提出开放性的问题，引导嘉宾展开对话，主持人倾听嘉宾的观点和经验，并适时提出引导性的问题，引导嘉宾深入讨论话题的不同方面，主持人注重保持中立和客观，不偏袒任何一方。主持人通过倾听和提问，尊重嘉宾的观点，并在合适的时机做出回应，进一步促进对话，鼓励嘉宾之间的互动，以便产生更丰富和深入的讨论。在谈话的过程中，主持人不仅关注嘉宾的观点，也关注观众的反馈和问题。主持人通过电话、社交媒体或现场观众的提问，与观众互动，使观众成为谈话的一部分。节目的结束阶段，主持人总结讨论的要点，并表达自己对话题的看法。主持人以鼓励和启发的方式，向观众传达深入思考和持续关注话题的重要性，邀请观众在后续节目中继续参与讨论，以促进社会对话和理解的进一步发展[①]。

三、播音与主持的关系

播音与主持虽然在概念上存在一定的区别，但它们也有许多共同点。播音不仅有稿件依据的播报，还有脱口而出的述评、谈话等语言行为。而主持人则需要具备一定的语言传播技能，包括清晰的发音、适当的语速以及准确的语调。这些语言技能对播音和主持都至关重要。然而，不同之处在于播音更加注重稿件的传达和呈现，强调对文字的准确表达和解读；而主持则需要更多的互动能力，能够与嘉宾或观众进行自由流畅的对话。除了语言技能，主持人还需要掌握非语言传播技巧。与播音相比，主持人更需要注重肢体语言、面部表情和眼神交流等非语言沟通方式，以引发与听众之间的情感共鸣，非语言传播技巧能够帮助主持人更好地引导和调动观众的情绪，从而提高节目的吸引力和影响力。

主持作为一种传播方式，与播音在一定程度上存在区别，但又有着相互联系。与传统的播音相比，主持更注重与观众之间的情感连接和互动。主持人在主持过程中，通常会引导听众参与节目，如提出问题、征集意见或邀请观众来电，这种互动性质使得主持成为一种更加活跃和生动的传播方式，与观众之间形成了更紧密的联系。主持人在节目中扮演着情绪引导者的角色，通过言语、肢体语言和面部表情等多种手段，来调动观众的情绪和共鸣。相比之下，播音更加注重传递信息和提供客观的新闻、报道等内容，相对较少涉及情感的表达，主持在传播方式上更富有感染力和情感色彩，能够更好地触动观众的情绪和共鸣。作为传播方式的一种，主持需要具备一定的表演能力和艺术修养。主持人在节目中要通过语言表达、肢体语言、声音语调等多种手段，将节目内容生动地呈现给观众。而播音更注重准确地传递信息，不需要过多的表演技巧，

---

① 姜纳新.《对话》对电视谈话节目发展的开拓 [J]. 现代传播, 2002（3）: 129-130.

由此可见，主持在传播方式上更强调个人的演绎和表演才能，以吸引观众的注意力和兴趣。然而，主持与播音之间也存在相互联系。首先，主持人在主持过程中也需要进行播音的工作，例如准确的发音、流畅的语速以及准确的语调等。这些播音技能对于主持人来说同样至关重要，能够保证信息传达的准确性和清晰性。此外，主持与播音都是广播电视中的传播者，追求传播效果是其共同的目标。无论是播音还是主持，最终都是为了吸引观众的注意力、传递信息并产生预期的影响。因此，无论是播音还是主持，都需要在具体的语言环境中选择最佳的表达方式，以实现最佳的传播效果。

第二节　中国播音与主持演变之路

一、萌芽期（1923—1961）

可将中国广播行业的萌芽期划分为两个阶段：1949 年之前和 1949 年之后。在 1949 年之前，播音在中国还未得到足够的重视，相关文献较为有限。然而，叶圣陶、鲁迅和茅盾等人对广播的传播意义和社会文化价值发表的言论具有重要意义。

叶圣陶是中国广播播音发展中的重要人物之一，他的观点对于广播的发展和播音状况具有深远的影响。叶圣陶在 20 世纪 30 年代就开始关注广播的传播意义，并提出了一系列重要观点。广播是一种强大的文明利器，具有巨大的影响力和传播能力，广播可以将信息和知识传递给广大听众，起到宣传教育的作用。他强调广播从业人员应该具备高度的责任感和良好的道德品质，播音员在进行节目制作和播音过程中，应该保持真实、客观和公正，不偏袒任何一方，为听众提供准确、可信的信息。叶圣陶对播音员的专业和素养提出了要求，认为播音员应该具备良好的语言表达能力和专业素养，在广播过程中需要用准确、生动的语言来传达信息，引起听众的兴趣和共鸣①。叶圣陶的观点对于中国广播播音的发展起到了重要的指导作用，同时对播音员的要求也提高了广播从业人员的专业水平和职业素养。

鲁迅是中国现代重要作家和思想家，他对广播的发展提出了宝贵的建议，并对广播节目的内容和播音状况提出了具体要求。鲁迅认为广播应该为人民服务，传播真实、正面的信息。他指出，广播作为一种媒体形式，应该积极传递对社会有益的知识、科学和文化，推动人们的思想进步，强调广播应该成为教育和启发人民的重要工具，通过广播节目的内容提高人们的素质和思想水平。在他的观点中，播音员不仅仅是简单传递信息的媒介，更应该成为信息的解读者和传播者，强调播音员应该具备准确、生动地传达信息的能力，通过语言的力量引发听众的共鸣。鲁迅还关注了播音员的道德责任，认为播音员应该以诚实、正直的态度从事播音工作，不断提高自己的专业素养，保持高度的社会责任感。鲁迅指出，广播作为一种媒体形式，具有广泛的影响力，播音员应该意识到自己的影响力和责任，并以此为基础进行广播工作，应该以人民的利益为出发点，传递真实、客观的信息，避免虚假、偏激的言论和宣传②。

茅盾是中国现代著名作家、文化活动家和社会活动家，也是"五四"新文化运动的先驱者之一，被誉为我国革命文艺的奠基人。茅盾对中国播音主持艺术的观点深具影响力，他对广播节目内容和播音状况发表了一系列重要观点。茅盾认为广播是一种重要的社会文化工具，具有广泛的传播力和影响力，强调广播的传播功能，认为广播应该为人民服务，传递真实、正面的信息。茅盾对广播节目内容的要求也很高，他提出了时事播音的重要性，认为广播应该关注时事热点，及时、准确地传达新闻信息，主张广播节目应该注重内容的创新和质量的提高，避免形式化

---

① 林兴仁.略论叶圣陶的广播语言思想[J].现代传播：中国传媒大学学报,1984(3):6.
② 鲁迅.鲁迅散文集[M].哈尔滨：北方文艺出版社,2018：103.

和空洞化。在播音主持艺术方面，茅盾强调播音员应该具备良好的语言表达能力和专业素养，他认为播音员的语言规范和表达方式应该符合文化艺术的要求，能够准确、生动地传达信息，注重播音员的修养和素质，播音员应该具备良好的道德品质和艺术修养，能够以身作则，成为社会的表率。他认为播音员需要进行专业的培训，学习语音学、发声机理和方法，掌握正确的发声技巧和嗓音保护方法①。他主张播音员应该通过戏剧表演体系的学习和演员修养的培养，提高自己的表演能力和艺术感染力。茅盾在广播行业的影响力不仅体现在理论层面，还体现在实践中。他曾担任北平新华广播电台的顾问，制定了一套专门的训练方法，包括语音学的研究、发声机理和方法的探索，以及嗓音训练和保护的重要性，为播音员的培养和发展提供了重要指导。

在机构方面，上海民营广播电台是中国播音发展中的重要力量。上海民营广播电台在 20 世纪 30 年代开始播音节目，并在广播节目评述方面作出了贡献，上海民营广播电台对广播节目进行了评述和分析，提出了对播音状况的反馈和建议，为广播节目的改进和发展提供了重要参考。此外，中国广播行业还举办了一系列活动，推动了播音学科的发展，全国广播工作会议的召开为广播学习和创作提供了重要的交流平台，会议讨论了广播的发展方向和目标，分享了播音经验和成果，促进了学术界在播音方面的研究和讨论，推动了播音学的进步。

1949 年之前的中国播音发展虽然处于起步阶段，但叶圣陶、鲁迅、茅盾等人的观点和努力对广播节目内容和播音状况的改进起到了重要的指导和推动作用。上海民营广播电台的评述和北平新华广播电台训练方法的制定进一步丰富了播音的表达方式和创作手段。同时，举办的广播工作会议为广播学习和创作提供了重要的交流平台，为后续的广播行业发展和社会文化的传播打下了坚实的基础。

---

① 茅盾. 附：对于时事播音的一点意见 [J]. 中国广播电视学刊，1997（7）：1.

二、草创期（1962—1981）

中国播音理论的发展经历了草创期和萌芽期，并与播音主持的实践和教学实践相伴随。在草创期，中国播音理论逐渐形成了初步的格局和基本观点框架。1962年是中国播音理论发展的重要时期之一，在这一年，著名播音家齐越先生在上海电台举办的座谈会上发表了一场关于播音工作环节的重要讲话，为中国播音理论的发展奠定了基础。齐越先生的讲话强调了播音员在播出时应该充分理解稿件的内涵，准确地传达作者的意图和情感，使听众能够真切地感受到其中的思想和感情，指出播音员在播出时应当注重声音的处理和表达技巧，使之更具感染力和艺术性。播音员在播出后应该虚心听取听众的意见和建议，并扬长避短，不断提高自己的播音水平，只有通过不断的反思和学习，才能够更好地满足听众的需求，提高自己的播音质量。在这次座谈会上，齐越先生提出了播音创作的三个出发点。这三个出发点包括内容和形式、播音员身份、具体条件，其中，内容和形式这个要素强调播音员在创作过程中要充分把握稿件的内容和形式。内容包括稿件所要传达的思想、观点、情感等；而形式则包括语调、语速、停顿等声音的表现方式。播音员身份强调播音员在创作过程中要明确自己的身份和定位[1]。播音员在扮演角色时，需要与稿件内容相匹配，准确把握所传达的角度和态度。具体条件包括播音的场合、时间、受众对象等，播音员需要根据具体的情况，灵活地调整自己的表达方式和技巧，以确保播音的效果。这三个要素共同构成了播音创作的基础，通过全面把握这些要素，播音员可以更好地传达党和人民的声音，使播音作品更加准确、生动、有感染力。齐越先生的这次讲话为中国播音理论的发展指明了方向，强调了播音员在播出过程中应该注重思想感情的传达，同时也强调了持续学习和提高的重要性。他的

---

[1]　齐越.播音创作漫谈——学习随笔之一[J].现代传播：中国传媒大学学报，1979（1）：4.

观点和理念对后来中国播音理论的发展产生了积极的影响，为播音员的实践提供了重要的指导和借鉴。

1963 年，北京广播学院播音专业的开设标志着中国播音教育的正式化和体系化。该专业的设置旨在培养具备扎实基本功和创新能力的播音人才，为我国广播事业的发展提供专业支持。在专业课程设置方面，学院注重发声教学和基本表达的培养，重视学生的声音训练和口语表达能力的提高。与此同时，北京广播学院在播音教学中也注重理论的建设。学院通过广泛调研和实践经验的总结，建立了一套完整的播音理论体系，这一理论体系包括播音创作的基本观点框架、播音表达的规律和技巧等内容，为学生和从业人员提供了理论指导。在后续的发展中，中国播音理论不断丰富和完善。学者们通过不断的研究和实践，逐步完善了播音理论体系，探索了更多适应时代需求的播音方法和技巧。同时，随着社会的进步和科技的发展，播音领域也面临着新的机遇和挑战。中国播音人员在实践中不断创新，积极探索新的播音方式和风格，为我国广播事业的繁荣作出了重要贡献。

1981 年的播音经验交流会是中国播音理论发展的一个重要里程碑。会上，与会者强调了改革的必要性，指出改革是推动播音事业发展的关键，鼓励播音员们要勇于创新，不断探索新的播音方法和技巧。会议提出了"大胆创新，百花齐放"的口号，鼓励每位播音员都积极尝试新的表达方式和风格，展现个性和才华。这次经验交流会为播音员们提供了一个宝贵的学习和交流平台，他们在会上分享了自己在播音实践中的心得和经验，大家相互借鉴、互相启发，共同探讨如何提高播音质量，增强声音的感染力和表达力。在这次经验交流会上，播音员们还讨论了如何在改革开放的大背景下更好地传递党和人民的声音，认识到播音工作要与时俱进，关注时事热点，深入了解党和国家的方针政策，做到旗帜鲜明、言辞准确，强调播音员的责任和使命感，要善于运用技巧和方法，将党和人民的声音传递到每个听众的心中。

三、形成期（1982—1994）

在中国播音主持艺术理论研究中，形成期（1982—1994）是一个至关重要的时期。该时期标志着中国播音主持界理论研究的全面发展，并且通过一系列关键事件和重要著作，推动了播音学理论体系的形成和发展，对播音主持艺术的提升和中国播音事业的发展作出了重要贡献。

1982年，张颂先生的文章《研究播音理论是一项紧迫的任务》构筑了播音主持艺术理论研究的框架，并推动了播音主持理论研究的全面发展[①]。这篇文章的出现标志着中国播音主持界开始关注和重视理论研究的重要性。与此同时，夏青先生提出了体系构想，呼吁同行向理论的深度和广度进军，以填补播音主持界理论研究的空白。在这一时期，一些重要著作相继问世。1985年，张颂出版了《播音创作基础》[②]，徐恒发表了《播音发声学》[③]，吴郁主编的《播音学简明教程》也在同年出版[④]。这些著作为中国播音学理论体系的形成做好了充分的前期准备。它们涵盖了播音主持艺术的基础知识和技巧，为后续的研究和实践奠定了基础。此外，1986年举办的全国播音学术研讨会以及1987年在北京成立的中国广播电视学会播音学研究委员会，进一步推动了播音理论研究的深入开展。这些学术交流和机构的建立为研究者提供了更广阔的平台，促进了播音主持艺术理论的交流与发展。1994年，张颂先生的著作《播音语言通论》出版，这部著作被认为是中国播音主持理论研究的里程碑。该书对广播电视事业中存在的无视语言规范、轻蔑语言功力的观点和理论进行了回应和驳斥。它全面地论证了播音主持艺术的地位与作用，探讨了播音语言的性质与特点，深入探讨了内涵与外延等问题。这一著作的出版对于

---

① 张颂.研究播音理论是一项紧迫的任务[J].现代传播：中国传媒大学学报，1982（1）：5.

② 张颂.播音创作基础[M].北京：北京广播学院出版社，2004.

③ 徐恒.播音发声学[M].北京：北京广播学院出版社，1985.

④ 吴郁.播音学简明教程[M].北京：北京广播学院出版社，1988.

进一步推动播音主持艺术的理论研究起到了重要作用。

四、发展期（1995 年至今）

在发展期（1995 年至今），中国播音主持的理论研究进一步深化、拓展。在这一时期，出版了一系列重要著作，如《中国播音学》《播音语言通论》等，这些著作丰富和推动了中国播音学的研究。1999 年，吴郁的《主持人的语言艺术》对主持人语言表达方面的问题进行了分类研究。他对语境、语用规则、语言功力、语言风格以及主持人节目的语体特征等进行了深入探讨。中国传媒大学播音主持艺术学院与中国广播电视学会播音学研究委员会合作编辑出版的《播音主持艺术》是一本每年出版一辑的文集，从 1999 年起至 2015 年已出版了 14 辑。这一文集汇集了历年来的获奖论文，包括基础理论研究、教学研讨、人物访谈和一线实践等方面的内容，丰富了中国播音学的研究，为学术界提供了宝贵的研究成果。在 2003 年修订后的《中国播音学》再版中，业务被分为广播播音与主持以及电视播音与主持两个部分。同时，张颂先生的《朗读美学》提高了对有声语言表达的要求，将其推向了一个新的高度。张颂先生在多个刊物上发表了数十篇论文，这些论文被收入《语言传播文论》（1999年）、《语言传播文论》（续集）（2002 年）、《语言传播文论》（第 3 集）（2006 年）等。2009 年，张颂文集《播音主持艺术论》出版，进一步深化和拓展了对中国播音学的研究。在张颂先生的指导下，中国播音学博士论文陆续出版，其中包括《语言传播人文精神的阙失与重构》《当代广播有声语言的创新空间》《播音创作主体论》《中国电视网络媒体播音主持文化影响力研究》等。张颂先生亲自撰写了这些论文的序言，发表了关于播音主持研究的最新见解。此外，张颂先生的著作《朗读学》《播音创作基础》《播音语言通论》经过修订也更加完善。2015 年，中国播音主持学的研究继续取得进展。该年度见证了一系列重要的学术成果和出版物的问世。在中国传媒大学播音主持艺术学院与中国广播电视学会播音学研究委员会的合作下，《播音主持艺术》第 14 辑问世，继续汇集了一批优秀的论文和研究成果，丰富了中国播音学的研究领域。此外，2015年，中国播音学领域又迎来了一本重要的修订版著作。在经过修订的《中国播音学》中，广播播音与主持以及电视播音与主持被划分为两个独立的部分，进一步完善了该领域的研究内容和理论体系。2019 年是中国播音主持学领域的又一个重要节点。这一年，张颂先生对著作《播音语言通论》进行了修订，进一步加强了对播音语言的研究和理论探讨。该著作为播音主持学提供了更为全面和深入的指导。2019 年，中国播音学的研究范围进一步拓展，涉及更多的领域和细分专题。新的研究方向涉及朗读学、播音创作基础等，为中国播音学的发展注入了新的动力。进入2021 年，中国播音主持学在理论研究和学术交流方面继续取得进展。研究者们持续深入探讨播音主持艺术的多个方面，包括语言表达、声音美学、主持技巧等。2023 年，中国播音主持学领域将继续保持发展势头，迎来新的研究成果和学术进展。在学术出版方面，可以期待更多新的著作和文集的问世，这些出版物将继续关注播音主持学的不同方面，涵盖基础理论研究、教学方法、实践经验等。2023 年也将见证一系列学术研讨会和国际会议的召开，为学者们提供交流和合作的平台。在研究方向上，研究者们可能关注播音主持在数字媒体、社交媒体以及新媒体平台上的表现和影响力，研究如何在新媒体环境下保持语言风格和节目特色，以及如何应对不同的语言传播挑战。

第三节　播音主持艺术的美学构设

一、融"情"于"理"：播音主持艺术的感情酝酿

在播音主持艺术中，感情酝酿是一项至关重要的技巧。主持人需要通过精心的准备和表演，将情感融入他们的话语，以打动观众的心灵。

这种感情酝酿不仅是简单地表达情感，而且是通过声音、语调和表情的细微变化，创造出一种真实而引人入胜的艺术体验。

（一）感情酝酿需要主持人对自己的情感有深入的认知和理解

感情酝酿需要主持人对自己的情感有深入的认知和理解，这意味着主持人需要对自己的情感体验进行反思和观察，以便更好地将其融入表演。认知和理解情感的过程可以通过观察和体验来实现，主持人可以开始关注自身在不同情境下的情感反应，并思考这些情感的起因和特征，观察自己在喜悦、悲伤、愤怒或紧张等情感状态下的身体反应、思绪和行为表现，通过这种观察，主持人可以更好地了解自己的情感模式和情感表达方式。主持人也可以通过体验不同的情感来加深对情感的认知和理解，可以主动参与各种活动，体验不同情感状态下的体验和情绪变化。例如，参加有趣的活动可以带来快乐和兴奋，而观看悲伤的电影或阅读感人的故事可以引发悲伤和同情心。认知和理解情感还需要主持人进行内省和反思。主持人可以通过问自己一些关键问题来引导思考，例如："我是什么情感？""为什么我会有这种情感？""我如何表达这种情感？"等等。这种自我反思可以帮助主持人深入思考自己的情感体验，从而更好地将其表达出来。通过对自己情感的深入认知和理解，主持人可以更准确地将情感融入自己的表演，明确自己想要传达的情感内容，并找到最适合的表达方式，认知和理解还可以帮助主持人更好地与观众建立情感连接。

（二）感情酝酿需要主持人在准备过程中进行深入思考和内化

对于主持人来说，感情酝酿需要主持人在准备过程中进行深入思考和内化，涉及对情感的理解、情感目标的设定以及情感表达方式的选择。通过深入思考和内化情感，主持人能够更好地准备和呈现出真实而引人入胜的表演。

1. 理解情感

主持人需要深入思考并理解自己想要表达的情感，以及情感的本质和特点。可以观察周围的人和事物，注意不同情感状态下人们的表现和反应，例如，以观察到喜悦时的笑容和兴奋的动作、悲伤时的眼泪和低沉的语气等等，敏锐地察觉和理解情感的细微变化。也可以通过自身的体验来理解情感，回想过去自己经历过的情感状态，回忆起那些令人喜悦、悲伤、愤怒或紧张的时刻，思考这些情感的来源和原因，以及不同情感状态下的身体感受和心理体验，更深入地了解情感的内涵和表达方式。在理解情感的过程中，主持人还可以阅读有关情感心理学和表达艺术的书籍，了解情感的分类、表达方式和影响因素。以观看电影、戏剧和演讲等艺术形式，观察演员或演讲者如何通过声音、肢体和表情来传达情感，通过学习他人的经验和技巧，主持人可以丰富自己对情感的理解，进一步提升自己的表达能力。

2. 设定情感目标

在准备过程中，主持人可以思考自己的主题、话题或场景背景，并决定想要传达的情感是什么，可以包括喜悦、悲伤、愤怒、兴奋、温情等各种情感状态。例如，如果主持人要主持一个婚礼仪式，可能希望传递出喜悦、温馨和庄重的情感；而如果主持人要主持一个激励性的演讲，可能希望传递出激动、鼓舞和振奋的情感。与此同时，主持人应该思考自己希望观众在听到他们的表演后所感受到的情感体验。这可以使观众感受愉悦、感动、鼓舞、共鸣等不同的情感体验，主持人能够在表演中更加有针对性地调整自己的声音、语调、表情和动作，帮助主持人更好地定位表演的效果，并将观众带入预期的情感状态。举例来说，假设主持人要主持一场纪念活动，他们希望在表演中传递出敬意、感慨和庄严的情感。他们的情感目标是让观众感受到庄重和肃穆的氛围，并对纪念对象表示敬意。为了达到这个目标，主持人可以选择使用庄重而稳定的语气、适度的语速和凝重的表情来传递情感。他们可以通过适当的停顿和语调的起伏来突出关键的情感内容，让观众在表演中感受到敬意和感慨。

3.选择情感表达方式

在播音主持艺术中，选择合适的情感表达方式是感情酝酿过程中至关重要的一部分，不同的情感需要用不同的表达方式来传达给观众，这样才能有效地引起共鸣和情感共振。声音是主持人表达情感的重要工具，通过调整音量、音调、语速和语气，主持人可以传递出不同的情感色彩。例如，使用柔和的音调和缓慢的语速可以传达出内敛和温暖的情感；而使用激动的音调和快速的语速可以传达出兴奋和激励的情感。语言是主持人表达情感的另一个重要工具，主持人可以选择具有情感色彩的词汇和句子结构来传达情感：使用形象生动的比喻和隐喻可以增强情感的表达力；使用抒情的词汇和句式可以营造出充满感情的氛围。主持人的肢体语言和面部表情也是情感表达的重要组成部分，通过姿态、手势和面部表情，主持人可以传递出更加真实和生动的情感：微笑可以传递出友善和喜悦的情感；眉头紧锁可以传递出担忧和紧张的情感。故事和例子是表达情感的有力工具，讲述具有情感色彩的故事和例子，可以将观众带入情感的世界，让他们更深入地感受和理解所要表达的情感，也可以选择与情感相关的真实故事、个人经历或者寓言故事来传递情感，并结合声音、语言和肢体语言的运用，使之更加生动和感人。

（三）感情酝酿需要主持人在表演过程中展示出情感的细腻和多样性

在播音主持艺术中，细腻的情感表达是非常重要的，因为它能够准确地传递主持人想要表达的情感内容，使观众能够真实地感受到主持人内心的情感世界。主持人需要观察和感知自己内心的情感变化，并准确地传达给观众。这意味着主持人需要对自己的情感有一个清晰的认知，能够准确地辨别和区分不同的情感状态，能够分辨出喜悦和悲伤之间微妙的差别，或者区分出紧张和兴奋之间的细微变化，更好地理解和传达情感，使其更加真实和动人。细腻的情感表达也需要主持人在声音、语调和表情上做出精准而细致的调整。声音是主持人表达情感的重要工具之一，主持人可以通过调整音量、音调和节奏，准确地传递不同情感的细腻变化。在表达温情和亲近的情感时，主持人可以运用柔和而温暖的声音，给观众带来一种安抚和温馨的感觉。而在表达紧张和紧迫的情感时，主持人可以加强音量和语气的强调，以引发观众的紧张感。主持人也可以通过微小而精准的表情变化，传达出丰富而细腻的情感。例如，微笑的细微变化、眼神的交流和面部肌肉的微妙运动等，都能够传递出主持人内心情感的变化。此外，主持人可以通过姿态、手势和身体的动态，传达出情感的深度和强度。例如，通过轻轻摩挲胸口来表达内心的柔软和感动，或者通过紧握拳头来表达内心的坚定和激情。

二、避"实"写"虚"：播音主持艺术的心境营造

在播音主持艺术中，心境营造是一项关键技巧，它能够引导观众进入特定的情感和氛围。主持人通过精心构建的语言和声音表达方式，创造出一个独特而令人难以忘怀的心境，使观众沉浸其中。

（一）运用细腻的描绘

第一，细腻的描绘需要主持人具备敏锐的观察力和描述能力。主持人应该学会仔细观察周围的细节，并能够将这些细节用精确的语言传达给听众。当主持人描述一个风景时，可以观察并描述自然元素如树木、花朵、湖泊等的形态、颜色和细微的变化，让听众感受到主持人对细节的关注，从而更加真实地体验到所描述的场景。第二，生动的形容词和形容词短语是细腻描绘的利器。主持人可以运用形容词来增强描述的细腻度和生动感。当描述一片夏日的草地时，使用形容词如翠绿的、柔软的、细腻的等来描绘草地的质感和色彩。此外，形容词短语也是丰富描绘的有力工具。例如，用"微风轻拂"来形容风的轻柔触感，用"霞光

映照"来形容夕阳的美丽光影,通过这种描写能够让听众更加直观地感受到所描述的场景。第三,音色的运用也可以为描绘增添细腻的效果。主持人可以根据场景和情感的需要,调整自己的音色和语调。当主持人描述一段温柔的情感时,可以使用柔和而轻柔的音色,让听众感受到情感的温暖和细腻。而当主持人描述一段紧张的场景时,可以使用低沉而有力的音色来营造的紧张氛围。

(二)创造生动的比喻

创造生动的比喻是播音主持艺术中一种强大而有效的表达手法,它能够帮助主持人向听众传递更丰富、更深刻的信息,同时激发听众的想象力和情感体验。比喻通过将一个抽象的概念或情感与一个具体而独特的形象相联系,使听众更直观、更深入地理解和感受到主持人所要表达的意义和情感。在播音主持过程中,有时会涉及一些抽象的概念或复杂的情感,这些内容对听众来说可能难以理解或把握。通过使用比喻,主持人可以将这些抽象的概念转化为具体的形象,使其更加贴近听众的生活经验和感知。例如,将"希望"比喻为"曙光",让听众更容易理解并产生共鸣,因为曙光代表着新的开始和希望的到来。主持人可以使用富有创意和幽默感的比喻,使节目更加有趣和吸引人,从而提高听众的参与度和留存度。在创造生动的比喻时,主持人可以运用双关语、讽刺和夸张等修辞手法,增加比喻的趣味性和吸引力。通过表达主持人的个人观点、情感和态度等具体形象联系,主持人可以在节目中表达出更加深刻和真实的情感,使听众更容易理解和接受主持人所传递的情感。比如,将对某个事件的关注和热情比喻为火焰的燃烧,可以更生动地表达主持人内心的激情和热爱。

（三）运用节奏和韵律感

1. 节奏的变化

节奏是指话语的速度和韵律的变化。通过合理的节奏变化，主持人可以营造出紧张、激动或缓慢、沉静的氛围，以配合话题的内容和情感的表达。例如，在描述紧张刺激的情节时，主持人可以加快语速和增加语音的连贯性，使观众感受到紧迫感和戏剧性。而在叙述平和宁静的场景时，主持人可以放慢语速，留出适当的停顿，营造出一种宁静、平和的感觉。

2. 韵律感的运用

韵律感是指语音的抑扬顿挫和音调的变化。合理运用韵律感，可以增强话语的表现力和感染力。一方面，可以通过在话语中增加重音和提高音调，突出重要信息和情感的表达。例如，当主持人希望强调某个关键点时，可以使用突出的重音和高扬的音调，使该点更加引人注目。另一方面，可以运用音调的上升和下降，创造出一种起伏和变化的感觉，增加话语的韵律和吸引力。

3. 呼吸与停顿

呼吸和停顿是节奏和韵律感的重要组成部分。主持人需要合理地安排呼吸和停顿，使话语流畅而自然①。呼吸的控制可以影响语速和节奏的稳定性。通过深呼吸和适时的停顿，主持人可以让自己保持平稳的呼吸节奏，同时为听众留出思考和接收信息的时间。停顿也可以用于强调某个重要信息或让观众思考一段话语的含义。

4. 音乐化的表达

将语言表达与音乐相结合，创造出一种音乐化的效果，也是运用节奏和韵律感的一种方式。主持人可以通过运用押韵、重复、平行句式等技巧，使话语具备一种旋律和韵律的美感。这样的音乐化表达可以增加话语的吸引力和记忆性，让观众更加愿意倾听和参与。

---

① 王丹.电视节目主持人语音节奏特征论析 [J].文学教育，2014（9）：2.

（四）运用独特的声音效果

运用独特的声音效果是播音主持艺术中的一项重要技巧，通过巧妙地运用声音的变化和特效，主持人可以创造出独特而引人注目的声音效果，从而使节目更具冲击力和个性化。音调是声音的基本属性之一，它能够传递出情感、氛围和个性。主持人可以灵活运用音调，通过提高或降低音调的频率和幅度，来表达不同的情感和态度。例如，当讲述悬疑故事时，主持人可以使用低沉而阴郁的音调，营造出紧张和神秘的氛围；而当讲述欢乐的笑话时，则可以使用欢快而明亮的音调，增加喜剧效果。音量的控制也是一种重要的声音效果。通过调整音量的大小，主持人可以在节目中营造出不同的强度和情感。当主持人想要表达强烈的情感或突出重要的信息时，可以提高音量，使声音更加有力和引人注意；而在表达柔和、温情的情感时，则可以降低音量，营造出亲密和温暖的氛围。主持人还可以运用语速的变化来创造声音效果。较快的语速可以传递出紧迫感、兴奋和激动，适用于表达紧张的情节或迅速传递信息的场合。而较慢的语速则更适合表达庄重、深沉的情感或给听众提供思考和反思的时间。主持人可以根据节目的需要和情感的要求，灵活地调整自己的语速，使之与内容相匹配，产生更好的声音效果。音频特效也是运用独特声音效果的一种方式。音频特效可以通过数字音频处理软件进行后期制作，如添加混响、回声、环绕声等效果，从而增强声音的层次感和空间感。例如，在讲述一个发生在大雨中的场景时，可以添加雨滴的音效和混响效果，使听众仿佛置身于雨中，增加场景的真实感和沉浸感。主持人还可以通过模仿声音和声音效果来创造出独特的效果。例如，通过模仿动物的叫声、模拟环境的声音，或者使用特殊的发声技巧和喉咙的控制，主持人可以创造出有趣、生动的声音效果，以吸引听众的注意力。

三、"形"伫"神"兴：播音主持艺术的神思演绎

在播音主持艺术中，"形"和"神"是两个关键的要素，它们相互作用并共同构成了一场成功的表演。"形"指的是主持人在外在形象上的表现，包括仪态、仪表、服装等方面。主持人的仪态和姿势是观众最直接注意到的外在表现之一，应该保持自然、端庄的姿势，身体语言要协调一致。主持人的站姿、坐姿应该舒展、得体，展现出自信和亲和力，通过良好的姿势和仪态，主持人能够给观众留下良好的第一印象。主持人的面部表情和眼神交流能够传递出丰富的信息，应该学会控制面部表情，根据不同的情感和语境进行微妙的表达。眼神交流也是重要的沟通方式，主持人应该能够与观众建立眼神联系，增加亲近感和参与感。主持人的语言表达是播音主持艺术中至关重要的一部分，应该准确、流畅地传达信息，并通过语音语调的变化和语速的控制来调节节目的节奏和氛围，需要学会运用声音的力量，使语言更有感染力，让观众更容易接受和理解。主持人的服装和妆容在塑造形象方面起着重要的作用。服装的选择应该符合节目的性质和场合的要求，同时展现出专业和时尚的风格。化妆也是必不可少的，它可以修饰主持人的面部特征，使其更加精神焕发。在播音主持艺术中，"神"是指主持人在内在气质和思想上的展示，包括语言表达、情感表达、主持风格等方面。以下将详细论述播音主持艺术中的"神"。主持人在播音中需要具备良好的语言表达能力，能够清晰、准确地传达信息，使用恰当的词汇和语法结构，语言应该流畅自然，能够引起听众的兴趣并保持他们的注意力。主持人还需要具备一定的口才和修辞技巧，能够运用声音的语调、语速和语音技巧，给予文本更多的生动和感染力。主持人在播音中需要有良好的情感表达能力，能够准确地把握节目的情感氛围，并能够通过声音和语言表达出来。无论是欢乐、激动、悲伤还是紧张，主持人都应该能够通过声音和语言让听众感受到相应的情感。情感的传递能够拉近主持人与听众之间的距离，让听众与

主持人建立更深层次的情感连接。每个主持人都应该有自己独特的主持风格，主持风格体现了主持人的个性特点和专业素养。它可以是幽默风趣的、严肃庄重的、亲和自然的或者是一种独特的风格。主持风格能够给听众留下深刻的印象，并成为主持人的个人标志之一。主持人在播音中需要具备一定的专业素养，具备广泛的知识储备，能够对各种话题进行深入了解和熟悉。主持人还应该具备丰富的行业经验和专业技能，能够应对各种情况和突发事件，需要不断学习和提升自己的专业水平，以确保能够胜任各类播音主持任务。

四、"意"与"境"浑：播音主持艺术的气息分配

气息分配在播音主持艺术中扮演重要角色，指播音主持人在表达中适时控制和运用气息，以达到良好语音表现效果。气息作为声音基础，对声音质量和语音表达至关重要。正确分配气息可以使声音更饱满、有力，增强穿透力和感染力，同时帮助掌握语速和语调，实现语音自然流畅。分配中两要素是意和境。"意"指主持人理解、把握文本内容，准确传达情感和态度。语音表达需传递正确意义，使听众理解和感受传递信息。"境"指所处环境和氛围。不同节目和场合对气息有不同要求，如庄重场合需深沉、有力气息增强庄重感；欢快节目可运用轻松、愉悦气息增强活泼感。合理把握意与境，主持人可灵活运用气息，使语音丰富多样，与听众产生共鸣。实践中，主持人可通过训练提高气息掌握能力。例如，深呼吸增加呼吸量、肺活量，声音练习强化声带和声音稳定性。

气息分配在播音主持艺术中具有重要地位，是播音主持人需掌握的基本要素，准确运用可提升语音表现效果。气息是声音构建的基础，对播音主持人的声音质量和语音表达起关键作用。准确的气息分配可以使声音更加饱满、有力，增强声音的穿透力和感染力。同时，它也有助于播音主持人更好地控制语速和语调，使语音表达更加自然流畅。

在气息分配过程中，意和境是需要特别关注的两个要素。意指主持

人对文本内容的理解和把握，以及对所要表达的情感和态度的准确把握，是播音主持艺术中气息分配的关键要素。播音主持人在阅读文本时需要仔细分析，深入理解其含义和要点。通过准确理解文本，主持人可以把握信息的核心，并确保在语音表达中传达出正确的意思。播音主持人还需要准确把握所要表达的情感和态度。不同的节目和场合可能需要传达的情感和态度各异，如庄重、欢快、激动、温柔等。主持人应通过语音表达来准确传递这些情感和态度，使听众能够感受到主持人所要传递的信息的情感色彩。通过准确的理解和把握，播音主持人能够有效地传达出正确的意思和准确的情感态度，这种准确性对播音主持艺术的成功非常重要，因为它直接影响着听众对信息的理解和接受程度。在语言表达中，播音主持人可以通过语音技巧来传达出正确的意思和情感态度。例如，通过语调的变化和节奏的控制，主持人可以突出关键词和重要信息，从而增强听众对信息的关注度和理解力。此外，使用适当的语速和语音节奏，主持人可以在表达中展示与所要传递的情感和态度相符合的语音特点。境指主持人所处的环境和氛围。播音主持艺术中的气息分配与所处环境和氛围息息相关。不同的节目和场合对气息的运用有着各自独特的要求，以营造出适宜的语音氛围。这一点体现在庄重场合和欢快节目中的气息运用上。在庄重的场合中，播音主持人需要展现一种庄重的语音氛围，从而与场合相契合。这时，适宜的气息运用是较为深沉、有力的。深沉的气息使声音富有厚度和力量，能够增强语音的庄重感。播音主持人可以通过深度呼吸，将气息集中于腹部，以获得充足的气息供应。在表达中，稳定的气息流动配合稳定的音量，使语音显得沉稳有力，让听众感受到一种庄重和威严。相反，在欢快的节目中，播音主持人需要展现愉悦和活泼的语音氛围。在这种情况下，可以运用轻松、愉悦的气息。轻松的气息使声音变得柔和、轻快，能够增强语音的活泼感。播音主持人可以通过浅呼吸，使气息流畅而轻松地供给声音。在表达中，可以适度提升声音的亮度和明快度，让语音充满活力和愉悦感,使听众感受到欢乐和轻松的氛围。在不同节目和场合中,主持人需要灵活地运用气息,以创造出与节目要求相符的语音效果[①]。庄重场合需要深沉、有力的气息,以增强语音的庄重感;而欢快节目则适合运用轻松、愉悦的气息,以增强语音的活泼感。通过合理运用气息,主持人能够更好地传达节目的氛围和情感,使听众更好地融入其中。

通过合理把握意与境,播音主持人可以在表达中灵活运用气息,使语音更加丰富多样,更好地与听众产生共鸣。在实践中,播音主持人可以通过一些训练来提高气息的掌控能力。例如,通过深呼吸训练来增加呼吸量和提高肺活量;通过声音练习来增强声带和声音的稳定性。

第四节 播音主持艺术的多元风格

一、播音主持艺术的时代风格

(一)广播时代风格

广播时代是 20 世纪中叶的一个重要阶段,这个时代的播音主持风格主要通过语言和声音来传达信息,强调的是精确、清晰和连贯的语言表达以及严谨的节目编排。广播的音频性质决定了它无法像电视和互联网那样提供丰富的视觉体验,所以语言和声音就成为主要的信息传输手段。在广播节目中,主持人需要用生动、形象的语言来帮助听众在脑海中描绘出具体的场景,广播时代的节目还需要严谨的编排,以保证信息的逻辑性和连贯性。广播时代的节目内容主要包括新闻、访谈、音乐节目和戏剧等。新闻节目注重时效性和客观性,主持人需要在短时间内传递大

---

① 武佳瑜.浅析播音主持有声语言表达中"气息"运用的误区[J].传播力研究,2019(36):1.

量的信息，而且需要保证信息的准确性。访谈节目则更加注重深度和广度，主持人需要通过提问和引导，让嘉宾分享他们的经验和见解。音乐节目和戏剧节目则更加注重艺术性，主持人需要通过声音和语言来表达情感、营造氛围。广播时代的播音主持风格在很大程度上也反映了那个时代的社会风貌。在那个时代，信息传播的速度相对较慢，人们的生活节奏也相对较慢，所以广播节目通常有更多的时间来讨论一个话题，深入挖掘一个问题。这也是为什么广播时代的主持风格往往更加注重深度和广度，而不是追求速度和效率。

（二）电视时代风格

电视时代是播音主持艺术进一步发展和繁荣的时期。它不仅沿袭了广播的语言艺术，还引入了视觉元素，使得节目形式更加丰富和多元。电视时代的主持风格有几个显著的特点：

1. 视觉化

视觉化的主持风格从许多方面深深地塑造了电视节目的特点，并且极大地提高了电视节目的艺术魅力和观众接纳度。视觉化风格突破了传统广播仅仅依赖声音传递信息的方式，使得节目的信息传递更为直观和生动。画面设计作为视觉化风格的核心元素，通过精心设计背景、人物、道具等视觉元素，可以使观众在观看节目的同时，更好地理解和接受节目的内容。例如，新闻节目的背景通常设计为红色，以显示节目的严肃性和权威性；娱乐节目的背景则常常使用鲜艳的颜色和动态的设计，以提升节目的活力和趣味性。色彩搭配在视觉化风格中起着关键的作用，不仅可以影响节目的视觉效果，还可以传达节目的情感和氛围。新闻节目常用的蓝色和白色可以传达出公正、客观的信息；而娱乐节目则可以选择明亮、活泼的色彩，以吸引年轻观众。视觉化风格也注重场景的设置，通过在不同的场景中进行节目的拍摄，可以使节目的内容更为丰富和有趣。例如，在户外拍摄的旅游节目可以让观众在欣赏美景的同时，了解各地的风土人情；在室内拍摄的访谈节目，则可以通过舒适、温馨的环境，使观众更加放松，更愿意聆听节目的内容。视觉化风格也体现在主持人和嘉宾的服装、化妆和行为上，通过精心设计的造型，主持人和嘉宾可以更好地吸引观众的注意力，同时也可以更好地表达节目的主题。例如，正式的节目中，主持人和嘉宾可能选择穿着正装，以体现节目的严肃性；而在轻松的娱乐节目中，他们可能选择穿着休闲服，以营造节目轻松和愉快的氛围。

2. 多样性

电视时代中，多样性不仅是节目形式的基本属性，也是主持风格的一个突出特点。从各类新闻报道、知识问答、情感访谈，到真人秀竞技，再到综艺娱乐等等，无一不体现出广泛而独特的主持艺术风格。新闻节目如广受欢迎的《新闻联播》，其主持风格强调的是严谨、权威、客观，语言要求精准，声音调性要求稳定，需要在短时间内准确无误地向观众传达大量的信息，因此主持风格往往以直接和明确为主。知识问答类节目如《谁是最强大脑》，主持风格就需要敏捷、精确且充满趣味性。主持人需要在确保节目进程的同时，调动现场气氛，保持高昂的竞技激情。情感访谈类节目如《朋友请听好》，主持人的角色常常是观察者和倾听者，他们的风格需要更为柔和，富有同理心，同时充满深度。他们在揭示人性的同时，也在倾听和传递真挚的情感。至于综艺娱乐节目，如《快乐大本营》，主持人需要以幽默、活泼的风格，营造轻松愉快的观看气氛。他们往往要富有即兴创作能力，对节目环节进行灵活处理，满足观众的娱乐需求。每一种形式都需要不同的主持风格，这种多样性展现了电视时代主持艺术的魅力，也深刻反映了观众需求的多元化。在满足各类观众喜好的同时，也在不断推动电视主持艺术的创新和发展。

3. 互动性

互动性是电视时代主持风格的显著特点，它极大地丰富了节目的表达方式，使观众从被动接收信息的观众角色转变为积极参与的角色。电视节目通过电话、短信、社交媒体等方式邀请观众参与讨论，这使得节目能够从更多的角度和深度去探讨一个问题。例如，在访谈节目中，观众可以通过各种方式提出自己的观点和问题，这无疑为节目增添了新的视角和深度。当观众有机会直接向主持人或嘉宾提问，或者对节目内容进行实时反馈时，节目的真实性和紧密性就得到了提升，使得节目的观看体验更加生动和真实，同时也使得观众更能感到自己是节目的一部分。当观众有机会参与节目，他们就更可能对节目产生兴趣，并愿意投入更多的时间和精力去观看，这一点对于电视节目来说是非常重要的，因为吸引和保持观众的注意力是节目成功的关键。互动性为电视节目创造了无限的可能性，节目的内容和形式能够根据观众的反馈和参与而进行调整和创新，使得电视节目有了无限的发展和创新空间，也使得节目能够更好地适应观众的需求和期望。

4.娱乐性

电视时代主持艺术的一大独特性在于其深度注重娱乐性，不论节目类型，不论主题内容，娱乐元素始终如纽带贯穿其中，为电视节目增添了无限活力。首先，节目的娱乐性往往体现在主持人本身。他们不仅是信息的传递者，更是节目的灵魂，以其独特的个性魅力为节目增色。主持人能以富有感染力的语言和独特的表情神态，引领观众体验一场视听盛宴，从而将枯燥的信息转化为吸引人的故事。其次，娱乐性还在于节目的创新形式。娱乐节目广泛应用互动游戏、竞赛、表演等方式，营造轻松愉快的氛围。节目通过紧张刺激的竞赛环节，以及充满趣味的游戏，引发观众的强烈共鸣。娱乐节目还会邀请知名艺人献唱，以音乐和舞蹈点亮节目，满足观众对美的追求。再次，娱乐性体现在嘉宾的参与。电视节目常邀请明星嘉宾参加，他们的到来不仅为节目带来了更多的观众，也丰富了节目的内容。嘉宾们的趣事、故事、才艺展示等都极大地提升了节目的娱乐性，也拉近了嘉宾与观众的距离，使观众感受到明星真实的一面。最后，娱乐性也体现在节目的互动环节。节目常设有观众投票、互动问答等环节，让观众成为节目的一部分，加强观众与节目的联系，也使节目更具娱乐性。

（三）新媒体时代风格

新媒体时代，即网络时代，是随着互联网、社交媒体和其他数字技术的发展而来的，这一时代的播音主持风格在很大程度上受到这些新技术的影响。

1.内容碎片化

新媒体时代，信息爆炸，人们的注意力被大量分散。因此，短小、精练的内容形式变得更加受欢迎，因为它们可以迅速地提供信息，满足用户随时随地获取信息的需求。在新媒体时代，信息的传播速度非常快，人们对信息的需求也更加迅速和及时。因此，内容碎片化的形式，如短视频、推文、图文信息等，可以更快地传递给用户，使他们能够在短时间内获取所需的信息。内容碎片化的信息通常比较简短，这使得用户可以在任何有限的时间段（如等车、休息时间等）获取和浏览信息，与传统的长篇大论的信息传递方式相比，更适合现代人快节奏的生活方式。内容碎片化的信息因其简短的特性，可以包含各种各样的主题和话题，用户可以根据自己的兴趣和需求，选择自己感兴趣的内容进行浏览。

2.个性化和定制化

随着新媒体技术的发展，尤其是大数据和人工智能技术的应用，可以通过用户的在线行为获取更多关于他们的信息，如他们的兴趣、喜好、习惯等。个性化主要是指根据每个用户的特性和需求，提供符合其个人品位和需求的内容。这通常需要了解用户的个人信息，如年龄、性别、职业、地理位置以及他们的兴趣和喜好。例如，对于年轻人来说，主持人可能选择更具活力和时尚感的语言和话题；而对于中老年人，可能偏向于选择更严肃、有深度的内容。定制化则是一种更高级别的个性化，它通常涉及用户主动参与和选择他们想看到的内容。例如，用户可以根据他们的喜好和需要，定制自己的新闻订阅、播客列表或者电台节目。这样，每个用户都可以收到定制的、符合其个人需求的信息。个性化和定制化不仅可以提高用户满意度和忠诚度，也可以提高内容的质量和价值。因为当内容更符合用户的需求时，他们就更可能对其产生兴趣，更愿意花时间去收听和参与。然而，实现个性化和定制化也是有挑战的，比如如何保护用户隐私、如何处理大量的数据、如何确保内容的质量等。但总的来说，个性化和定制化已经成为新媒体时代播音主持风格的重要特点。

3. 多媒体元素

播音主持风格中多媒体元素的使用无疑是一大特色，通过结合视觉、听觉、互动等多种媒体形式，主持人能够为观众带来更为丰富和吸引人的体验。视频是新媒体中最重要的元素之一。主持人通过视频可以展示丰富的画面信息，使得节目更加生动和有趣。通过展示相关的画面或动画来辅助解释复杂的概念，也可以通过显示实地拍摄的画面来增加节目的真实感。图片是另一种重要的多媒体元素，相比于视频，图片可以更为精练和快速地传达信息。主持人可以通过展示相关的图片来增强节目的视觉效果，通过显示相关的统计图表来辅助解读数据，或者通过展示相关的图片来增加节目的情感表达。音频是播音主持的基础，但在新媒体时代，音频的使用方式变得更加多样。主持人可以通过播放相关的音乐、声效来增强节目的听觉体验，也可以通过播放相关的录音或访谈来提供第一手信息。虽然新媒体时代的主持风格更倾向于使用视觉和听觉的元素，但文字依然是重要的信息传递方式，通过文字来提供详细的信息，或者作为其他多媒体元素的补充。

（四）移动互联网时代风格

移动互联网时代的播音主持风格，大大改变了传统的播音主持形式。在这个时代，人们习惯于使用移动设备获取信息，因此，播音主持的形式和内容都进行了深度的调整。首先，节目形式更为多元化。短视频、直播、音频节目等新形式的节目大量出现，满足了用户随时随地、碎片化的信息获取需求。在这些形式中，主持人不仅是信息的传递者，也是内容的创作者，他们需要根据不同的平台和用户需求，调整内容和形式。其次，移动互联网时代的主持风格更加注重实时性和互动性。例如，在直播中，主持人需要实时回应观众的反馈和问题，而在社交媒体平台上，主持人可能需要与用户进行更深层次的交流和互动。这使得播音主持更加接地气，更能吸引用户的参与。再次，这个时代的主持风格更强调娱乐和社交元素。在短视频平台上，许多节目以幽默、趣味的形式传达信息，以吸引用户的注意力。而在社交媒体上，用户的分享、点赞、评论、打赏等行为，都可能成为节目内容的一部分，也可以为节目增加独特的风格和趣味性。最后，移动互联网时代的主持风格也更注重个性化和定制化。由于用户的信息获取途径和习惯的多样化，主持人需要能够精准地了解并满足用户的需求，例如，为特定的用户群体制作专门的内容，或者根据用户的反馈调整节目的形式和内容。

二、播音主持艺术的地域风格

（一）华北地区风格

1.语言规范和标准

在华北地区的播音主持风格中，对于语言的规范和标准有着严格的要求。由于华北地区是普通话的发源地，其对于普通话的使用有着极高的要求。播音主持人必须准确无误地掌握普通话的发音、语调和语法规则，必须确保每个词的发音和语调都符合普通话的标准，同时也要避免使用地方方言和口音。华北地区的播音主持风格强调语言的清晰性和理解性，播音主持人必须确保发音清晰、语言流畅、语调准确，以便观众能够准确理解其意思，避免使用复杂的词汇和句子结构，尽可能地使用易于理解的语言。在华北地区的播音主持风格中，播音主持人需要对语音、语调和语速进行完全的控制，根据内容的需要和情感的变化，适时地调整语音、语调和语速，不仅可以更好地传达信息，也可以增加语言的吸引力和感染力。虽然华北地区有许多具有独特魅力的地方方言，但在播音主持中，播音主持人需要尽可能避免使用方言口音，因为方言口音可能影响观众对内容的理解，尤其是对于非当地观众来说，可能因为方言口音而无法准确理解播音主持人的意思。

2. 清晰、准确的语音

清晰、准确的语音是华北地区播音主持风格的一个重要特点，这不仅涉及播音主持人的专业素养，还对他们的语言技巧和发音能力提出了较高的要求。发音准确是对播音主持的首要要求。发音的准确性包括准确无误地发出每一个音节，正确地实现语音、语调、语速等的配合。任何细微的错误都可能影响观众对信息的理解，从而降低播音主持的效果。因此，播音主持人必须具备非常高的语音技能，能够准确地发出每一个音节，保证信息的传递没有偏差。除了准确，华北地区的播音主持风格还强调发音的清晰性。清晰的发音意味着播音主持人的每一个字都要清晰无误，每一个音节都要鲜明有力。这样可以让观众更容易理解和接收信息，增强播音主持的效果，也可以展示播音主持人的专业素养，提升他们的专业形象。清晰、准确的语音不仅需要良好的发音技巧，还需要深厚的专业知识，需要理解他们传递的每一条信息、理解每一个词的含义，这样才能确保他们的语音既清晰又准确。

3. 抑扬顿挫的语调

华北地区的播音主持风格重视抑扬顿挫的语调，这一特点是对中文语言特性的深入理解和精准运用，因为中文本身就是一种声调语言。抑扬顿挫的语调为语言增添了动感，使得主持过程变得生动有趣，不再是单一的、机械的语音传递。通过语调的起伏，主持人可以根据话题的性质和需要的情感表达，灵活地变化语音，让听众感受到情感的丰富性和深度。通过对语调的控制和运用，主持人能够更好地吸引和保持听众的注意力。对于重要信息，可以通过提高语调或者变换语音的强度来强调，让听众更加注意。对于需要引起共鸣的部分，可以通过降低语调，使语音变得柔和，引导听众产生共感。抑扬顿挫的语调需要播音主持人有很强的声音控制能力[①]。他们需要根据内容，恰当地变换声音的音高、音量和节奏，同时保证语音的清晰度和准确性。这需要主持人有很高的语言运用能力和专业素养。

4. 庄重、稳重的风格

华北地区的播音主持风格，以庄重、稳重的表现手法为主，这在很大程度上反映了该地区对权威和专业性的尊重。华北地区的播音主持风格注重使用正式、规范的语言。避免使用口语化、俚语和非正式表达方式，以保持其庄重、正式的形象。这种严谨的语言风格，使得观众对播音主持人的专业性有更高的期待和信赖。在处理严肃、重要的话题时，华北地区的播音主持人通常会表现出更加庄重、稳重的风格。他们在处理这些话题时，会特别注意准确、公正的表达，且在语调和语气上，也会尽量保持中立和严肃，以避免引发不必要的争议。华北地区的播音主持人往往具有深厚的专业背景和知识积累。在主持过程中，能够准确地传递专业知识和信息，使得观众更容易接受和理解，也使得观众更愿意相信他们的观点和信息。

（二）华东地区风格

1. 流畅、自然的语调

播音主持人通常具备较快的语速，能够以迅捷的速度表达信息，使听众能够更快地接收信息并理解其中的内容。流畅的语调可以增加节目的紧凑感和活力，让观众感到节奏明快、充满动力。播音主持人通过熟

---

① 武佳瑜. 浅析播音主持有声语言表达中"气息"运用的误区 [J]. 传播力研究，2019（36）：1.

练的口语表达和音调的变化，能够保持一定的语速，同时不失清晰度和准确性，使得听众能够跟随节目的节奏，更好地理解和接收信息。快速的语速也能够提高节目的效率，特别适用于一些快节奏的节目类型，如新闻、快报等。播音主持人能够迅速准确地传递信息，使节目具有紧迫感和时效性，吸引听众的注意力，使其更愿意持续关注和收听。此外，流畅、自然的语调也能够带给观众一种亲切感和舒适感。播音主持人能够通过流畅的语音流动，与观众建立起一种和谐的沟通关系，让观众感受到主持人的亲近和友善。这种亲切感有助于建立观众与播音主持人之间的情感联系，提高观众的参与度和忠诚度。

2. 语言的韵律感和节奏感

在华东地区的播音主持风格中，语言的韵律感和节奏感非常重要。播音主持人善于运用语言的变化、停顿和音调的起伏，营造出生动有趣的效果。他们懂得在适当的时候加快语速，创造出节奏感，使得节目更加吸引人。播音主持人在表达时不会出现突兀或不自然的停顿，而是以流畅的语音连接词句，使得语言表达更加连贯和流畅。播音主持人会在表达中运用适当的语调起伏和音节重音，营造出丰富的韵律和节奏，可以使语言更加生动有趣，吸引听众的注意力。流畅、自然的语调有助于播音主持人高效地传递信息。他们能够以快速而准确的方式表达观点和内容，避免冗长和啰唆的表达，使得听众能够更快地获取所需的信息。这在新闻、访谈和快节奏的节目中特别重要。华东地区的播音主持风格也具有一定的口语化特点，注重语言的连贯性。播音主持人倾向于使用口语化的词汇和表达方式，使得语言更加贴近日常生活，与观众产生共鸣。

3. 灵活运用幽默和诙谐的语言技巧

华东地区的播音主持风格善于运用幽默和诙谐的语言技巧，使得节目更加生动有趣。播音主持人常常会在节目中讲述一些幽默的笑话或使用俏皮的言辞。这些笑话和俏皮话往往能够引起观众的笑声和共鸣，为节目增添轻松愉快的气氛，通过幽默的言辞，播音主持人能够缓解紧张的气氛，让观众感到愉悦和放松。播音主持人在节目中经常运用调侃和戏谑的语言技巧，有时会以幽默的方式挖苦自己或其他人，制造出轻松愉快的对话和互动，打破僵局，激发观众的兴趣和吸引观众的注意力，增加节目的趣味性和娱乐性。播音主持人常常利用双关语和谐音的技巧，创造出有趣的语言效果，巧妙地运用字词的多重含义和发音的相似性，能够制造出令人捧腹大笑的效果。播音主持人经常会引用流行的幽默语录、电影台词或网络热词等，与观众进行互动，幽默引用能够给观众带来熟悉感，增加节目的趣味性和娱乐性。播音主持人熟悉流行文化，并能够巧妙地将其融入节目，让观众感到更加亲切和有趣。华东地区的播音主持人善于营造幽默的氛围，通过自己的言辞和行为带动观众的笑声和欢乐。他们常常展示出活泼、风趣的个性，与观众进行互动，营造出一种轻松、欢乐的节目氛围，观众在欣赏节目的同时，也能够感受到播音主持人的幽默魅力和亲和力。

4. 善于表达个性和情感

华东地区的播音主持风格注重个性的展现，播音主持人常常能够通过声音、语调和表情等方式，凸显自己的个人特色和情感。华东地区的播音主持人通过声音的个性化表达来展现自己的独特特色，具有柔和、温暖的声音，或是富有磁性和独特音色的声音，这使得播音风格与众不同，更具辨识度。华东地区的播音主持人懂得灵活运用语调和语气，以凸显自己的个性和情感，可以通过调整语气的轻重、快慢，以及语调的升降、变化，表达出自己的情感态度，从而使节目更加生动有趣。华东地区的播音主持人擅长与观众建立情感联系，他们用亲切、温暖的语气与观众交流，以打破传统播音的冷漠感。通过在节目中分享自己的经历、情感，或者与观众分享喜、怒、哀、乐等，播音主持人能够更好地拉近与观众之间的距离，使得节目更具人情味。

（三）华南地区风格

1. 受方言影响的口音和方言特色

华南地区包括广东、广西、福建等地，这些地方拥有丰富多样的方言文化。在华南地区的播音主持风格中，受方言影响的口音和方言特色是一大显著特点。由于华南地区有着独特的方言系统，播音主持人常常在普通话中带有相应的方言口音。比如，广东地区的播音主持人可能带有粤语的口音特色；而福建地区的播音主持人可能带有闽南语的口音特色，方言口音赋予了他们的语音和发音一种独特的韵味，使他们的语言更加地道、真实。方言口音和特色的运用也是对地域文化的一种体现。播音主持人在使用方言口音和特色时，既是为了展示地域的独特性，也是为了与观众建立更紧密的连接。这种地域文化的体现能够让观众感受到播音主持人与他们所在地区的紧密联系，增强观众的认同感和归属感。

2. 生动、地道的语言表达

华南地区的播音主持人善于运用富有表现力的词汇和句式，以增强信息的直观性和感染力。他们选择具有鲜明形象、丰富色彩的词汇，使得所描述的事物或情境更加生动形象。同时，他们也会灵活运用多样的句式结构，使语言更富有变化和韵律感，从而吸引观众的注意力。华南地区的播音主持人注重让观众更直观地理解和感受所传达的信息，使用贴近生活、通俗易懂的语言，避免过多的专业术语和抽象概念，使得节目内容更加贴近观众的生活经验和认知能力。通过这种直观的语言表达方式，观众更容易理解和接收播音主持人所传达的信息。华南地区的播音主持风格追求生动有趣的节目效果。他们灵活运用幽默、夸张、比喻等手法，使得节目更具趣味性和吸引力。这种生动的语言表达方式能够激发观众的兴趣、增强节目的娱乐性和互动性，让观众更加享受听觉体验。华南地区的播音主持人注重展现本地文化和特色。他们在语言表达中融入地方方言、习惯用语和民俗词汇，使得节目更具地方特色和认同感，地道的语言表达方式能够拉近主持人与观众之间的距离，建立起更亲近的沟通关系。

3. 情感表达和语气

华南地区的播音主持人通过声音的变化来表达情感。他们能够灵活运用音量、音调和音色等声音要素，以突出信息的重点或情感的强弱。通过声音的变化，他们能够准确传达情感状态，让观众更加直观地感受到他们所表达的情感。播音主持人在华南地区常常运用语调的起伏来表达情感。他们能够在语言的节奏和语气上做出适当的变化，使得内容更具有感染力和吸引力。语调的起伏可以帮助他们传达信息的重要性、紧迫性或者情感的强烈程度，让观众更好地理解和共鸣。华南地区的播音主持人在节目中常常给人一种亲切、温暖的感觉。他们注重与观众建立情感上的连接，通过温暖的声音和友善的语气，传递一种亲近的感觉。这种亲切感使得观众更容易与播音主持人产生共鸣，建立起一种良好的沟通和信任关系。华南地区的播音主持人通过情感表达和语气的处理，能够准确传递出自己的情绪和态度。无论是欢乐、悲伤、愤怒还是紧张，他们都能够通过声音和语气的变化，使观众感受到他们所表达的情绪状态。同时，播音主持人也能够通过语气的处理展现出专业性、自信或者热情等态度，为节目增添独特的魅力。

（四）西南地区风格

西南地区的播音主持风格通常相对慢节奏，注重语速的掌控，使得话语有充分的停顿和呼吸空间，这种慢节奏的风格可以给人一种沉稳和稳重的感觉，使观众更容易集中注意力，理解和接收所传达的信息。西南地区的播音主持注重语音的舒缓和柔和，声音通常较为柔和而不刺耳。这种特点使得播音主持的声音更加亲近和温暖，给人以放松和舒适的感觉，与西南地区的自然环境和人文风情相呼应。与华北地区不同，西南地区的播音主持风格也注重语调的抑扬顿挫。在表达中，语调的起伏变化较为明显，以增加语言的表现力和感染力。这样的语调变化可以使播音主持更具有情感和个性，能够更好地引起观众的共鸣。西南地区的播音主持风格注重表达的细腻和情感的渲染。播音主持人会通过声音的变化和语言的表达来传递情感，使得节目内容更具有感染力和情绪共鸣，增强与观众之间的情感连接，产生更深层次的影响。西南地区的播音主持风格常常带有一种温情和亲和力。播音主持人在语言和声音的选择上更倾向于亲切、友好和温暖，以拉近与观众的距离，使得观众更容易接受和喜爱播音主持人，产生共情和信任感。西南地区有许多优秀的播音主持人，他们以其独特的风格在行业中脱颖而出。例如，四川卫视的主持人李思思，她的播音主持风格慢节奏而稳重，声音柔和而舒缓，语调抑扬顿挫，表达细腻而富有情感。

（五）西北地区风格

1. 雄浑、豪放的语音

西北地区的播音主持人通常具有浑厚的嗓音，声音的共鸣效果较好。他们的嗓音通常具有一定的厚度和深度，给人一种饱满的感觉，还会运用适当的呼吸技巧，使声音具有更强的穿透力。因此，在播音过程中，他们能够发出较大的音量，让声音更有力度和冲击力。西北地区播音主持风格中的语音常常带有一种延长音节和变调的特点，会适当延长某些重要的词语或句子，以突出其重要性和表达的感情色彩，也善于运用音调的变化来表达不同的情感和语气。西北地区的播音主持人在表达时通常注重语音的力度和冲击力，会运用适当的声音强弱变化，通过声音的冲击来吸引听众的注意力，使得播音具有更强的表现力和感染力，能够更好地引发听众的共鸣和情感反应。

2. 独特的韵律感

西北地区播音主持风格注重在语音表达中呈现出一种音乐性的节奏

感。播音主持人在控制语速和声音的节奏上非常娴熟，使得每个词语和短语都呈现出一种特定的韵律和节奏。在西北地区播音主持风格中，语调变化常常被赋予一种艺术化的特点。播音主持人在表达时善于运用不同的声调、升降调和抑扬顿挫等技巧，使得语言表达具有更丰富的变化和层次感，不仅能够吸引听众的注意力，还能够增加语言表达的状态和情感，使节目更具感染力和表现力。播音主持人在表达过程中，能够灵活地控制语音的快慢、停顿的长度和位置，使得语言表达更加生动有力。通过恰到好处的节奏变化，播音主持人能够将节目的内容层层推进，让听众更容易理解和接收信息。尽管西北地区的语音通常比较浑厚和有力，但播音主持人在语音表达中仍能保持一种柔和而协调的音调。这种温婉的音调使得语言更具韵律美和柔美感，使得播音节目更加和谐、舒适。

3.声音的张力和气势

在西北地区的播音主持风格中，声音通常具有较高的音量和共鸣，呈现出一种强劲有力的特点。播音主持人通过调整声音的力度，使其能够在广播或电视媒体中传达出更强烈、更有冲击力的效果，注重在语音中表达出音乐性的节奏和韵律感，使其播音节目具有一种独特的旋律美。西北地区的播音主持人能够灵活地运用语音的停顿、加速、减速等技巧，使播音节目更具有生动性和表现力。在西北地区的播音主持风格中，声音常常展现出一种阳刚之美和威严感。播音主持人的声音通过力度、节奏和音调的合理运用，使得其播音节目具有一种庄严、有力的感觉。

三、播音主持艺术的民族风格

（一）"天人合一"的文化理念

"天人合一"的文化理念是东方哲学的核心之一，它传达出人与自然、人与宇宙的紧密联系，强调了人类活动与自然环境的协调统一。在播音主持艺术中，这种理念如同清泉流淌，融入其中，赋予了其独特的韵律和气质。想象一下，在大自然的背景音乐中，主持人轻声细语，描绘山川湖海、日月星辰的壮丽画面。语言的节奏仿佛与大自然的脉搏相吻合，声音的起伏，宛如天地间的呼吸。这种表达方式，恰好符合"天人合一"的精神，让人仿佛置身于自然之中，感受到人与自然的和谐融合。"天人合一"的哲学也呼唤播音主持要察言观色、灵活应对。因为，在自然界中，万物都有其规律可循，人的情绪、态度也如同自然界中的潮涨潮落，有时欢快，有时沉静。主持人要能洞察这些变化，就如同读懂自然的节奏，用适时适度的语言来响应，展现出"天人合一"的灵敏与和谐。此外，"天人合一"的理念不仅影响了主持人的表达方式，更深深烙印在他们的价值观上，积极倡导尊重自然、保护环境的观点，将生态文明的理念通过节目传递给每一位听众，促使人们回归自然，和大自然达成更为和谐的共处关系。

（二）"以人为本"的文化情怀

作为传播者，主持人扮演着与听众心灵交流的角色，其言语、情感和态度的表达都将影响听众的接收与感知，这对主持人提出了较高的要求。首先，主持人要对自身的道德品质和专业素养有所要求。职业操守是主持人以人为本的首要标准，只有遵循专业操守，才能赢得听众的信任和尊重。另外，主持人还需具备丰富的人文素养和高度的社会责任感，这能使他们在表达时更具深度和广度，从而更好地连接和引导听众。其次，"以人为本"的主持人须有足够的同理心[①]。主持人需要将自己置于听众的立场，去感受他们的喜怒哀乐，去理解他们的需求和期望。在节目制作和表达中，主持人应该把握好情感的尺度和节奏，让节目的内容、形式和气氛都能与听众的感受和体验相契合。再次，主持人要有开放的接纳心态。每个人都是独立的个体，有自己的想法和感受，主持人要尊

---

① 李贞，王福生.访谈节目主持人的同理心[J].成人教育，2012（10）：120-121.

重和接纳这些差异。无论是采访嘉宾，还是与听众互动，主持人都应避免强加给对方自己的观点和态度，而是给予对方足够的表达空间，让他们能够自由、真实地表达自己。此外，主持人需要了解和掌握人性的本质。人性包括善良、温暖、希望等光明面，也包括恐惧、痛苦、困惑等阴暗面。主持人要有勇气面对人性的全貌，既要善于发现和引导人性的光明面，也要有勇气揭示和面对人性的阴暗面。最后，主持人要用真诚和热情去感动听众。真诚是最好的交流方式，热情是最有感染力的情感。主持人需要用真诚的态度去尊重每一位听众，用热烈的情感去感染每一位听众。只有这样，主持人才能真正实现以人为本的文化情怀，从而在播音主持艺术中发挥最大的作用。

（三）"刚健有为"的文化气质

"刚健有为"的文化气质代表着坚定的信念、积极的态度和无畏的勇气。对于播音主持艺术来说，这不仅是主持人应有的精神状态，也是他们在舞台上所展现出的风采。一个"刚健有为"的主持人必须具有强烈的目标感和使命感，只要在心中树立了自己的目标，无论环境如何变化，都将始终坚持自己的方向，积极向前，无所畏惧。对自己的职业有着深切的热爱，认为自己的工作有着不可替代的意义，这也成为勇往直前的动力源泉。拥有"刚健有为"气质的主持人，必须能勇于承担责任。主持人深知自己的言行会影响广大听众，因此在节目中始终保持严谨、准确的态度。无论是新闻报道，还是娱乐节目，都会确保内容的真实性和公正性，也会积极地参与社会公益活动，用自己的影响力来推动社会的进步。在实际工作中，主持人常常会遇到各种挑战和困难，如技术故障、现场突发情况，甚至观众的冷漠等，都需要主持人有足够的坚忍精神去面对、去解决，将每一次的困难和挑战都视为自我提升的机会，从而在逆境中成长。"刚健有为"的主持人还具有良好的自我管理和学习能力，懂得如何调节自己的心态，如何保持良好的工作状态，积极去学习新的知识和技能，以不断提升自己的专业素养，只有不断提升自己，才能更好地服务于听众，实现自我价值。

（四）"贵和尚中"的文化精神

"贵和尚中"，这是中国传统文化中深入骨髓的一种观念，倡导和平、和谐的理念，强调在处理人与人、人与社会、人与自然等关系时，应尽量寻求和解，避免冲突。这种文化精神在播音主持艺术中体现得淋漓尽致。对于主持人而言，意味着在与嘉宾、听众的交流中，需要尽量采取平和、亲切的态度，以此来消除隔阂，建立和谐的关系，在所有情况下保持中立，让每一个人都有机会表达自己的观点，让所有的声音都能得到尊重和理解。这也要求主持人在处理节目中出现的各种矛盾和冲突时，要有足够的智慧和技巧，要具备化解冲突的能力，有深入人心的洞察力，这样才能在各种复杂的情况下找到适当的解决方案，引导大家达成共识。更进一步说，"贵和尚中"的精神也要求主持人在节目的内容和形式上追求和谐。无论是严肃的新闻报道，还是轻松的娱乐节目，主持人都要努力营造温馨、和谐的气氛，让听众在享受节目的同时，也能感受到人与人之间的友好与互助。然而，主持人的责任远不止于此。作为大众传媒的重要一环，主持人还需要通过自己的言行，向社会传递和平、友善、公正、公平的价值观，促进社会的和谐发展。这是对"贵和尚中"精神的进一步理解和升华，也是主持人应该肩负的社会责任。

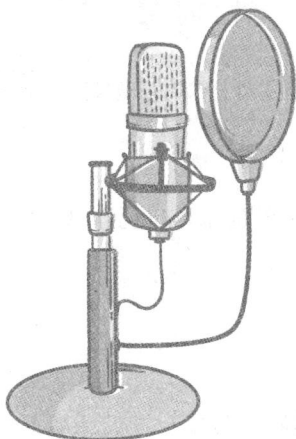

第三章　媒体融合助力传媒产业发展翻开新篇章

第一节　传统逆袭：网络时代传统媒体的发展机遇

一、网络为传统媒体提供了发展空间

网络科技的兴起并非传统媒体的终结，反而为其发展营造了一片全新的天地。网络为传统媒体提供了空间，使其在满足人们日益多样化的信息需求中扮演重要角色。对于传统媒体来说，网络科技的崛起带来的最大改变就是传播形式的多样性和灵活性。从最初的单向传播到如今的多元互动，网络科技对传统媒体的传播形式进行了深度的改革和拓展。以报纸为例，传统的纸质报纸因为受到印刷、发行等物理条件的限制，其传播范围和速度有一定的限制。但是网络科技的出现，使得报纸可以以电子版的形式在线发行，突破了传播的地域和时间的限制。而且，电子报纸不仅可以包含文字，还可以加入图片、视频、音频等多媒体元素，使得信息的表达方式更加丰富和生动。再以电视和广播为例，网络科技的发展使得电视和广播可以进行网络直播或点播，观众可以随时随地通过网络收听或收看节目，不仅大大增加了传播的便利性，也拓宽了传播

的范围。同时，网络科技的互动性还使得观众可以直接"参与"节目，例如在线提问、投票、评论等，增强了观众的参与感和体验感。此外，网络科技还使得传统媒体的传播形式可以进行创新。例如，社交媒体的出现，使得新闻报道可以以更加轻松的形式，如微博、微信公众号等，进行传播，更加符合现代人快节奏的生活方式，也更能吸引年轻观众的注意力。

网络科技也让传统媒体提高了传播效果，增强了其信息传递的准确性和影响力。传播效果的提升，在很大程度上归功于网络技术的即时性。传统媒体如报纸、电视、广播，受限于物理性质和制作工艺，其信息的更新速度相对较慢。然而，网络的引入使得这一问题得到了突破。信息可以在网络上进行实时更新，在诸如灾难、事故等突发事件的报道中尤其重要，保证了信息的即时性，使得报道能够在第一时间传达给公众。在网络平台上，信息的传递不再依赖于单一的文字或声音，而是可以结合图片、视频、数据图表等多种方式进行表达，使信息的呈现更加丰富和准确。而且，借助网络，媒体机构可以在发布信息后，根据新的进展对信息进行实时修订和更新，保证信息的准确性。通过网络，信息可以快速广泛地传播，扩大报道的影响力。尤其是网络平台和社交媒体的出现，让用户可以参与信息的分享和讨论，大大增加了信息的传播深度。此外，个性化推送技术使得信息的传播更具针对性。借助大数据和人工智能技术，媒体可以根据用户的行为和喜好，为其推送相关的信息，提高信息的阅读率，进一步扩大信息的影响力。

在网络的广阔天地中，信息的发布者和接收者的角色并不固定，二者的身份可以轻易转换，构建出一种全新的、对话式的互动模式。传统媒体的互动性受限于技术条件，常常只能实现单向传播，而网络科技的崛起打破了这一局面。新的传播模式将观众从被动接收信息的状态中解放出来，让他们得以用评论、点赞、分享等形式，积极参与新闻的传播和讨论，不仅丰富了用户的媒介体验，也使得新闻报道变得更为生动和有深度。在网络平台上，每一个用户都有可能成为新闻的参与者和创作者，观点和反馈可以直接影响新闻的生产和传播，从下至上的信息流动增强了新闻报道的公众参与性和社会影响力。新的互动模式也使得新闻报道更加贴近实际，因为其更加强调用户的体验和反馈。新闻制作人可以根据用户的反馈，对新闻内容和形式进行调整和优化，使新闻报道更加符合公众的需求和期望，从而提高新闻的吸引力和影响力[①]。此外，新的互动模式也对新闻的公信力产生了积极的影响。在新的互动模式下，新闻的生产和传播更加透明，新闻的真实性和公正性也得到了更好的保证，有助于增强公众对新闻的信任、提升媒体的社会责任感和公众影响力。

二、网络为传统媒体提供了丰富信息

网络时代的到来，使得信息来源及其采集方式发生了深刻变革。尤其是对于传统媒体来说，网络为其提供了海量的信息资源，不仅拓宽了信息来源，也增强了信息采集的灵活性，进一步提升了传统媒体的普遍性、多样性和时效性。网络时代的传统媒体，已经不再只是被动地接收信息，还能够主动地挖掘信息，获取更丰富的素材。这个过程具有三个主要的特点：在线采访、瞬时数据收集和全球范围内的信息搜集。在线采访为新闻报道提供了更广阔的空间。记者不再受限于地理位置，可以通过网络与受访者进行交流，不仅节省了时间和成本，而且可以在第一时间获取新闻线索，提高了新闻报道的实时性，还提供了丰富的视听材料，增强了新闻报道的立体性和丰富性。瞬时数据收集使得信息获取具有了前所未有的实时性和精准性，传统媒体可以通过网络工具，实时监测全球的数据变化，包括社会、经济、文化等各个领域的新动态，数据的实时性可以帮助传统媒体快速捕捉到新闻的突发性和紧迫性，提升了报道的时效性，同时数据的精准性，也能够提升信息的可靠性，增强报

---

① 殷琳.基于数据分析和用户画像的新闻推荐策略 [J].大科技，2020（4）：264.

道的权威性。在网络环境下，传统媒体不再受限于地理边界，可以在全球范围内获取信息。这种方式不仅大大扩大了信息的来源，而且使传统媒体能够更好地满足多元化的受众需求，提高报道的全球性和多样性。

这三个特点的共同作用，使得传统媒体在信息获取上获得了巨大的优势。

网络环境的开放性和包容性无疑为传统媒体带来了无限可能。在过去，传统媒体可能受到地域、资源或技术等方面的限制，而无法触及某些信息领域。然而，网络的出现，特别是互联网的广泛应用，使得这些限制得以突破。传统媒体可以在网络上获取涵盖社会、经济、文化、科技等各个领域的最新信息，不仅增强了传统媒体信息来源的普遍性，而且丰富了传统媒体内容的多样性。网络的互动性也带来了新的机遇，过去的传统媒体是单向的信息传播，观众仅能作为信息的接收者，而不能参与信息的生成过程。然而，网络的出现打破了这种状况。在网络上，每一个用户都可以成为信息的生产者，可以在社交媒体上发布信息，也可以在新闻网站上对新闻进行评论，使得传统媒体有机会吸纳用户的观点和反馈，从而提升新闻报道的真实性和准确性。然而，这并不意味着传统媒体的角色会被淘汰。相反，正是由于网络的开放性和互动性，传统媒体的角色变得更为重要。传统媒体需要针对海量的网络信息进行筛选和整合，提供真实、准确和有深度的新闻报道。同时，也需要将用户的观点和反馈纳入新闻制作过程，使新闻报道更具公正性和公信力。以上变化，无疑给传统媒体带来了极大的发展机遇。然而，同时也需要注意，随着网络信息的丰富和复杂，如何从中筛选出有价值的信息，以及如何避免信息的泛滥和误导，也成为传统媒体面临的新的挑战。

三、网络媒体促进传统媒体改革发展

在改革的过程中，传统媒体逐渐发现，网络媒体带来的并非全是威胁，更多的是机遇。网络媒体以其广大的受众群、便捷的传播方式、灵活的传播内容，为传统媒体的发展带来了新的可能性。传统媒体开始积极探索与网络媒体的深度融合，以期找到在新时代下的生存之道。具体来说，传统媒体与网络媒体的融合，是两者优势资源的共享，更是适应信息化时代发展的必然选择。对传统媒体来说，这种融合带来的最大益处是可以利用网络媒体的独特优势进行内容创新与信息传播效率的提升。内容创新方面，网络媒体的开放性、互动性、实时性为传统媒体提供了广阔的创新空间。例如，通过网络平台，新闻报道可以实现快速更新、热点追踪，使得报道更加实时、全面。而线上线下的融合也为各类文化节目开辟了新的创新路径，如在线直播、网民投票等方式可以使节目形式更加丰富多样，更加接近现代观众的审美需求。在提升信息传播效率上，网络媒体以其无时无刻不在的特性，让传统媒体能够跳出时间和空间的限制，实现信息的全球同步传播。这无疑极大地扩展了传统媒体的覆盖面，提高了信息传播的效率。比如，通过网络平台，文化节目可以达到全球同步播放，这样无论观众在哪里，都能够同步收看，极大地满足了观众的观看需求。除此之外，网络平台的数据分析功能，可以帮助传统媒体更精准地了解受众的喜好，实现精准推送，从而提高节目的针对性和吸引力。这也是传统媒体在网络媒体面前不可忽视的优势。

传统媒体在过去的发展中，一直面临与受众互动的限制。然而，网络媒体的崛起打破了这种限制，为传统媒体提供了直接面对受众、获取反馈、提升互动性的机会。对于传统媒体来说，借助网络媒体强化与受众的互动是一种创新且至关重要的方式。例如，报纸和电视台可以通过开设官方网站或社交媒体账户，发表文章或视频，并邀请观众在评论区留言，这样就可以更快、更直接地获取受众对内容的看法和感受。通过网络媒体，传统媒体可以实时收集到观众的反馈信息，通过数据分析，了解观众的喜好，从而优化节目内容、提高受众满意度。同时，观众可以在网络上进行投票、参与话题讨论，甚至可以直接参与节目的制作，增加节目的互动性和观众的参与度。更重要的是，网络媒体的互动性为传统媒体提供了了解和把握受众需求的新途径。在传统媒体时代，受众需求的获取主要依赖于调查问卷等方式，而这些方式往往费时费力，且难以做到实时反馈。而网络媒体的互动性，让受众需求的获取变得更为便捷和实时。在这种背景下，如果传统媒体能够充分利用网络媒体的互动性，积极收集和分析受众反馈，那么必能更好地满足受众需求，提升节目质量，从而在激烈的媒体竞争中脱颖而出。同时，这种互动也会让受众感受到自己的声音被重视，从而提高受众对于传统媒体的忠诚度和认同感。

传统媒体可以通过深度融合网络媒体，找到自身的新定位，从而在众多媒体中脱颖而出。寻找新的定位并不仅仅意味着寻找新的营收模式或者新的运营策略，更深层次的含义是传统媒体需要根据网络时代的变化，找到自己独特的价值所在，形成自己的品牌，构建自己的特色。这一过程，是对传统媒体自身的深入了解，是对受众需求的敏锐把握，是对社会发展的前瞻性洞察。

对于传统媒体来说，自身的价值所在往往与其内容的质量、传播的方式以及服务的对象等密切相关。因此，传统媒体在寻找新定位的过程中，可以从以下几个方面进行探索：一是内容的创新。传统媒体需要根据网络时代受众的需求，提供更具价值、更具创新性的内容。这不仅可以吸引更多的受众，也可以提高自身的品牌影响力。二是传播方式的改革。传统媒体可以借鉴网络媒体的优势，改革自己的传播方式，提高传播效率。例如，利用互联网的特性，提供实时更新的新闻，或者开展在线文化活动等。三是服务对象的关注。传统媒体需要深入了解自己的受众，从受众的角度出发，提供更贴近受众需求的服务。这样可以提升受众对传统媒体的满意度，增强受众的黏性。通过以上几个方面的努力，传统媒体不仅可以找到自身的新定位，还可以提升自身的竞争力，开创自己在网络时代的新未来。

第二节 曦光崛起：新媒体迎来"黄金时代"

一、"用户习惯"与"政策利好"让新兴媒体如虎添翼

（一）用户习惯

1.用户习惯的转变促进了信息获取方式的多样化

传统媒体主要依靠报纸、电视和广播等传统渠道传播信息，这些渠道在时间和地点上都有一定的限制。然而，随着互联网的普及和移动设备的智能化，用户现在可以通过互联网获取各种类型的信息，如新闻、娱乐、教育等。首先，互联网的普及使得用户可以随时随地浏览和获取信息。传统媒体的信息传播受限于特定的时间和地点，例如报纸每天出版一次，电视和广播有固定的播放时间。然而，互联网的普及改变了这种局面。用户通过电脑、手机、平板等设备连接互联网，可以在任何时间和地点访问各类网站、应用和社交媒体平台，获取感兴趣的内容。用户不再需要等待特定的时间点，可以根据自己的需求随时获取信息。其次，互联网的发展使得信息获取变得更加实时和便捷。传统媒体需要经过编辑、印刷、分发等环节，信息的发布和传播存在一定的延时。相比之下，互联网的信息传播速度更快，新闻和事件的更新更加及时。用户可以通过新闻网站、社交媒体和移动应用程序等渠道，实时获取最新的新闻和资讯，了解全球各地发生的事件。同时，互联网提供了搜索引擎和推荐算法等工具，用户可以根据自己的兴趣和偏好快速找到所需的内容，提高了信息获取的便捷性。此外，互联网还为用户提供了更加丰富和多样化的内容选择。传统媒体的内容往往受限于版面和时间，只能提供有限的信息和节目。然而，互联网上的内容几乎是无限的，用户可以通过搜索引擎、视频平台、博客和社交媒体等渠道，获得各种类型和形式的内容，包括文字、图片、音频、视频等。用户可以根据自己的兴趣

和需求选择感兴趣的内容，满足个性化的信息需求。

2. 用户习惯的改变导致媒体消费模式的个性化和定制化

在传统媒体时代，用户的选择受限于有限的频道或电台，无法满足不同用户的多样化需求。然而，互联网和新兴媒体的兴起改变了这一局面。用户现在可以通过搜索引擎、社交媒体或推荐算法等方式，精确地找到与自己兴趣相关的内容，满足个性化的需求。无论是新闻、娱乐、音乐还是文化等领域，用户都可以根据自己的兴趣选择特定的媒体内容，从而提高用户对内容的满意度和参与度。传统媒体往往是按照广播或电视节目表的时间段进行播放，用户需要根据媒体的安排来获取信息和娱乐内容。然而，现在的用户可以通过订阅、收藏或个性化推荐等方式，将自己感兴趣的内容定制到自己的媒体平台上。无论是阅读新闻、收听音乐、观看视频还是玩游戏，用户都可以按照自己的时间和喜好安排，自主选择和享受内容，提高了用户对媒体消费体验的满意度。此外，个性化和定制化的媒体消费模式也促进了传媒产业的创新发展。面对用户需求的多样化和个性化，传统媒体不得不进行转型和创新，以适应新的媒体消费模式。媒体机构和内容提供商开始注重个性化内容的生产和分发，利用大数据和智能技术进行精准推荐，从而更好地满足用户的需求，助推了传媒产业的发展，带来了新的商业模式和盈利机会。

3. 用户习惯的转变还带动了用户参与和互动的增加

互联网和社交媒体的兴起改变了传统媒体的单向传播模式，使用户从被动的信息接收者转变为信息的创造者和分享者。这一转变对传媒产业产生了深远的影响。第一，互联网和社交媒体为用户提供了广泛的参与平台。用户可以通过社交媒体平台、博客、论坛等自由表达自己的观点和意见，分享自己的经验和知识。他们可以发布原创内容、评论他人的作品，与其他用户进行交流和互动。互联网和社交媒体使用户成为媒体产业的重要组成部分，扩大用户的影响力和话语权。第二，用户参与和互动的增加推动了媒体内容的多样化和个性化。传统媒体往往通过编辑和策划的方式来确定内容，而在互联网时代，用户的参与成为内容创作的重要来源。用户通过社交媒体发布的内容、评论和分享的信息，形成了一个庞大的生成内容的生态系统，使媒体内容更加多样化，能够更好地满足不同用户的需求和兴趣。第三，用户参与和互动的增加也为媒体产业的改进和优化提供了重要依据。用户的意见和反馈成为媒体改进的重要参考。传统媒体往往难以直接获取用户的反馈，而在互联网和社交媒体上，用户的意见和反馈可以直接表达和传递。媒体机构可以通过用户的评论来了解用户的需求和偏好，从而进行内容的调整和优化，使媒体产业能够更好地适应用户的需求和变化。

（二）政策利好

政策的重要性在于它为新兴媒体提供了更广阔的发展空间，降低了进入门槛，并激发了创新创业的热情。

1. 政策支持鼓励互联网创新和发展

通过出台相关政策，政府为互联网创新提供了资金支持、税收优惠和创业环境改善等多方面的支持措施，从而鼓励创新创业者在互联网领域展开探索和实践。政府可能设立创业基金、创新基金等，为创新创业者提供直接的资金支持。这些资金可以用于项目启动、技术研发、市场推广等方面，减轻了创业者的财务压力，促进了互联网创新的蓬勃发展。政府对新兴媒体企业给予税收减免、税收优惠等政策，降低了企业的运营成本，增加了企业的盈利空间，鼓励更多的创业者进入新兴媒体领域，促进了创新创业的繁荣。政府应出台政策规范和监管互联网行业，加强知识产权保护，维护公平竞争的市场秩序。政府还可以鼓励产学研结合，加强科技成果转化，推动互联网创新技术的应用和产业化，为互联网创新提供良好的法律环境和市场环境，为新兴媒体企业的发展提供更加稳定和有利的条件。一个典型的例子是中国政府推出的"互联网＋"行动计划。该计划旨在促进互联网与各行各业的深度融合，为新兴媒体和互联网创新提供政策支持。该计划包括投资基金设立、税收优惠政策、创新创业孵化等方面的措施，为互联网创新提供了资金和政策上的支持，推动了新兴媒体产业的发展。

2. 政策支持促进信息技术应用

政策支持促进信息技术应用为新兴媒体提供了技术基础和支持平台，进一步推动了新兴媒体的发展。政府在数字化建设方面投入巨额资金，推动网络基础设施的建设，包括宽带网络、数据中心、云计算等。例如，中国政府出台了《云计算发展政策指导意见》，提出加快云计算基础设施建设和发展应用，推动云计算与新兴媒体的深度融合。这些基础设施的建设为新兴媒体提供了快速、稳定的网络环境，使其能够更好地传输、存储和处理大量的数据和内容。推动5G技术的发展，提供更快速、高效的网络连接，进一步促进新兴媒体的创新和应用。政府投资建设数字基础设施的政策支持为新兴媒体的发展提供了技术保障和基础设施支持。例如，在中国，政府积极推动"宽带中国"战略，投资光纤网络建设，扩大网络覆盖范围，提供高速宽带接入服务。政府还积极推动数据中心和云计算的建设，为新兴媒体提供大容量的数据存储和处理能力，使其能够更好地管理和利用海量的数据资源，为新兴媒体降低技术成本和运营风险，提高资源利用效率。另外，政府还推动5G技术的发展，5G技术具有更低的延迟和更大的带宽，能够支持更丰富的多媒体内容和更高质量的传输，为新兴媒体的发展提供了更好的技术支持。

政府认识到信息技术对于新兴媒体的发展至关重要，因此积极组织和支持相关的培训项目，为新兴媒体从业人员提供专业技术培训和知识更新的机会，以提升其技术水平和能力。政府的培训项目包括技术培训课程、研讨会和专题讲座等形式，涵盖了信息技术的应用、创新和管理等方面。通过这些培训活动，新兴媒体从业人员可以学习最新的技术趋势、行业发展动态，了解最佳的技术实践和解决方案。例如，在美国，政府通过举办各类技术培训活动，如人工智能、大数据分析和虚拟现实等方面的培训课程，帮助新兴媒体从业人员掌握最前沿的技术知识。政府还通过提供支持服务，进一步帮助新兴媒体更好地应用信息技术。这些支持服务包括技术咨询、创新基金、知识产权保护等方面。政府设立了专门的技术咨询机构或平台，为新兴媒体提供技术指导和解决方案，帮助他们克服技术难题。政府还设立了创新基金，为新兴媒体提供创新资金和支持，鼓励他们开展技术创新和实验项目。同时，政府也重视知识产权保护，加大知识产权的法律保护和执法力度，为新兴媒体的创新和技术应用提供保障。

政策支持还体现在政府对新兴媒体技术应用的鼓励和激励措施上。在中国，政府通过一系列激励措施鼓励新兴媒体技术应用的发展。首先，政府给予税收优惠政策。根据《中华人民共和国企业所得税法》等相关法律法规，政府可以给予从事新兴媒体技术创新和应用的企业一定的税收减免或税收优惠政策，降低企业的经营成本，鼓励企业加大技术创新投入。政府通过设立科技创新基金、创业投资基金等，为新兴媒体技术创新提供资金支持。这些基金向新兴媒体企业提供风险投资和资金补贴，支持企业开展技术研发、新产品开发和市场推广等方面的工作，帮助企业实现技术创新和应用的突破。此外，政府还重视知识产权保护，以保护新兴媒体企业的创新成果和技术应用，不仅调动了企业技术创新的积极性，还使企业更加愿意进行技术研发和应用的投入。

3.政策支持加强网络安全保护

随着新兴媒体的崛起，网络安全问题日益凸显，政府采取了一系列措施来应对这一挑战。首先，政府建立了网络安全法律法规体系，加强了网络安全的法律保护和监管。例如，在中国，政府出台了《中华人民共和国网络安全法》，明确了网络安全的基本要求和责任主体，规定了网络运营者的义务和用户的权利，加强了对网络安全的法律监管，这一法律法规的出台，为新兴媒体的安全发展提供了法律依据和保障。其次，政府加大了网络安全的监管和执法力度。政府建立了网络安全监管机构，负责监督和管理网络安全事务。这些机构通过加强对网络媒体平台的安全审查和监督，保障网络媒体平台的信息安全，防止网络黑客攻击、数据泄露等安全问题的发生。政府还加大了对网络安全违法行为的打击力度，加强了网络安全执法，对违法行为予以严厉处罚，维护了网络媒体平台的正常运行和用户的合法权益。此外，政府推动网络信息的安全传输和存储。政府通过加强网络基础设施的安全建设，提升网络传输和存储的安全性。政府可能出台相关政策，要求网络媒体平台采取加密技术、安全认证等措施，确保信息的安全传输和存储。政府还加强了对云计算和大数据平台的监管，保障用户数据的隐私和安全。中国政府在网络安全方面积极推动了一系列政策和措施。例如，中国国家互联网信息办公室发布了《互联网信息服务安全管理规定》，明确了互联网信息服务提供者的安全管理要求，强调网络信息的安全保护和风险防控。政府还加强了对重要信息基础设施的保护，制定了《关键信息基础设施安全保护条例》，加强了对重要信息基础设施的安全监管和管理。

4.政策积极推动数字经济发展

政府积极推动数字经济的发展，为新兴媒体营造了更加良好的市场环境。政府通过出台相关政策，鼓励数字经济的创新和发展，推动新兴媒体与其他行业的融合，提升数字经济的发展水平。政府设立专项资金，用于支持数字经济相关项目的研发和推广。政府还可以提供财税政策支持，如减免税收、给予创业补贴等，降低数字经济企业的创新成本，激发企业的创新活力。政府还可以建立创新券、科技金融等制度，为数字经济企业提供融资支持，促进其技术研发和市场拓展。政府鼓励新兴媒体与传统产业、科技企业等进行合作，推动数字技术在各个行业的应用和创新。例如，在中国，政府实施"互联网+"行动计划，旨在推动互联网与传统产业的深度融合，促进数字经济的发展，推动新兴媒体与教育、医疗、旅游、金融等行业的融合，提升行业的创新能力和竞争力。政府加大对知识产权法律保护和执法力度，加大对知识产权侵权行为的打击力度，提升企业对知识产权的保护意识，通过建立健全的知识产权保护体系，鼓励数字经济企业进行技术创新和知识产权申请，保护其创新成果和市场竞争力。举例来说，中国政府出台了《国家人工智能发展规划》，旨在推动人工智能与数字经济的深度融合。该规划提出了一系列政策和措施，包括加大投资、推进人才培养、完善知识产权保护等，为人工智能技术在数字经济领域的应用提供了政策支持和指导。

二、新兴媒体在新闻传播与舆论生成中扮演着重要角色

（一）新兴媒体为新闻传播提供了更广泛、更即时的覆盖面

相较于传统媒体，新兴媒体具有更广泛的传播渠道和更快的传播速度。通过社交媒体平台、移动应用程序等新兴媒体工具，新闻信息可以迅速传播到全球各个角落，使新闻报道的覆盖面更加广泛。同时，新兴媒体的实时性也使得新闻报道可以更及时地传递给受众，让人们第一时间了解重要事件的发展。以 2022 年北京冬奥会为例，展示了其在新闻传播中的广泛和即时的覆盖面。在冬奥会期间，人们可以通过社交媒体平台迅速获取比赛的最新结果。不论是国内外的冠军荣誉，还是精彩的比赛瞬间，都能够在第一时间通过新兴媒体传递给全球观众。除了传递比赛结果，新兴媒体还通过图文、视频等形式，报道了运动员的背景故事、比赛的准备过程、赛场上的感人瞬间等。这些报道使观众能够更全面地了解运动员的努力和奋斗，更加贴近比赛的情感和人文内涵。新兴媒体的即时性和多样化的内容形式，为新闻传播提供了更广泛、更深入的报道方式[①]。同时，新兴媒体平台也提供了观众互动和分享的空间。通过社交媒体平台，观众可以分享自己的观赛体验、与其他观众进行互动交流。这种互动性使得观众不仅仅是被动地接收信息，还能够积极参与新闻传播。

---

① 高菊.新闻传播形式和内容融合的新方式——以 2021 年河南水灾系列报道为例[J].
新闻文化建设，2022（7）：3.

　　在 2021 年中国河南洪灾中，人们通过社交媒体平台发布求助信息、分享灾情状况和提供救援资源，使得信息能够更快速地传递和响应。在洪灾发生后，人们通过微博、微信、抖音等社交媒体平台发布实时的灾情状况，包括水位上涨、道路阻断、受灾人数等，这些信息在短时间内迅速传播，让更多人了解灾情的紧急性和严重性。在灾情发生后，人们通过社交媒体平台发布求助信息，包括受困人员的位置、联系方式以及所需物资等。这些信息能够更迅速地传递给救援人员和志愿者，提供更准确的救援定位和需求。同时，人们也通过社交媒体发布救援资源的信息，包括救援队伍的组织、物资的捐赠和调配等，方便志愿者和救援人员的参与和协调。通过社交媒体平台，人们分享了灾情的照片、视频和个人的亲身经历，引起了社会的广泛关注和共鸣。这种关注和共鸣进一步推动了救援工作的开展，并为受灾地区带来更多的援助和支持。同时，社交媒体上的互动和评论也加深了公众对灾情的了解和关注度，进一步加大了社会的关注和援助力度。

　　还有一个例子就是当下最热话题——乡村振兴。在过去，地方乡村的宣传和推广往往局限于传统媒体的报道范围，信息传递面窄、触达率低，难以吸引更多的游客和投资者。然而，随着新兴媒体的兴起，地方乡村开始积极利用社交媒体平台，展示当地的美景、推广特色产品和宣传乡村旅游，从而使地方的资源和优势可以更广泛地传播出去，吸引更多的游客和投资者。在新兴媒体平台上，地方乡村可以通过精心策划的营销活动和内容创意，吸引用户的关注和参与。通过发布吸引人眼球的图片和视频，加上富有故事性的文字描述，地方乡村能够将自己的特色展示给更广泛的受众群体。这种广泛的覆盖面让更多人了解地方乡村的魅力，激发了人们对乡村旅游的兴趣。同时，新兴媒体平台也为地方乡村提供了与用户互动的机会。通过社交媒体平台上的互动功能，地方乡村可以与用户进行实时的互动交流。用户可以在社交媒体上留言、评论、分享和点赞，与地方乡村形成更加紧密的联系。这种互动性不仅增强了用户的参与感和归属感，也让地方乡村能够更加准确地了解用户的需求和反馈，进而提供更贴近用户期望的服务和产品。此外，通过新兴媒体平台，地方乡村还可以与其他地区进行信息交流和合作。地方乡村可以在社交媒体平台上主动与其他地方乡村进行互动，分享经验、交流合作，以推动乡村振兴的共同发展。这种合作交流的模式有助于各地乡村之间的互联互通，促进乡村振兴的整体推进。

（二）新兴媒体在舆论生成中具有广泛的影响力

1. 新兴媒体的互动性加大了公众对话的力度

通过社交媒体平台和其他新兴媒体工具，个人和公众可以积极参与舆论的形成和传播过程，不仅加大了公众对话的力度，也促进了更广泛、更深入的讨论和交流。通过社交媒体平台，个人可以发表自己的观点和看法，并与他人进行互动和讨论。通过点赞、评论、转发等功能，公众可以表达自己对某一话题的态度和看法，与其他人进行互动交流，打破传统媒体对舆论的单向传播模式，使公众能够更积极地参与舆论的塑造和传播。传统媒体往往受限于时间和空间，无法完全呈现各种不同的观点和声音。而在新兴媒体的平台上，个人和群体可以自由发表自己的观点，无论是正面、负面还是中立的意见都能得到表达，公众能够接触更多不同的观点和思考方式，有助于拓宽视野，形成更全面的舆论。新兴媒体的互动性也带来了更密切的参与感和社交效应。公众不再是被动接收信息的对象，而是能够积极参与和影响舆论的主体。通过互动和讨论，公众可以与其他人建立联系，形成社交网络。

2. 新兴媒体促进了多样化的声音和观点的表达

新兴媒体的平台为个人和群体提供了自由表达的空间，使更多不同的观点和声音能够得到表达。通过社交媒体、博客、论坛等新兴媒体工具，个人可以自由地发表自己的观点和看法。无论是对社会时事、政治议题、文化事件还是个人经历的分享，个人都可以用自己的声音去表达。这种自由表达的环境激发了个人的创造力和思考力，促使更多的观点和声音得以传达。在传统媒体中，编辑和筛选过程会对观点和声音进行一定的选择和调整，从而形成一定的倾向性。而在新兴媒体中，个人的观点和声音可以直接传达给受众，没有经过中间环节的干扰，使得公众能够接触更多不同的观点、思考方式和价值观，有助于拓宽视野，提高思维的多元性。传统媒体往往是信息的传递者，公众只能被动接收信息；而在新兴媒体的互动平台上，公众可以积极参与讨论和互动，表达自己的意见和观点，有助于激发公众的思考和讨论，使舆论更加多元化和生动化。

3.新兴媒体使公众的声音能够广泛地传达出去

相对于传统媒体，新兴媒体具有更直接、即时的传播方式，使公众能够更快速地表达意见和需求，引起更广泛的关注和回应。传统媒体在信息传播中往往需要经过编辑和筛选，以适应有限的空间和时间。这意味着公众的声音经过了一定的过滤和选择，无法完全展现公众的多样性和广泛性。然而，新兴媒体的传播方式更为直接和即时，公众可以通过社交媒体平台、博客、论坛等渠道直接发表自己的观点和意见，无须经过传统媒体的编辑和筛选过程。公众的声音能够更迅速地传播出去，引起更广泛的关注和回应。通过新兴媒体，公众的意见和需求得到了更广泛的关注。传统媒体在信息传播中通常以新闻事件和热点话题为主，而公众的个体意见和需求往往得不到充分的关注。然而，新兴媒体为公众提供了一个广泛的表达平台，使得公众的声音能够更加全面地被听到和关注到。公众可以通过社交媒体的互动功能，直接参与舆论的形成和讨论，推动相关议题得到更广泛的讨论和关注，引起社会的重视和改变。

三、新兴媒体的盈利模式日渐清晰

（一）广告是新兴媒体重要的盈利方式

新兴媒体平台以其广泛的受众群体和个性化的推送方式，为广告商提供了更加精准和有效的广告投放机会。同时，新兴媒体平台借助数据分析和精准营销技术，使广告投放更加高效和精准，实现了广告主的需求与用户的兴趣之间的有机结合。

中国新媒体平台抖音在推出个性化广告形式方面取得了积极的成果。抖音作为一款短视频社交媒体平台，通过深入分析用户的兴趣和行为，针对不同用户进行个性化的广告推荐，实现了广告投放的精准和有效。抖音平台通过对用户的兴趣标签和行为数据的分析，能够了解用户的喜好和消费偏好。基于这些信息，抖音能够为广告主提供更有针对性的广告推荐。例如，如果用户经常浏览与时尚相关的内容，抖音就会向其推送与时尚相关的广告，提高广告的相关度和吸引力。短视频广告和植入式广告成为抖音上常见的广告形式。短视频广告通常时间较短，内容精简，能够在用户短暂的注意力内传递广告信息，有效避免了用户的广告疲劳。植入式广告则融入用户观看的内容，更加自然地传递广告信息，提高用户接受度。通过个性化广告推荐和短视频、植入式广告的形式结合，抖音实现了广告投放的精准和高效，不仅提高了广告的点击率和转化率，也为广告主带来了更好的广告投放效果。广告主能够更准确地将广告传递给目标受众，增加了广告的曝光和转化可能性。值得注意的是，抖音平台还提供了全面的数据分析和效果评估服务，帮助广告主更好地了解广告效果并对其进行优化。广告主可以通过抖音提供的数据报告，深入了解广告的曝光量、点击量、转化率等指标，从而对广告投放策略进行优化和调整。这种数据分析和效果评估服务，使广告主能够更加精细地了解广告效果，提高广告投放的效果和回报率。

（二）线上线下互动式的盈利模式

在新兴媒体平台的盈利模式中，一些创新尝试已经取得了积极的成果。其中，短视频平台采用合作分成的方式与创作者合作，通过广告分成和打赏等形式实现盈利，成为一种受欢迎的模式。

短视频平台通过与创作者的合作分成模式，成功激发了创作者的创作热情，并为平台带来了丰富的内容和用户流量。这种模式的成功主要得益于以下几个方面：一是平台提供了优质的创作环境和广告资源，吸引了大量有才华的创作者加入。短视频平台通过提供简便易用的创作工具和功能，使创作者能够轻松地制作和发布原创视频。同时，平台为创作者提供广告资源，使他们有机会将自己的创作作品与广告内容相结合，实现创作价值的最大化。二是创作者通过上传原创视频或参与平台的挑战活动，吸引大量用户观看和互动，为平台带来了流量和曝光。短视频平台以其独特的形式和内容特点，吸引了大量年轻用户的关注和参与。创作者通过制作具有吸引力和独特性的视频内容，成功吸引用户的注意和互动，进而为平台带来更多的流量和曝光机会。三是平台与创作者签订合作协议，将广告收入进行分成。这种合作模式激发了创作者的积极性，使他们更加努力地创作优质内容。创作者可以通过广告分成机制获得一定的收益，从而增强他们参与平台创作的动力。与此同时，平台也能够从广告收入中获得一部分盈利，为平台的持续发展提供资金支持。

另外，新兴媒体平台积极开拓电商领域，通过线上商城、直播销售等方式，与广告主和商家合作，实现盈利。这种互动式的盈利模式充分利用平台的用户基础和影响力，通过直播推广和产品推荐，吸引广告主和商家的合作。平台利用自身的用户基础和影响力，建立起一个集中展示和销售商品的线上商城。平台与品牌商家合作，展示各类商品的特点、功能和使用方法，通过视频、图文等形式进行推广和介绍。同时，平台提供直接的购买链接，方便用户在观看产品介绍后即时进行购买，不仅为平台带来销售佣金或广告费用，也为品牌商家提供了直接的曝光和销售机会。直播销售作为一种互动式的购物方式，通过实时直播视频展示商品，与观众进行实时互动和交流。平台邀请行业内的专业主播或知名博主进行直播推销，引导观众了解产品特点、使用方法，并提供专业的购买建议。观众可以在直播过程中即时提问并获得解答，直接参与互动抽奖等活动，增加购买的趣味性和参与感。通过直播销售，新兴媒体平台能够为广告主和商家提供更直接、更个性化的宣传渠道，提高产品的曝光度和销售转化率。这种互动式的盈利模式为新兴媒体平台带来了收益，同时也为广告主和商家提供了直接的曝光和销售机会。广告主和商家通过与平台合作，能够充分利用平台的用户基础和影响力，直接接触目标受众，并进行产品宣传和销售推广。平台提供丰富的互动和购买体验，使观众更容易产生购买冲动。同时，广告主和商家可以通过平台提供的数据分析和用户行为研究，了解用户的需求和偏好，优化产品设计和市场推广策略，实现更好的销售效果和盈利。这些创新尝试为新兴媒体平台带来了积极的效果。创作者通过平台的支持和推广，获得创作回报，激发了创作的积极性和创新性。与此同时，商家通过平台的直播销售和产品推荐，直接接触目标受众，提高了产品的曝光和销售效果。

第三节　媒体融合开启和发展国家战略的思想基石

一、加快推进传统媒体与新兴媒体融合发展

（一）媒体融合与资源整合齐头并进

在媒体融合中，资源整合是关键的一环，可以带来多方面的益处。传统媒体拥有丰富的内容资源、品牌影响力和专业报道能力，而新兴媒体则具备先进的技术平台和广大的用户基础。通过融合，传统媒体可以借助新兴媒体的技术和平台，拓展传播范围，吸引更多的受众。同时，新兴媒体可以借助传统媒体的品牌优势和专业素养，提升内容质量和可信度。资源整合可以使传统媒体和新兴媒体在内容生产、传播渠道、用户互动等方面相互补充，形成更加强大的综合实力。通过资源整合，传

统媒体和新兴媒体可以形成良性互动，解决各自面临的问题。传统媒体可以通过借助新兴媒体的技术平台和用户基础，实现内容的快速传播和广泛覆盖。新兴媒体可以通过与传统媒体合作，提升内容质量和可信度，打造有影响力的品牌。资源整合的实施可以促进传媒产业的协同发展，提高整体效益。传统媒体通过与新兴媒体的合作，可以引入新的技术和思维方式，推动内容创新和传播方式的变革。新兴媒体则可以借助传统媒体的丰富经验和专业素养，提升内容的质量和深度。传统媒体和新兴媒体的创新互动，可以推动整个传媒产业的创新升级。

（二）发展增量与改造存量一体布局

在传统媒体中，通过数字化技术的引入和内容创新的推动，可以实现传统媒体的转型升级。同时，要注重新兴媒体的创新发展，拓展新的领域和业态，使传媒产业具备更强的竞争力和创新能力。对于传统媒体而言，改造存量是实现转型升级的重要举措。传统媒体面临着技术更新和受众需求变化的挑战，需要通过数字化技术的引入和创新的内容生产方式来提升自身的竞争力。例如，传统报纸可以通过建设数字平台，开展线上版面，推出个性化订阅服务，以满足读者的多样化需求；传统电视台可以借助互联网技术，推出点播服务和互动节目，提高用户参与度和体验。通过这样的改造，传统媒体可以更好地适应数字化时代的需求，实现内容生产和传播方式的创新。同时，新兴媒体的发展增量也需要得到重视。新兴媒体以其灵活的传播方式和创新的业态，对传统媒体产生了冲击。传统媒体可以通过积极拓展新兴媒体的领域和业态，来寻求新的增量机会。例如，传统报纸可以推出移动应用程序，提供即时新闻和个性化推荐服务；传统电视台可以开展网络直播和社交媒体互动，吸引更多的年轻受众。在发展增量和改造存量的过程中，传统媒体需要重视技术创新和内容创新的双轮驱动。技术创新是提升传统媒体竞争力的关键，包括数字化技术、人工智能、大数据等的应用，可以提高内容生产和传播的效率。内容创新是吸引受众的核心，传统媒体需要关注受众的需求和兴趣，提供多样化、有吸引力的内容，以提升用户体验度和忠诚度。通过技术创新和内容创新的双轮驱动，传统媒体可以不断创新、适应市场需求，并与新兴媒体实现更深度的融合发展。

（三）报道创新与流程创新同步推进

传统媒体需要关注报道方式和流程的创新，以适应新兴媒体时代的需求和挑战。报道创新是为了吸引年轻受众的关注；流程创新是为了提高内容生产和传播的效率。在报道创新方面，传统媒体需要采用更多元化和互动化的报道形式。面对年轻受众日益增长的多样化需求，传统媒体可以运用新兴媒体的特点，如视频、直播、社交媒体等，以更生动、有趣的方式传递信息。例如，中国某传统媒体利用社交媒体平台开展"微视频新闻"报道，通过短视频形式，以轻松幽默的风格快速传递新闻信息，吸引了大量年轻受众的关注。同时，流程创新也是传统媒体应关注的重点。传统媒体需要进行流程改革，以提高内容生产和传播的效率。在快节奏、碎片化的信息时代，传统媒体需要转变工作方式，更加注重即时性和实时性。例如，中国某报社在报道流程中引入了新的技术和工具，实现了编辑、审核、发布等环节的快速连接，大大提高了新闻发布的效率和准确性。此外，传统媒体还可以利用新兴技术，如人工智能、大数据分析等，进行内容推荐和个性化定制，以满足受众的个性化需求。例如，中国某电视台利用人工智能技术对用户观看习惯进行分析，推荐相关内容，提高了用户体验和黏性。

（四）内容优势和技术支撑双轮驱动

媒体融合的发展旨在将传统媒体的内容优势与新兴媒体的技术支撑相结合，实现双轮驱动的发展模式。这种双轮驱动的方式，既能充分发挥传统媒体的专业性和深度报道能力，又能借助新兴媒体的创新技术和互动传播方式，提升传媒产业的发展效能。传统媒体在内容方面具有丰富的资源和深厚的专业能力。他们拥有一支经验丰富的记者团队和深度研究的专业人才，能够进行深入调查和报道，提供高质量的新闻和信息。这种内容优势是传统媒体的核心竞争力，也是吸引受众的重要因素。在新兴媒体时代，仅有内容优势是不够的，技术支撑也变得至关重要。新兴媒体以其创新的技术手段和多样化的传播方式吸引了大量的用户和受众。例如，社交媒体平台的兴起为用户提供了互动交流的空间，AI 技术的应用为个性化推荐和内容生产带来了新的机遇。传统媒体可以通过技术的引入和创新的合作，实现内容优势和技术支撑的双轮驱动。首先，传统媒体可以借助新兴媒体的技术手段，改善内容传播的方式和用户体验。通过移动端应用、社交媒体平台等渠道，传统媒体能够更广泛地触达受众，并实现与受众的互动交流。传统媒体可以与新兴媒体进行技术合作，共同开展创新项目和实验。传统媒体可以借助新兴媒体的技术实力，提升内容的呈现方式和传播效果。例如，通过与新兴媒体的合作，传统媒体可以实现自媒体的发展，开展视频、直播等创新形式的内容传播。传统媒体也应积极进行技术创新，不断探索适应新媒体时代的技术应用。例如，传统媒体可以利用大数据和人工智能技术，进行用户画像和内容推荐，提供更个性化的服务。此外，传统媒体还可以借助虚拟现实、增强现实等技术手段，打造更沉浸式的用户体验。

（五）融合发展与制度改革并行并重

在媒体融合的进程中，融合发展与制度改革相辅相成、相互促进。只有在合适的制度框架下，媒体融合才能得到更好的发展。媒体融合的发展需要建立适应性强的政策环境和法律法规体系。传统媒体和新兴媒体在内容创作、版权保护、市场准入等方面都面临着不同的问题和挑战。因此，要根据媒体融合的需求，制定相应的政策和法律法规，以保障媒体产业的健康发展。这包括鼓励和支持媒体融合的创新实践、简化行政审批程序、推动市场竞争、保护知识产权等。同时，制度改革也需要与媒体融合的发展相适应。在传统媒体和新兴媒体融合的过程中，传统的监管模式和经营方式已不再适用。因此，需要对现有的制度进行改革和创新，为媒体融合提供更加开放、灵活的运营环境。这包括改革传统媒体的管理体制，推动媒体资源的共享与整合，激发媒体创新的活力。此外，媒体融合还需要建立起相应的评估机制和监管体系。在媒体融合的过程中，涉及内容传播、市场竞争、知识产权等多个方面的问题。因此，需要建立科学、公正、透明的评估机制，对媒体融合的效果进行评估和监测。同时，也需要加强对媒体行业的监管，确保媒体融合在合规、公平、有序的轨道上发展。

二、推进媒体融合，放大主流声音

（一）用理念创新提高融合生产力

在推进媒体融合、放大主流声音的过程中，理念创新起着重要的基础作用。它涉及价值观念、媒体职责观、舆论导向等方面的创新，以提高融合生产力、增强主流声音的影响力和公信力。传统媒体需要树立正确的价值观念，明确媒体在社会中的责任与使命。媒体应该坚守公正、客观、真实的原则，传递有价值、有意义的信息，引导公众形成正确的舆论认知。价值观念的创新需要媒体积极回应社会的发展需求和变化，以更好地适应网络时代的特点。传统媒体需要思考和调整自身的职责观念，明确自己在传播中的角色和责任。媒体应该承担起社会监督的责任，关注公共利益，传播真实、准确、全面的信息，积极回应社会关切和问题。同时，媒体还应推动公共参与，引导公众参与社会治理，增强社会的凝聚力和向心力。传统媒体在媒体融合过程中需要树立正确的舆论导向，注重平衡各种声音，营造多元化、包容性的舆论环境。媒体应该关注公众的关切，引导公众理性表达和讨论，避免盲目追求热点，防止虚假信息的传播。正确的舆论导向有助于建立公信力和权威性，扩大主流声音的影响力。

（二）靠技术创新丰富新闻表现力

传统媒体可以借鉴网络媒体的技术手段，例如人工智能、虚拟现实等，来提供更加丰富、生动和多样化的新闻表现形式[1]。首先，人工智能技术的应用为新闻报道带来了全新的可能性。通过人工智能技术，传统媒体可以自动化地分析和处理大量的数据，提供更准确、全面的新闻报道。人工智能还可以实现新闻自动化生成，将大数据与自然语言处理相结合，使得新闻报道更加高效和及时。其次，虚拟现实技术为新闻传播提供了沉浸式的体验。传统媒体可以利用虚拟现实技术，将受众置于虚拟的现场，使其身临其境地体验新闻事件，不仅能够吸引受众的注意力，还能够提升新闻报道的真实感和互动性。此外，技术创新还包括数据可视化、增强现实等多种形式。数据可视化通过图表、图像等方式，将复杂的数据转化为直观、易懂的形式，使受众更好地理解和掌握新闻信息。增强现实技术则能够将虚拟内容与现实场景相结合，为新闻报道提供更加生动、丰富的呈现方式。通过技术创新，传统媒体可以赋予新闻报道更多元化的表现形式，提升受众的参与度和体验感。传统媒体可以运用人工智能、虚拟现实等技术，实现新闻内容的个性化定制和交互式传播。这样不仅能够满足受众对多样化信息的需求，也能够增强受众的参与感和忠诚度。

（三）以机制创新扩大媒体传播力

传统媒体在面对互联网媒体的冲击时，需要通过创新运营机制来适应新的媒体环境，突破传统的组织架构和管理模式，实现与网络媒体的

---

① 张敏.浅谈网络媒体与传统媒体的关系[J].新疆教育学院学报，2003（4）：4.

合作与协同，以实现资源共享和优势互补，从而提高媒体的传播力和影响力，形成更加强大的主流声音。一是传统媒体需要创新组织架构，构建更加灵活和高效的运营模式。传统媒体往往存在着繁复的层级管理和决策机制，导致决策效率低下、反应迟缓。在媒体融合的背景下，传统媒体需采取扁平化的组织结构，减少层级，提高决策速度和灵活性，以更好地应对快速变化的媒体环境。二是传统媒体应加强与网络媒体的合作与协同。传统媒体可以与网络媒体建立合作伙伴关系，实现资源共享和优势互补。通过共享内容、技术和渠道等方面的资源，传统媒体可以扩大自身的覆盖面和影响力。同时，传统媒体还可以借助网络媒体的技术和平台，开拓新的传播渠道，吸引更多的受众。三是传统媒体还需改革自身的内容生产和传播机制。传统媒体应积极探索新的内容形式和传播方式，以适应受众多元化的需求和互联网媒体的特点。通过与网络媒体的合作，传统媒体可以更好地运用互联网技术和社交媒体平台，提供更多元、互动性强的内容，增强传播力和吸引力。

总的来说，推进媒体融合、放大主流声音需要理念创新、技术创新和机制创新三者相互配合。

三、树立一体化观念，强化互联网思维

（一）相互借鉴，融为一体

在媒体融合的进程中，传统媒体和互联网媒体应学习、借鉴彼此的优势，实现资源的共享和整合，从而推动传媒产业的整体发展。传统媒体可以借鉴互联网媒体的创新思维和运营模式，以更好地适应网络时代的需求。互联网媒体以其高效的传播方式和个性化的内容定制能力，吸引了大量的受众和广告商。传统媒体可以向互联网媒体学习并应用其创新思维，打破传统的运营模式，探索新的发展路径。传统媒体可以借鉴互联网媒体的快速反应能力，加强与受众的互动，实现更好的用户体验，

还可以借鉴互联网媒体的数据分析和精准营销手段，提升传媒产业的商业价值。同时，互联网媒体也可以借鉴传统媒体的专业素养和深度报道，提升内容的品质和影响力。传统媒体在长期发展中形成了丰富的内容创作和报道经验，具备深度分析和解读的能力。互联网媒体可以借鉴传统媒体的优质内容，注重深度报道，提供有深度和广度的资讯。互联网媒体可以向传统媒体学习并应用其严谨的新闻价值观和编辑标准，提升新闻报道的可信度和专业性，借鉴传统媒体的内容策划和节目制作经验，加强内容创新，提供更多具有独特价值的内容。通过相互借鉴和融为一体，传统媒体和互联网媒体可以实现优势互补，形成合力，推动传媒产业的整体发展。这需要双方加强交流与合作，建立开放的合作机制，共同探索新的商业模式和创新路径。

（二）遵循规律，把握原则

1.坚持正确导向

传媒产业作为信息传播的重要力量，肩负着推动社会进步、传递正确价值观的使命。在媒体融合的过程中，传媒产业应始终坚守真实、客观、公正的原则，坚持传播正确的导向。这意味着传媒产业要注重事实真相的报道，避免偏见和误导；要积极传播积极向上的信息，营造积极向上的社会氛围；要关注社会弱势群体，给予他们平等的声音和关注，通过坚持正确导向，传媒产业能够更好地履行社会责任，为社会发展作出积极贡献。

2.坚持创新表达

随着互联网的发展，传媒产业面临着传播方式和形式的巨大变革。在这个过程中，传媒产业需要积极创新，寻找新的表达方式和形式。这意味着传媒产业要不断探索新的技术手段和平台，如社交媒体、移动端应用等，以更好地与受众互动；要注重创新内容的生产和呈现，包括利用虚拟现实、增强现实等技术来丰富内容形式；要挖掘和培养创新人才，推动媒体创新的持续发展，通过坚持创新表达，传媒产业能够与时俱进，不断满足受众需求，提升传播效果。

在遵循规律、把握原则的基础上，媒体融合能够更好地助力传媒产业发展，翻开新的篇章。坚持正确导向使传媒产业成为引领社会价值观的重要力量，树立良好的社会形象；坚持创新表达使传媒产业在面对新的传播环境和需求时保持活力和竞争力。

（三）加大改革，坚持创新

改革是传媒产业实现可持续发展、翻开新篇章的关键所在。同时，坚持创新也是至关重要的，通过不断推出具有创新性和差异化的产品和服务，满足受众多样化的需求。首先，传媒产业需要在组织结构和管理模式上进行改革。随着媒体融合的深入发展，传媒企业需要适应新的形势和要求，转变传统的组织结构和管理模式。传统的分割式部门管理模式需要被打破，建立起更加协同高效的组织架构，促进各个部门之间的合作与创新。传媒企业还需要注重人才培养和激励机制的改革，吸引和留住优秀的人才，推动整个行业的发展。其次，内容生产和传播方式也需要进行创新与改革。随着互联网的快速发展，传媒产业需要借助新技术手段和平台，不断提升内容生产的创新力和质量。传媒企业可以借助大数据、人工智能等技术，进行精准的用户分析，更好地了解受众需求，创造出更具个性化和差异化的内容。在传播方式上，传媒产业需要积极探索多元化的传播渠道和形式，利用社交媒体、移动互联网等新媒体平台，与受众进行更紧密的互动和参与。此外，传媒产业还需要加大创新力度，不断推出具有创新性和差异化的产品和服务。传媒企业要善于捕捉市场变化和受众需求的机会，进行前瞻性的研发和创新，推出符合时代潮流和受众喜好的产品和服务。可以通过与科技企业、创新团队的合作，进行跨界融合与创新实践，培养创新文化和创业精神，为传媒产业注入新的活力和动力。

第四节　新旧交织融合发展的新兴媒体与传统媒体

一、传统媒体与新媒体的差异

（一）技术支持的不同

传统媒体主要依赖于传统的印刷、广播和电视等技术手段；而新媒体则利用互联网和数字技术进行内容的制作、传播和交互，两者之间具有显著的差异。传统媒体以其独特的媒介形式进行信息传递。印刷媒体通过纸质媒介，如报纸和杂志，传递文字、图像和插图等内容；广播媒体则通过无线电波传播声音，包括广播电台和电视台。这些传统媒体的特点是稳定、可靠，适用于大规模的信息传播。然而，传统媒体的传播范围有限，内容的更新速度较慢，无法实现即时的互动和反馈。与此相反，新媒体利用互联网和数字技术，具备更广泛的传播渠道和更快捷的传播速度。互联网为新媒体提供了全球范围内的即时传播能力，包括网站、博客、社交媒体和视频平台等。这些新媒体平台的特点是开放、互动和多样化，用户可以自由获取、分享和创造内容，形成了用户生成内容（UGC）的特征。此外，新媒体还具备个性化推荐和精准营销的能力，可以根据用户的兴趣和行为进行内容推送，提供个性化的用户体验。新媒体的技术支持给传媒产业带来了革命性的变化。它打破了传统媒体的时空限制，使信息传播变得更加自由和灵活。用户可以通过网络随时随地获取信息，与其他用户进行互动和分享。传统媒体通过与新媒体的融合，可以利用互联网和数字技术，拓展自身的传播渠道和传播方式。传统媒体可以建立自己的在线平台，提供实时更新的内容，与受众建立更紧密的联系，实现精准传播和精准营销。

（二）传播特质的不同

传统媒体通常采用单向传播模式，即信息由媒体机构传递给受众；而新媒体则具有双向传播的特点，允许受众与内容进行互动和反馈，这种差异在传播方式、实时性、个性化和多样化等方面得以体现。传统媒体的传播方式通常是单向的，媒体机构通过发布内容将信息传递给受众，受众的参与度有限，无法直接参与内容的创作和传播。而新媒体以互联网为基础，可以实现双向传播。受众可以通过社交媒体、博客、论坛等平台主动参与内容的创作、评论和分享，形成用户生成内容（UGC）的生态系统。新媒体具有更强的实时性，通过互联网和移动设备，新媒体可以实时发布和传播信息，受众可以随时获取和互动。这与传统媒体的周期性出版和广播相比，具有更高的时效性和即时性。新媒体的实时传播性质使得信息能够更快地传播，受众可以在第一时间获取最新的新闻和资讯。个性化是新媒体传播特质的另一个重要方面，新媒体可以根据受众的兴趣、需求和行为习惯，提供个性化的内容推荐和定制化的服务。通过分析受众的数据，新媒体可以向受众推荐他们感兴趣的内容，从而提供更具针对性和个性化的传播体验。这种个性化传播能够提高受众的参与感和满意度。此外，新媒体具有更多样化的传播方式，传统媒体以文字、图片和视频为主要形式进行传播，而新媒体具有更多元的传播方式，如动画、音频、直播、虚拟现实等，能够更好地满足受众的多样化需求，提供更丰富多样的传播体验。

（三）角色定位的不同

传统媒体作为信息的传递者和舆论引导者，在信息的生产、选择和呈现过程中扮演着重要角色。传统媒体通常由专业记者和编辑团队负责信息的采集、整理和报道，他们通过筛选、编辑和加工，将重要的信息传递给受众，传统媒体在舆论引导方面也具有较大的影响力，能够塑造和引导公众舆论的走向。然而，新媒体的兴起打破了传统媒体的信息垄断局面。新媒体强调用户参与和内容共创，将受众视为内容的创作者和共享者。通过社交媒体平台、博客、微博等形式，用户可以直接发布和分享自己的观点、经验和创作，形成多样化的内容生态。UGC 成为新媒体的特点之一，使得信息的产生和传播变得更加多元化和开放。这种角色定位的转变带来了两方面的影响。首先，传统媒体需要意识到受众的权威性和参与性的提升，更加注重受众的反馈和需求。传统媒体可以通过互动性和个性化的内容呈现，增加受众的参与感和归属感；新媒体需要面对内容真实性和可信度的挑战，加强内容审核和管理，确保 UGC 的质量和价值。其次，传统媒体和新媒体在角色定位上的差异反映了传媒行业的发展趋势。传统媒体需要以开放的心态面对新媒体的冲击，借鉴新媒体的优势，与受众建立更紧密的联系；而新媒体则需要在自由创作的同时，不断完善内容管理机制，提高 UGC 的质量和可信度。

（四）运用模式的不同

传统媒体通常采用集中式的运营模式，内容的生产和传播主要由少数专业人士来完成。这种模式下，信息的流通受到一定的控制，内容的选择和呈现较为集中，受众的参与度相对较低。相比之下，新媒体则具有分布式的运营模式，个人和组织都可以参与内容的创作和传播。新媒体的开放性和多样性使得信息的传播更具包容性和多元性。这种模式下，个人和群体的声音和视角得以展现，形成了更加丰富多样的传播格局。首先，分布式的运营模式使得新媒体的创作门槛降低。传统媒体往往需要庞大的团队和专业设备才能进行内容的制作，而新媒体通过智能手机和简单的工具就能进行内容的创作，个人和小团体有了更大的参与空间，他们可以直接通过社交媒体、个人博客等渠道发布自己的观点和创作，形成多元化的声音。其次，分布式的运营模式也使得新媒体的传播更具灵活性。传统媒体在内容传播上受制于版面、频道和时间等，而新媒体的传播则更加自由和灵活。个人和组织可以随时发布内容，通过社交媒体的分享和转发，迅速传播给更广泛的受众。这种即时性和互动性使得新媒体的传播更加具有实时性和个性化。此外，分布式的运营模式还使新媒体的内容具有多样性。在传统媒体中，内容的选择和呈现受限于专业编辑和制作团队的决策，较为集中和单一。而新媒体的开放性使得个人和组织能够表达自己的观点和创意，呈现出更加多元化的内容。无论是新闻报道、文化创作还是观点评论，都可以在新媒体中找到不同的声音和视角。

二、传统媒体与新媒体的优劣对比

（一）传统媒体的优劣性分析

传统媒体产生于 20 世纪 80 年代，并经历了多次改革创新，这使其赢得了广泛的受众群体。在运营管理方面，传统媒体拥有成熟的运作模式，能够高效地传递信息。其所具备的信息传递方式和手段为受众提供了多样化的选择。传统媒体以其长期存在和发展，为受众提供了稳定和可靠的信息支持。受众倚重传统媒体获取各类信息，如新闻、娱乐、文化等。传统媒体通过其成熟的运作模式，能够确保信息的准确性和可靠性，从而满足受众对信息真实性的需求。然而，相对于新兴的新媒体而言，传统媒体在信息传递形式和手段上显得不够灵活。在信息传递形式方面，传统媒体主要依赖纸质媒介和电视广播等传统渠道进行信息发布。这种传统方式的局限性使得信息的传播受到了时间和空间的限制，导致信息时效性相对较弱。同时，传统媒体的信息发布渠道也受到了一定的限制，信息的传播路径相对单一。传统媒体通常需要经过编辑和审查等流程，这在一定程度上延迟了信息的发布时间。由于信息传递手段相对有限，传统媒体的内容可能无法及时覆盖每一个受众，从而限制了信息的传递范围和广度。相比之下，新兴的新媒体以其灵活多样的信息传递形式和便捷的传播渠道在信息时效性方面具备明显优势。新媒体利用互联网技术，可以实时传递各类信息，通过社交媒体、移动应用等多种渠道将信息传递给受众。这种高度互动的传播方式使得信息能够更快速地传达给受众，增强了信息的时效性。

（二）新媒体的优劣性分析

在当今时代，新媒体与信息技术、网络技术紧密结合，给市场运营带来了新的机遇和挑战。新媒体通过利用信息技术和网络技术，以更加高效和便捷的方式传递信息，从而展现了媒体市场的新形势和新姿态。新媒体的出现吸引了一部分受众群体的注意，主要原因在于它能够实现与受众群体之间的信息反馈。通过新媒体，受众可以更加方便地表达自己的需求和意见，而信息生产者则可以根据受众的反馈做出相应的调整和改进。这种双向的互动模式极大增强了信息传递的效果和受众的参与感。新媒体主要以网络作为媒体平台，更好地迎合了年轻一代受众群体的喜好和价值观。年轻一代对于网络和移动设备的使用非常熟练，他们更喜欢通过网络获取信息和娱乐，也更加倾向于在社交媒体平台上进行交流和分享。新媒体通过在网络上发布各种形式的内容，如文字、图片、视频等，满足了年轻一代受众群体多样化的需求。相比传统媒体，新媒体具有一些明显的优势。第一，新媒体的流动性非常强，用户可以随时随地通过移动设备访问信息，不再受时间和空间的限制。第二，新媒体的覆盖面更广，通过互联网，信息可以传播到全球各个角落，触达更多的受众。第三，新媒体的影响力更大，通过社交媒体平台，信息可以快速传播并引发社会热议，有时甚至能够影响社会事件的发展。第四，新媒体实现了个性化突破，根据用户的兴趣和偏好，提供量身定制的内容，使用户能够更好地满足个性化需求。

（三）优劣性综合对比及未来展望

新媒体在受众地位实现可转变方面具有优势。通过优劣性综合对比，可以看到新媒体在信息发布的速度和广度上具有明显的优势。与传统媒体相比，新媒体可以实现实时更新和广泛传播，使信息能够更快速地传递给受众，且覆盖范围更广。这使得受众可以更加及时地获取所需的信息，并且可以跨越地域和时间的限制，实现信息的即时传播和共享。然而，需要注意的是，新媒体信息发布者的权威性不足，发布信息的可靠性无法保证。与传统媒体相比，新媒体平台的门槛较低，任何人都可以成为信息发布者。这导致信息的质量参差不齐，存在大量未经验证的信息传播，影响受众对信息的判断和选择。因此，虽然新媒体可以为受众群体提供信息参考，但在决策和判断时，受众需要对信息进行更加谨慎的筛选和评估。此外，由于我国互联网技术发展起步较晚以及人才队伍相对匮乏，信息管理过程中存在较多漏洞，信息的安全性无法得到保证。新媒体的快速发展和广泛应用给信息管理带来了挑战。由于技术发展起步较晚，我国在信息管理和保护方面存在一些滞后的问题，人才队伍相对匮乏也导致信息管理能力的不足。信息管理中的漏洞和安全性问题给信息的采集、传输和存储带来一定的风险，需要加强对信息安全的管理和保护。

三、传统媒体与新媒体融合的路径

（一）产业融合

随着新媒体的兴起和发展，传统媒体面临着巨大的挑战和改革的压力。传统媒体主要以报纸、广播、电视等形式存在，而新媒体则主要以互联网、社交媒体、移动应用等形式呈现。这两种媒体形势的发展具有互补性和相互渗透的特点。在融媒体时代，传统媒体与新媒体之间的边界逐渐模糊化。传统媒体逐渐意识到新媒体的影响力和潜力，开始积极探索与新媒体的结合，通过建立自己的在线平台、推出移动应用等方式来扩大影响力和触达受众。而新媒体也在不断吸纳传统媒体的资源和经验，通过与传统媒体合作，提高内容生产和传播能力。特别是在新媒体快速发展的背景下，传统媒体与新媒体的边界变得越来越模糊。传统媒体开始借助互联网和社交媒体平台来传播信息，而新媒体也开始注重内容质量和深度报道，不再仅仅追求点击率和曝光度。传统媒体和新媒体之间存在着紧密的联系。传统媒体拥有丰富的品牌资源、专业的采编团队和广泛的读者基础；而新媒体则具有互动性强、传播速度快、个性化定制等优势。传统媒体和新媒体的结合可以使传统媒体更加年轻化和互动化，同时也可以让新媒体借助传统媒体的品牌影响力和专业背景更好地发展。因此，在传统媒体与新媒体的融合发展方面，应该进行产业融合，共同发展。传统媒体和新媒体可以通过资源整合、内容合作、技术创新等方式实现良性互动。通过融合发展，可以更好地发挥媒体的价值，满足新时期媒体发展的需求。在产业融合的过程中，传统媒体需要积极转型升级，提高自身的数字化水平和创新能力；而新媒体则需要注重内容的品质和社会责任，实现可持续发展。

（二）文化融合

文化融合在媒体融合的发展中扮演着关键的角色，不仅仅是提升文化发展基础的重要因素，还推动了新媒体和传统媒体的进一步发展。通过将新媒体与传统媒体相融合，能够有效地提升新媒体的内容质量，并增强传统媒体的文化品位和价值优势。

传统媒体在融合过程中，可以将其职业道德和精神文化等方面融入新媒体领域，使媒体宣传更加合理、有效。这种融合有助于提高新媒体的整体质量，并促进国家软实力的发展与提升。为了实现媒体融合的目标，应积极推进文化层面的融合，并充分发挥新媒体的优势，以实现竞争优势的增长。新时代下，新媒体作为主流媒体不仅要关注文化融合，还应坚守职业道德，并进行有效的自我监督，以实现与传统媒体的良性融合。这样的良性融合不仅可以为社会提供更加全面和可靠的信息，还能够推动社会的进步和发展。研究表明，文化融合对媒体融合的发展具有积极的影响。例如，新媒体技术的引入使得传统媒体能够更加灵活地传播文化，提升传统文化的吸引力和影响力。同时，传统媒体的资源和经验也为新媒体提供了支持和借鉴。这种合作与交流的模式使得文化融合能够更好地实现，为媒体融合带来更多机遇和发展空间。此外，文化融合也能够激发创新和创造力。通过不同文化间的碰撞与融合，新的想法和观点得以涌现。媒体从业者可以通过借鉴其他文化的优点和特点，提升自身的创作水平和表现力，为观众带来更加丰富和多样化的内容。

（三）技术融合

在新时期，随着网络信息技术的进步与发展，新媒体实现了快速成长，而传统媒体的技术则需要提升。传统媒体在宣传效果方面存在滞后性，这对实际宣传效果产生了一定的影响。为了解决这一问题，媒体融合发展中传统媒体既要借助新媒体技术优势完善自身，也要结合新媒体进行技术的创新发展，以提高媒体宣传效率，实现共同发展。为了提升传统媒体的宣传效果，可以采用新技术，并通过多角度对媒体宣传进行应用控制。举例来说，借助 VR 技术对视频画面进行处理，在实际宣传中能够有效实现媒体宣传的融合发展，观众可以身临其境地感受到宣传内容，增强宣传的吸引力和互动性，从而提升宣传效果。除了技术的创新应用，优化宣传形式也是推动传统媒体与新媒体融合发展的重要方向。例如，设立"记者热线"、官方微博、官方微信等平台，以新媒体的形式进行创新宣传，通过这些平台，传统媒体可以更好地与读者群众进行互动，及时反映当下的奇闻趣事和民生问题。通过图文的形式，媒体可以生动地呈现信息，增加读者的阅读体验，进一步加强媒体与读者之间的互动关系。在传统媒体与新媒体融合发展的过程中，需要传统媒体积极吸纳新技术，并结合新媒体进行创新宣传。同时，也需要重视滞后性现象带来的问题，加强技术的引进和培训，提高传统媒体从业人员的技术水平。只有通过技术融合，传统媒体才能更好地适应新时期的发展需求，强化宣传效果，实现共同进步。

（四）制度融合

在媒体融合时代，需要给予制度融合重点关注。新媒体的快速发展以及其所具备的宣传效果好、覆盖率广等优势不可忽视。然而，由于缺乏约束，新媒体宣传内容的质量效果无法保障，这对其发展造成了一定的影响。相比之下，传统媒体拥有相对完整和系统的制度体系，能够提供较好的宣传保障，并在新时代中占据稳固地位。因此，在媒体融合过程中，应从制度的角度出发，借助传统媒体的制度体系对新媒体进行有效约束，以促进其良性发展。一方面，需要进行新媒体企业和相关组织的制度融合，结合传统媒体的制度体系，如市场准入制度和信息报道制度，以优化媒体宣传制度的发展。通过这种制度融合的背景，可以规范和约束宣传条件、宣传资质等方面，从而更好地保障新媒体宣传与传统媒体宣传的融合性，使新媒体逐步迈向宣传正轨。例如，建立统一的宣传资质审核制度，对新媒体从业人员进行资质认证，确保其具备专业知识和职业道德，从而提高新媒体宣传的质量和可信度。另一方面，需要设计和完善媒体的基本制度体系，在保障宣传效果的同时提升宣传质量，确保宣传技术的合理应用，从而推动整个媒体行业的创新发展。通过建立健全制度体系，可以加强对新媒体的约束和管理，实现对宣传内容质量和效果的有效控制，为媒体行业的创新提供良好的基础。例如，建立宣传技术标准和评估体系，确保新媒体宣传技术的合理应用和效果评估，避免过度依赖技术手段而忽视内容的价值。

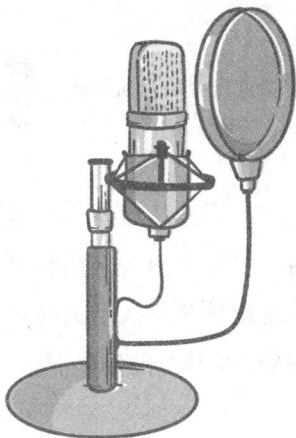

第四章 媒体融合背景下传统媒体播音主持艺术

第一节 媒体融合背景下的传统媒体播音

一、传统媒体播音在媒体融合背景下的地位与作用

（一）权威性的传播者

　　无论是通过社交媒体，还是通过各种移动应用，新媒体为信息传播提供了更为便捷的渠道。然而，无论新媒体的影响力如何增长，传统媒体播音依然以其权威性的声音和严谨的态度，在信息传播中占据着重要的地位。传统媒体播音之所以能够具有这样的地位，首先是因为其传播的权威性。这种权威性来自严谨的新闻采编流程和对事实的尊重，传统媒体在发布新闻报道之前，都需要经过严格的采访、校验、编辑等流程，以确保信息的准确性和公正性。而在新媒体中，由于信息发布的便捷性，很多时候可能缺乏足够的事实校验。这使得传统媒体播音在保证信息权威性上具有更大的优势。长期以来，传统媒体播音作为公众获取信息的主要渠道，其发出的每一条信息，都深深地影响着公众的价值观、世界

观。在中国，无论是中华人民共和国成立的消息，还是改革开放的决策，都是通过传统媒体播音传播给全国人民的，这些历史事件的传播，塑造了一代又一代人的集体记忆，也在某种程度上塑造了社会的文化和公共意识形态。尽管新媒体的发展为公众获取信息提供了更为便捷的方式，但由于新媒体中虚假信息的存在，公众对于其所获取的信息的真实性往往持有疑虑。而传统媒体播音，由于其严谨的新闻采编流程，以及其历史积累下来的信誉，往往被公众视为获取信息的重要渠道。新媒体并非对传统媒体播音的替代，而是对其的补充和扩展。在媒体融合的背景下，传统媒体播音应当利用新媒体的优势，如其即时性、互动性，来提高自身的传播效果。而在此过程中，传统媒体播音也应当始终坚守其权威性、公正性的原则，继续在信息传播中发挥其重要的作用。

（二）信息质量的保障者

在当今信息技术高速发展的时代，网络上充斥着各种各样的信息，其中既有正面的信息，也有误导性的信息，甚至还有部分有意制造混乱的虚假信息。这种情况对于公众来说，无疑提高了甄别信息真假的难度。在这种情况下，传统媒体播音作为信息质量的保障者，其作用就显得尤为重要。传统媒体播音的信息多来源于官方或者权威机构，这些信息的真实性和准确性有着较高的保障。传统媒体播音在选择信息时，会严格按照新闻的公正性、准确性、及时性等原则进行，只有符合这些标准的信息，才能被用于播音。播音员在收集到信息后，会进行深入的研究和分析，从而更好地理解信息的内涵，以便于以更准确、更生动的方式进行传播。在这个过程中，播音员还会结合自身的专业知识和社会经验，对信息进行深度挖掘，从而使信息的传播更具深度和广度。在信息传播的过程中，播音员会以严谨、公正的态度进行播报，确保信息的准确性和公正性。对于可能引起争议的信息，播音员会在播报时，给出明确的解释或者注释，从而避免误导听众，使其产生对信息的误解。因此，在网络信息泛滥、真假难辨的时代，传统媒体播音作为信息质量的保障者，为公众提供了一个准确、可靠的信息来源，使得公众可以在海量的信息中，得到真实、准确的信息，避免被虚假信息所误导。

（三）社会公正的守护者

传统媒体播音作为社会公正的守护者，在信息传播的过程中始终坚守公正公平的原则。从历史的角度来看，传统媒体播音已经深入人心，树立了权威和公正的形象。无论是在政治新闻、社会事件、科技进步还是文化艺术等各方面，传统媒体播音始终以公正无私、公平公开的态度进行报道，为公众提供真实、准确的信息，他们尊重事实、坚持真实、不偏不倚，确保将信息原汁原味地传递给公众。从实践的角度来看，传统媒体播音在处理复杂敏感的社会事件时，更是体现出其公正公平的价值观。他们将每一个声音、每一个立场公平地呈现给公众，让公众有机会从各种视角看到事件的全貌，从而作出公正的判断，无疑在维护社会公正、促进社会公平方面发挥了不可替代的作用。从影响力的角度来看，传统媒体播音的公正公平，对公众的价值观形成、社会风气的营造都有着深远的影响。在信息化、网络化日益发达的今天，公众面临着海量的信息和多元的观点，传统媒体播音以其公正公平的态度，为公众提供了一个相对清晰、稳定的价值参照，有力地引领社会公正、公平的风尚。对社会公正的维护还体现在其对国家法律、公共秩序的尊重和维护上。他们在传播过程中，始终遵守国家的法律法规，尊重社会公正，遵循公平原则，维护社会稳定，这对保障公众的合法权益、维护社会公正有着重要作用。

（四）新老媒体融合的桥梁

在媒体融合背景下，传统媒体播音不仅要坚守其自身的特性，保持其传统的严谨性和权威性，同时也要积极适应新媒体的发展，成为新老媒体融合的桥梁。相比传统媒体一对多的传播模式，新媒体更强调个性化和互动性。这就要求传统媒体播音在进行内容创作时，不仅要注重大众化，也要考虑个体用户的需求，强化与用户的交互和参与，以此提升用户的参与度和满意度。过去，传统媒体播音主要依赖电台或电视台进行传播，时间和空间都受到一定的限制。但新媒体的出现，使得信息传播可以做到随时随地，这给传统媒体播音带来了更大的灵活性，播音员可以利用新媒体实现即时的信息更新和传播，满足用户对于新鲜信息的追求。新媒体平台如社交网络、视频网站、直播平台等，为传统媒体播音提供了更广阔的空间，播音员可以通过多种媒体平台，把信息传播给更多的受众，扩大其影响力。然而，新老媒体的融合并不是简单的技术叠加或内容移植，而需要播音员在理解新媒体特性的基础上，进行创新性的实践。他们需要掌握新媒体的运作规则，用新媒体的语言和形式进行表达，与新媒体的用户进行互动，这既是对播音员的一种挑战，也是他们的一次机遇。

二、媒体融合背景下传统媒体播音的变革

（一）内容创新

在传统媒体播音中，内容一直是核心，而在媒体融合时代，传统媒体播音需要积极适应新的形势，不断创新内容，以吸引受众的注意力，并满足他们多元化的需求。一方面，传统媒体播音可以通过节目形式的创新来提供更多元的内容。在过去，传统媒体播音以新闻、访谈等形式为主，但现在他们可以结合互动性、娱乐性等元素，探索更多元的节目形式。比如，设置互动环节，与观众进行在线互动、讨论；制作悬疑、剧情类节目，吸引观众的注意力；开设专题访谈节目，深入探讨热点话题等，新颖的节目形式能够更好地吸引受众，提高观众的黏性和参与度。另一方面，传统媒体播音也可以通过内容创新来满足受众的个性化需求。

在媒体融合时代，受众的需求越来越多样化，传统媒体播音需要针对不同受众的兴趣和需求提供多样化的内容。例如，根据不同年龄、性别、职业等特征的观众群体，制作专门的节目，涵盖他们感兴趣的话题和内容。此外，可以结合新媒体平台的数据分析，了解受众的喜好和需求，进行精准推送和个性化定制，提供符合受众期待的内容。在内容创新中，传统媒体播音还可以与其他领域进行跨界合作。通过与文化、艺术、科技等领域的合作，传统媒体播音可以融入更多元的内容元素，创造更丰富多样的节目。例如，与音乐界合作，制作音乐类节目；与科技公司合作，推出科技创新类节目等，跨界合作能够为传统媒体播音注入新的活力和创造力，为受众带来全新的体验。

（二）技术应用

1.大数据分析

大数据分析在传统媒体播音中的应用，可以帮助媒体了解受众的兴趣、偏好和需求，从而更好地进行节目策划。传统媒体播音可以通过多种渠道收集和整理大量的用户数据，如观看记录、浏览行为、用户反馈等，这些数据涵盖了受众的兴趣爱好、观看习惯、喜好偏好等方面的信息。通过运用大数据分析技术，传统媒体播音可以对收集到的数据进行深入的分析和挖掘。通过分析受众的行为模式、消费趋势和兴趣点，可以发现受众的偏好和需求，了解哪些内容和主题更受欢迎，哪些形式和风格更受青睐。通过大数据分析，传统媒体播音可以对受众进行细分，并针对不同细分群体的需求和偏好，进行相应的节目策划。例如，他们可以根据受众的年龄、性别、地域等特征，提供有针对性的内容，满足不同受众群体的需求。传统媒体播音可以借助大数据分析，将数据作为决策的依据。通过对数据的分析和解读，媒体可以做出更加明智的决策，包括节目主题选择、播出时段安排、媒体投放策略等，以更好地满足受众需求，提高节目的吸引力和影响力。

2.个性化推荐

个性化推荐是一种利用人工智能技术的方法，通过分析用户的历史观看记录、点击行为和喜好等数据，将相关的内容推荐给用户，以提高用户参与度。在传统媒体播音中，个性化推荐能够带来以下几个方面的影响。第一，提升用户体验。传统媒体播音通过个性化推荐可以更好地满足用户的需求。通过对用户行为数据的分析，如观看记录和喜好，播音员可以根据用户的兴趣和偏好，向其推荐与其关心的话题相关的节目内容。这种个性化推荐能够提高用户的满意度，使用户更愿意继续关注和收听播音节目。第二，提高用户参与度。个性化推荐还可以提高用户的参与度，通过了解用户的兴趣爱好和喜好，播音员可以针对用户的需求制作特定主题的节目，吸引用户参与讨论和互动[①]。用户对感兴趣的话题更有参与热情，对节目的投入程度也更高，从而提高节目的互动性和用户参与度。第三，增强节目吸引力和影响力。个性化推荐使得播音节目更具针对性，能够满足不同受众的需求。通过深入了解用户的喜好和兴趣，播音员可以制作内容更为精准和相关的节目，从而吸引更多的受众，有针对性的推荐能够提高节目的吸引力和影响力，使其在竞争激烈的媒体环境中脱颖而出。

3.虚拟现实和增强现实技术

虚拟现实和增强现实技术的应用为传统媒体魔音带来了全新的表现形式和体验。虚拟现实技术能够通过头戴式显示器等设备，创造出一种身临其境的观看体验。传统媒体播音可以利用虚拟现实技术将受众带入一个全新的虚拟环境中，使受众感觉仿佛身临其境。例如，传统媒体播音可以制作虚拟现实的新闻报道，让受众亲身感受到事发现场的氛围和紧张感，这种沉浸式的观看体验可以更好地吸引受众的注意力，提高受众对节目的参与度。

增强现实技术则将虚拟元素与真实场景相结合，为受众呈现更加丰

---

① 刘沫潇.提升用户参与度的个性化内容推荐进阶[J].青年记者，2023（7）：2.

富和生动的节目效果。传统媒体播音可以利用增强现实技术在节目中添加虚拟的图像、文字或者视频，与实际场景相互交织。例如，在体育赛事的直播中，可以通过增强现实技术在电视画面上叠加实时的比赛数据、球员信息或者精彩回放，使受众在观看比赛时获得更丰富的信息和更深入的理解。虚拟现实和增强现实技术的应用为传统媒体播音带来了全新的创作和呈现方式，扩展了传统播音的表现能力，使播音员可以通过沉浸式的体验和丰富的视听效果，更好地传递信息和故事，虚拟现实和增强现实技术也提供了与受众互动的可能性，使受众更加有兴趣参与其中，以增强节目的吸引力和影响力。

4.社交媒体和互动性

社交媒体和互动性在传统媒体播音中发挥着重要的作用。通过社交媒体平台的功能，传统媒体播音可以与受众进行实时的互动，创造更加活跃和参与性强的节目体验。传统媒体播音可以通过社交媒体平台实现与受众的实时互动。他们可以借助评论区、直播间、话题标签等社交媒体的功能，与受众进行互动。受众可以及时提出问题、留言、分享意见，播音员主持人可以及时回复、解答疑惑，形成一个实时的互动环境，实时互动能够增加节目的参与感和互动性，让受众感受到与播音员、主持人的紧密联系。通过社交媒体平台，传统媒体播音可以进行问答互动环节。他们可以在节目中设立专门的问答环节，通过社交媒体平台收集受众提出的问题，并在节目中进行回答，提高受众的参与度，满足他们对节目内容进一步了解和深入探讨的需求。社交媒体平台提供了投票功能，传统媒体播音可以利用这个功能进行投票互动。例如，在辩论节目中，受众可以通过社交媒体平台进行投票支持自己认同的观点，从而与节目的内容进行互动和参与，不仅可以增加节目的互动性，还可以了解受众的观点和倾向，为节目提供参考。社交媒体平台还提供了用户生成内容的功能，传统媒体播音可以借助这个功能与受众进行互动。例如，他们可以设置话题标签，鼓励受众在社交媒体上分享与节目相关的图片、视频、故事等内容，展示受众的创造力和参与度，不仅能够在一定程度上增加节目的多样性和趣味性，还能够有效拉近与受众之间的距离。

（三）平台融合

在媒体融合的背景下，传统媒体播音需要与新媒体平台进行深度融合，以适应时代的发展和公众的需求。平台融合使得传统媒体播音能够利用新媒体平台的广泛覆盖和传播能力，将节目内容传递给更广泛的受众群体。通过在微博、微信、抖音等新媒体平台上发布节目内容，传统媒体播音能够突破传统媒体的时空限制，实现全时全地的传播，触达更多的观众。新媒体平台提供了更多互动和参与的机会，传统媒体播音可以借助这些平台与受众进行互动，增加用户参与度和忠诚度。例如，可以尝试开展在线问答、投票调查、评论互动等形式，传统媒体播音能够与受众建立更紧密的联系，了解他们的需求和意见，进而更好地满足他们的期待。平台融合使得传统媒体播音可以利用新媒体平台的数据分析功能，了解受众的兴趣和偏好，实现个性化的推荐和定制化的服务，分析用户的浏览历史、点赞收藏等数据，传统媒体播音可以更好地了解受众的需求，提供更贴近用户感兴趣的内容，增强用户体验和提高用户满意度。平台融合促使传统媒体播音积极创新节目形式，引入互联网思维。传统媒体播音可以借鉴互联网平台的创新方式，如短视频、直播、互动直播等形式，以更富有趣味性和互动性的方式呈现节目内容，与新媒体平台结合，传统媒体播音可以更好地适应年轻受众的消费习惯和娱乐需求。

三、媒体融合背景下传统媒体播音面临的挑战与机遇

（一）信息化挑战

互联网和移动通信技术的快速发展使得大量的信息源拥入公众的

视野，传统媒体播音需要在海量信息中筛选出真实、准确的新闻内容，需要具备敏锐的新闻嗅觉和快速的信息处理能力，及时获取和验证信息，确保提供给公众的是可靠的、有价值的内容。互联网和社交媒体的快速传播，使得新闻在几秒钟内就可以传遍全球，传统媒体播音需要在这个快节奏的环境中迅速反应，及时发布新闻，避免被新媒体抢先报道，需要提高新闻采编流程的效率，加快工作响应速度，以保持信息的时效性和准确性。新技术的应用，如云计算、大数据分析和人工智能，可以帮助传统媒体播音提高新闻的传播效率和精准度，可以利用大数据分析技术，了解受众的喜好和需求，精准定位新闻内容，提供个性化的信息服务。与此同时，也可以利用社交媒体和移动通信技术，与受众实现更直接的互动，扩大新闻的公众影响力。此外，传统媒体播音可以利用信息化的机遇，拓展新闻报道的形式和方式，可以借助互联网直播、社交媒体平台等新媒体工具，进行实时报道、现场连线等创新形式，使新闻报道更加生动、贴近受众，也可以利用新技术的支持，开展多媒体报道、互动图文等多样化的内容创新，提供丰富、多元的新闻体验。

（二）用户参与性的提升

随着新媒体的兴起，用户不再是被动地接收信息，而是成为信息的创造者和传播者。这种转变对传统媒体播音来说是一项巨大的挑战，但同时也带来了机遇。在这种背景下，传统媒体播音需要寻找适当的方法来引导和管理用户的参与性，以提升节目的质量和影响力。传统媒体播音可以积极借助新媒体平台，提供更多的互动机制，鼓励用户参与。例如，在新闻节目中，可以通过微博、微信等社交媒体平台开展线上投票、话题讨论等活动，与观众进行实时互动，让用户参与节目的制作和传播过程，增强他们的参与感和归属感。传统媒体播音可以积极回应用户的反馈和建议。用户通过社交媒体平台等渠道提出的意见和建议，可以帮助传统媒体播音了解受众的需求和喜好，及时进行调整和改进。例如，播音员可以主动回复观众的评论、解答他们的疑问，增强互动性和参与感。传统媒体播音可以开展用户参与的活动，鼓励用户分享自己的故事、意见或作品。这样不仅可以提高用户的参与度，也能够为节目提供更多新鲜、独特的内容资源。例如，可以开设用户投稿的专栏或栏目，邀请用户分享自己的经历、观点或才艺，给予他们一定的展示平台。

此外，传统媒体播音还可以通过与用户进行深度互动，了解他们的需求和兴趣，从而提供更加个性化、精准的内容。通过精确的用户画像和数据分析，播音员可以了解用户的兴趣爱好、观看习惯等信息，从而更好地满足他们的需求，增强用户的参与感和忠诚度，提升节目的吸引力和影响力。在实施用户参与性的提升过程中，传统媒体播音需要注意平衡用户参与和专业性的关系。用户参与的目的是增加用户的参与感和满意度，但传统媒体播音仍然需要保持其权威性和专业性，不可盲目迎合用户的个人偏好或低俗化趋势。传统媒体播音应该在引导用户参与的同时，坚持传播真实、客观、高质量的内容，维护媒体的公信力和专业形象。

（三）新媒体形式的冲击

新媒体形式如微博、微信、抖音等的出现，打破了传统媒体播音的传播模式，这无疑给传统媒体播音带来了挑战。传统媒体播音如何适应这种变化，与新媒体形式进行有效融合，是当前面临的重要问题。传统媒体播音一直以来都是通过电视、广播等传统媒介进行信息传播的，而新媒体的兴起则改变了传统媒体播音的传播方式。新媒体的特点是实时、互动、个性化，它以用户为中心，为用户提供了自由表达的平台，对传统媒体播音提出了新的要求。传统媒体播音在新媒体形式的冲击下，需要加强对新媒体平台的了解和应用，尤其是微博、微信、抖音等热门社交媒体平台，在这些平台上建立自己的账号，传统媒体播音可以与受众进行互动，及时了解受众的需求和反馈，提供更贴近受众的内容。新媒体形式强调用户体验和个性化需求，传统媒体播音需要从内容创新的角度出发，为受众提供更加多样化、有针对性的节目内容，采用短视频、微视频、互动问答等形式，传统媒体播音可以更好地吸引受众的关注和参与。通过在新媒体平台上发布节目片段、花絮等内容，传统媒体播音可以扩大自身的影响力和曝光度。同时，传统媒体播音还可以通过与知名主播等进行合作，借助其庞大的粉丝基础和社交影响力，吸引更多观众的关注和参与。新媒体形式的兴起带来了信息传播的便利，但也带来了信息质量的问题。传统媒体播音应该在新媒体平台上发挥引导作用，传播正能量，引导受众正确理解和应对新媒体时代的挑战和机遇。同时，传统媒体播音还要与相关部门和机构合作，加强对新媒体的监管，确保信息传播的合法性和公正性。

（四）社会责任的挑战机遇

在媒体融合背景下，传统媒体播音面临着诸多挑战和机遇，特别是在履行社会责任方面。这一责任不仅是对公众传播正确信息的责任，更是对社会舆论引导、价值观传递的责任。

1.挑战

（1）舆论多元化和个性化

在媒体融合的时代，信息传播已经变得更加多元化和个性化。公众通过不同渠道和平台获取信息，形成各自独特的意见和观点。这对传统媒体播音来说是一大挑战，因为他们需要在满足公众需求的同时，确保传播的信息具有公信力和客观性，需要更加灵活地调整节目内容和形式，以吸引公众的注意力，提供有价值、可信的信息。

（2）社交媒体的影响力

社交媒体在媒体融合中扮演着越来越重要的角色，成为公众获取信息和表达意见的主要渠道之一。然而，社交媒体上的信息往往存在着传播速度快、真实性难以验证等问题。这给传统媒体播音带来了挑战，需要与社交媒体相协调，通过提供准确、客观的信息，引导公众正确理解和分析社交媒体上的信息，并避免因不准确信息引发的舆论偏差。

（3）价值观多样性和冲突

在一个多元化的社会中，不同群体拥有不同的价值观和利益诉求。传统媒体播音需要在传递正确价值观的同时，尊重和包容不同观点，需要以客观、公正的态度，权衡不同观点之间的冲突，努力寻求平衡，引导公众形成理性、包容的思维方式。

2.机遇

（1）建立公信力和专业性

传统媒体播音在履行社会责任的过程中，可以通过建立公信力和专业性，提升自身的社会影响力和公众信任度，可以通过深入调研、严格的新闻采编流程、客观的报道方式等手段，树立媒体的权威形象。此外，还可以与专业机构、学者、权威人士等建立合作关系，获取专业意见和知识支持，提高报道的准确性和深度。

（2）利用新媒体平台进行传播

传统媒体播音可以利用新媒体平台进行传播，从而更好地履行社会责任。通过新媒体平台，可以与公众进行互动，了解公众的需求和关注点，及时回应公众的疑问和反馈，还可以通过社交媒体等渠道，扩大影响范围，增加信息传播的广度和深度。

（3）培养公众的媒体素养

传统媒体播音可以通过开展媒体素养教育，提升公众对媒体的理解和判断能力，可以举办公众教育活动、开展媒体文化宣传等方式，帮助公众辨别真假信息，培养理性思维和批判精神，使公众更加理性地参与舆论讨论，形成正确的价值观。

四、媒体融合背景下传统媒体播音在中国的发展趋势

（一）与新媒体深度融合

中国的传统媒体播音逐渐意识到新媒体平台的巨大潜力，开始将其作为传播的重要渠道，以拓展受众群体，提升传播效果。这种深度融合带来了以下几个方面的变化：传统媒体播音通过微博、微信、抖音等新媒体平台与受众进行互动和交流。传统媒体播音员在这些平台上开设个人账号，发布自己的节目预告、幕后花絮等内容，与受众建立更加紧密的联系。他们积极回应受众的评论和提问，展开互动，增强与受众的亲密感。传统媒体播音逐渐将新媒体平台作为内容传播的重要渠道。他们不仅在电视和广播上播出节目，还将节目制作的精华部分上传到新媒体平台上，供用户在任何时间、任何地点观看，新媒体平台的分享和转发功能，使传统媒体播音的内容得以更广泛传播，触达更多的受众。传统媒体播音也在新媒体平台上创新节目形式，以迎合年轻受众的口味。他们开始尝试制作短视频、微综艺等内容，以更加轻松有趣的方式传达信息，吸引年轻观众的注意力，带来了与时俱进的播音方式，使得传统媒体播音更贴近年轻人的生活和娱乐方式。传统媒体播音也通过新媒体平台加强与受众的互动，收集受众的反馈和意见。他们利用新媒体平台的评论、点赞和转发等功能，了解受众对节目的评价，以此进行节目改进和优化，互动不仅密切了传统媒体播音与受众之间的联系，也使得传统媒体播音更加贴近受众需求，提供更好的内容服务。

（二）以用户体验为核心

随着互联网技术的迅猛发展，传统媒体播音正积极探索如何通过移动客户端、社交媒体等新媒体工具，提供更丰富、更便捷的服务，以吸引和留住用户。在内容创新方面，传统媒体播音通过结合新媒体的特点

和用户需求，开展了多元化的节目形式和内容创新，不再局限于传统的新闻报道和评论，而是积极探索更具吸引力的节目形式，如综艺娱乐、真人秀、脱口秀等。他们也注重挖掘和推广一些具有独特性和时代感的主题，以满足用户对多样化内容的需求。传统媒体播音通过新媒体平台收集用户的浏览历史、兴趣偏好等信息，利用算法和大数据分析，为用户提供个性化的内容推荐。这种个性化推荐能够精准满足用户的需求，提高用户的观看体验，增加用户的黏性和忠诚度。传统媒体播音通过新媒体平台与用户进行互动，例如通过在线问答、直播互动、社交媒体互动等方式，与用户建立起更为紧密的联系。他们积极回应用户的留言和评论，倾听用户的声音，积极开展与用户的互动交流，从而增强用户的参与感和满意度。传统媒体播音通过新媒体平台鼓励用户参与节目的创作和互动。例如，他们可以邀请用户参与节目的话题讨论、投稿作品等，使用户成为节目的合作者和创作者，增加用户的参与感和满意度，用户参与创作的方式不仅能够提升用户体验，还能够增加用户的黏性和忠诚度。

（三）弘扬社会主义核心价值观

作为舆论引导者，传统媒体播音具有广泛的社会影响力，能够通过自身的言论和节目内容传递积极正面的价值观，引导公众正确看待社会问题，推动社会进步。传统媒体播音通过传播新闻信息，能够将社会主义核心价值观渗透到新闻报道中。他们可以在报道中强调公平正义、诚信友善等价值观，树立正确的道德导向，引导公众关注社会问题并积极参与解决。传统媒体播音通过不同形式的节目，如访谈、专题报道、文化节目等，传递社会主义核心价值观。他们可以邀请有影响力的专家学者、社会活动家等嘉宾，深入探讨社会热点问题，引导公众正确地思考和判断。传统媒体播音还可以通过文艺作品和综艺节目等娱乐形式，传递社会主义核心价值观。他们可以通过优秀的电视剧、电影、综艺节目等，展现社会主义核心价值观在日常生活中的体现，让观众感受到价值观的力量和魅力。在实践中，传统媒体播音应注重从以下几个方面来弘扬社会主义核心价值观：一是坚持正确的新闻导向和价值取向。传统媒体播音应坚持事实真实、客观公正的原则，传播真实的信息，不偏袒不公平，让公众获得真实可信的新闻信息。二是积极推动社会主义核心价值观的创作和传播。传统媒体播音应支持和宣传具有社会主义核心价值观的优秀作品，促进优秀文化作品的创作和传播，为公众提供更多具有积极意义的文化产品。三是传统媒体播音还可以通过倡导社会责任、公益慈善等活动，引导公众参与社会实践，推动社会主义核心价值观在社会中的实际落地。

第二节　媒体融合背景下的传统媒体主持

一、媒体融合背景下的传统媒体播音技巧转变

（一）播音风格的转变

在新的媒体环境下，播音风格的转变显得尤为重要。传统的媒体播音风格主要基于单向的信息传播模式，播音员的角色主要是信息的传递者。他们的语言风格往往严谨、正式，与听众保持一定的距离。然而，在媒体融合的新形势下，这种播音风格正在发生着深刻的变革。现代媒体不再局限于单一的电台或电视台，它涵盖了包括社交媒体、直播平台、网络视频等在内的多种平台。这种媒体环境的多样性要求播音员的表达形式也要有所变化。除了原有的口头语言表达之外，播音员需要在融媒体环境下掌握更丰富的表达方式，包括图像、文字、视频等，使信息传播更生动、直观。传统的播音风格多注重信息的客观性和公正性，而在媒体融合的环境下，受众更希望看到播音员的个性和观点。播音员需要

将自己的思考和情感融入播音，以形成独特的播音风格，不仅有助于播音员形成独特的媒体形象，也能更好地引起受众的共鸣。在媒体融合的环境下，受众不再是被动接收信息的对象，而是可以主动参与信息的创造和传播。播音员需要跳出传统的"一对多"的传播模式，转向"多对多"的互动模式，需要倾听受众的声音，与受众进行实时互动，以实现信息传播的效果。在媒体融合的环境下，播音员不仅是信息的传递者，更是信息的创造者、筛选者和解读者，需具备深厚的专业知识，独立的思考能力，良好的道德素养，以满足新媒体环境下的职业要求。

（二）技术应用的转变

在媒体融合背景下，播音员的工作不再仅仅局限于传统的广播电视传媒，他们也需要适应互联网、移动互联网以及社交媒体等新媒体环境的要求。与此同时，播音员的工作内容也从单一的声音表达，扩展到了声音录制、编辑、混音、制作以及发布等多个环节，这就要求他们必须具备一定的技术应用能力。首先，播音员需要具备基本的音频录制技能。在传统媒体环境下，播音员主要依赖专业的录音设备和录音师进行录音，但在新媒体环境下，他们可能需要自己独立完成录音工作。这就需要他们掌握如何使用录音设备或录音软件，如何调整录音环境以获取最佳的录音效果，以及如何操作录音设备或软件进行录音等基本技能。其次，播音员需要掌握音频剪辑技能。由于新媒体的特点是信息发布的速度快、更新频率高，因此播音员在录制完成后，需要能够迅速对音频进行剪辑，以满足发布的要求。音频剪辑不仅包括去除音频中的噪声，调整音频的音量，还可能包括将多段音频进行合并，或者将一段音频进行切割等工作。这就要求播音员能够熟练使用音频剪辑软件，掌握音频剪辑的基本技巧。再次，播音员需要具备音频混音技能。在新媒体环境下，播音可能需要配合音乐、音效等元素，以增强音频的表现力和感染力。这就需要播音员能够掌握如何使用混音软件，如何将语音、音乐、音效等元素合理地混合，以达到最佳的音频效果。最后，播音员需要掌握音频发布技能。新媒体环境下，音频的发布平台多种多样，包括音频分享网站、社交媒体、播客平台等。每种平台可能有不同的发布格式和发布要求，播音员需要了解这些要求，并能够根据这些要求对音频进行相应的处理，以确保音频能够顺利发布并达到最佳的播放效果。

（三）内容处理的转变

在传统媒体环境下，播音员的主要任务是利用他们的嗓音和语言技巧，朗读或演播编导或新闻编辑准备好的稿件。然而，在媒体融合的环境下，播音员不仅需要处理好自己的嗓音和语言，还需要具备处理复杂媒体内容的能力。具体来说，播音员需要具备从大量的信息中提取出重要信息点的能力。在数字化、网络化的环境下，信息的产生和传播速度极快，媒体内容复杂多变。播音员需要具备良好的信息筛选和处理能力，能够快速识别出有价值的、观众关注的信息，从而为他们的播报提供材料。这需要播音员具备一定的新闻判断能力和专业知识，能够理解并分析各类信息。对于播音员来说，这既是一种挑战，也是一种机会。只有通过不断学习和实践，播音员才能提升自己的信息处理能力，满足媒体融合的需要。在信息爆炸的今天，听众的注意力非常有限，因此信息的呈现方式必须简洁明了，能够快速传达出信息的核心内容。这就要求播音员具备高效的语言表达能力，能够用简洁的语言概括复杂的信息，用有吸引力的方式表达出信息的核心，不仅需要播音员具备良好的语言基础，也需要他们具备一定的创新能力，能够根据不同的信息和听众，创造出具有吸引力的表达方式。不同的媒体平台有着不同的特性和听众，播音员需要根据这些特性，对自己的播报内容和方式进行调整。例如，在网络直播中，播音员可能需要频繁互动更加和自然，而在电台节目中，播音员可能需要更加正式和专业[①]。同时，播音员还需要考虑不

①　贾恩方.广播节目的直播与录播 [J].新闻前哨，2012（8）：3.

同平台的技术特性，如直播、视频、音频等，对播报内容进行适当的优化。这就要求播音员具备跨媒体的工作能力，能够适应不同媒体平台的工作需求。

（四）互动方式的转变

媒体融合环境下，媒体和受众的关系也发生了变化，由传统的单向传播转变为双向互动，这种变化对传统媒体播音的培训与教育提出了新的挑战。其一，这种转变要求播音员具备良好的社交媒体操作技能，在现代媒体环境下，社交媒体平台如微博、微信等已成为重要的信息传播渠道，也是播音员与听众互动的重要平台。播音员需要熟练使用各种社交媒体平台，能够有效地发布信息、回应听众的反馈，甚至是通过私信等方式与听众进行更深度的交流。这对播音员的信息处理、文字表述等技能提出了更高的要求。其二，播音员需要具备优秀的实时互动能力。随着直播等新媒体形式的兴起，播音员有机会与听众进行实时的、面对面的交流。在这种情况下，需要播音员能够灵活应对各种未知的情况，例如面对突然的技术问题、听众的即兴提问等，播音员应当具备良好的即兴应变能力、问题处理能力和情绪管理能力。其三，播音员需要具备良好的数据分析能力。在现代媒体环境下，播音员可以通过社交媒体平台获取大量的用户反馈数据，如点赞、评论、转发等。通过分析这些数据，播音员可以更好地了解听众的需求和反馈，从而调整自己的工作策略，需要播音员能够理解和利用各种数据分析工具，具备一定的数据分析和解读能力。其四，播音员需要提高自身的媒介素养。在与听众的互动过程中，播音员不仅需要传播信息，还需要对信息进行筛选和解读。他们需要能够识别和避免假新闻、误导性信息等，尽可能地提供准确、公正、全面的信息，播音员应具备高级的媒介素养，能够独立思考，批判性地处理信息。

二、媒体融合背景下传统媒体播音的社会责任和影响力

（一）社会责任

媒体是社会的镜子，它反映社会现实、揭示社会矛盾、引导社会风气，且在信息社会，传媒的力量无处不在。对于传统媒体播音而言，这种力量尤为明显，因为他们是新闻传播的前线，他们的声音可以影响无数的人，从而影响社会的公正、公平与和谐。媒体融合背景下，传统媒体播音的社会责任也随之升级。

1.播音员作为信息传播者，对于信息的真实性负有不可推卸的责任

在当前信息爆炸的社会背景下，播音员对信息的真实性负有不可推卸的责任。在这个过程中，他们扮演着信息筛选者、传播者、解读者和评论者的角色，这就使他们在新闻传播链中占据了重要地位。要明白信息的真实性对于一个社会的重要性。真实的信息是社会正常运行的基础，它能确保公众在做决定时有足够的、可靠的信息来源。而在如今这个信息大爆炸的时代，虚假信息、假新闻、误导性信息层出不穷，如果这些信息被无节制地传播，将对社会的稳定和发展产生巨大影响。严重的话，可能引发公众恐慌，甚至影响国家安全。作为信息的传播者，播音员在保证信息真实性的任务上扮演着关键角色。他们是信息传播的第一道关卡，他们选择的新闻内容、报道的角度以及表达的方式，都会直接影响信息的真实性。一旦播音员对信息的真实性抱有敷衍态度，那么，错误的信息就可能被广泛传播，对社会造成严重的后果。为了保证信息的真实性，他们需要充分利用自己的专业知识和经验，进行严谨的调查和研究，全面、深入地了解每一个新闻事件。

2.播音员作为公众舆论的引导者，对公平性和公正性负有重大的责任

公正公平是新闻职业的核心价值，这也是播音员应当秉持的原则。从职业角度来看，播音员是新闻的传播者，他们的职责就是为公众提供真

实、公正、全面的新闻信息。这是新闻职业的核心价值，也是播音员应当坚守的原则。在播报新闻时，播音员需要公正无私，避免个人情感或立场影响新闻的真实性。这不仅是对新闻的尊重，也是对公众的尊重。公众对新闻的信任和信赖，很大程度上取决于新闻的公正性。因此，播音员在进行新闻播报时，必须保证新闻的公正性，以维护公众对新闻的信任。播音员通过自己的发声，可以引导公众的观点和看法，塑造社会的价值观。因此，播音员在进行新闻播报时，不仅要保证新闻的公正性，还要保证新闻的全面性，让公众能够了解事件的全貌，从而形成自己的观点和判断。如果播音员在播报新闻时有偏颇，可能误导公众，引发错误的舆论。然而，要做到公正公平并非易事。媒体融合环境下的播音员面临的挑战更为复杂，例如如何处理个人观点和新闻公正之间的冲突、如何处理新闻事件中的复杂关系等。因此，播音员需要通过不断的学习和实践，提升自己的新闻素养和职业道德，以更好地履行自己的职责。

3. 播音员作为公众对话的推动者，对于建设性对话负有重要的责任

随着新媒体的兴起，播音员的角色不再局限于信息的传播者，而是成为推动公众对话的参与者和引导者。他们通过社交媒体发表观点，引导公众对重大事件进行讨论，甚至对公众意见的形成产生影响。公众对话是社会进步的重要推动力，帮助人们理解不同的观点，达成共识，解决冲突，推动社会的和谐发展。播音员应当利用自身的影响力，引导公众进行理性、客观、建设性的讨论。他们需要遵循新闻伦理，公正、准确地传播信息，避免引发不必要的争议和冲突，需要积极参与公众对话，表达自己的观点，引发深入的思考和讨论。然后，播音员需要具备一定的专业能力和素养，才能有效地担任公众对话的推动者。一方面，需要具备良好的沟通能力，能够有效地表达自己的观点，引导公众讨论；另一方面，也需要具备批判性思维能力，能够理性分析问题，避免情绪化的争议。此外，还需要有足够的媒介素养，理解媒体的运作机制，使用媒体工具有效地传播信息。

4.播音员作为公众信任的守护者，对于公众信任负有重任

公正、公平的报道是播音员赢得公众信任的关键。公众对新闻的期待是它能提供真实、准确的信息。播音员在报道过程中应充分尊重事实，避免偏见和误导，做到事实准确、情境真实、语境恰当。无论是硬新闻的报道，还是社会评论，播音员都应以公正、公平为原则，通过平衡报道，尊重事实，以赢得公众的信任。在信息量巨大的今天，公众往往会对众多信息感到困扰，这时，播音员的作用就体现出来了。他们应以专业的知识和技能，对信息进行筛选、解读，帮助公众理解复杂的社会现象和事件。通过深入浅出的解说，播音员可以引导公众进行有深度、有建设性的对话，从而提高公众的信息素养，增强其对社会的理解和参与。专业素养是播音员职业生涯的基础，包括媒体素养、语言艺术、声音魅力等多方面的能力。只有具备高水平的专业素养，播音员才能在信息的采集、处理、传播等环节中保持高质量的工作。在信息传播的过程中，播音员应充分尊重公众的知情权，提供必要和真实的信息，避免传播虚假信息。同时，播音员还应尊重公众的私人空间，避免过度揭露个人信息，以维护公众的隐私权。

（二）影响力

尽管数字媒体的兴起使得信息的传播更加多元化，但传统媒体播音仍然具有很大的影响力。对于大部分人来说，收听广播或观看电视新闻是获取信息的主要渠道之一。尽管新媒体如社交网络、博客和视频分享网站等逐渐兴起，但这并没有改变传统媒体在信息传播中的地位。对于那些没有完全接入互联网，或者习惯通过传统媒体获取信息的人群来说，他们更信任来自电视、广播的新闻报道。播音员的影响力也体现在他们的声音和态度可以深深影响公众的情绪和新闻理解。一个优秀的播音员，他们的声音会赋予新闻生命，他们的语调和表达方式可以引导听众或观众对新闻的理解和感受。在重大新闻事件中，播音员的情绪和态度会影

响公众的情绪反应，如悲伤、愤怒或喜悦等。播音员也常常在解读新闻时，运用自身的知识和见解，以帮助公众更好地理解新闻的含义和深层次的影响。播音员的词汇选择和语言风格也是他们影响力的重要体现。同样一条新闻，不同的播音员可能有不同的词汇选择和表达方式，这些差异可能影响公众对新闻的理解和看法。例如，在报道有争议的事件时，播音员的词汇选择和语言风格可能影响公众对事实的理解，甚至可能塑造公众对特定问题的观点。值得一提的是，传统媒体播音不仅是新闻的传播者，同时也是公众信任的守护者。在"假新闻"和误导性信息充斥的今天，优秀的播音员通过他们对事实的严谨把握，对信息的准确传播，为公众提供了一个可靠的信息源，这也进一步扩大了他们的影响力。

三、媒体融合背景下传统媒体播音的培训与教育

（一）专业技能培养

播音员现在不仅需要继续提高他们的声音表达能力，而且还需要具备一定的视觉表达能力，例如视频直播和短视频制作等技能。对于播音员来说，他们的声音是他们的标志，是他们与听众沟通的关键工具。因此，提升声音表达技巧是播音员专业技能培养的重要组成部分。这包括对语音的韵律、语调、强度和节奏的掌握，以及在语音表达中所需的情感控制。这需要对播音员进行专门的声乐训练，使他们能够根据不同的报道内容，通过声音传达出相应的情绪和氛围。然后，随着新媒体的崛起，视觉元素在信息传递中的作用越来越重要。播音员需要适应这个趋势，掌握视频直播和短视频制作等技能。例如，他们需要学习如何使用各种直播软件和设备，如何在镜头前自如表达，如何与在线观众进行互动等。短视频制作技能也逐渐被视为播音员必备的技能之一。这需要他们学习视频剪辑技术，理解如何制作有吸引力的内容，并能够在有限的时间内准确、清晰地传达信息。播音员还需要具备一定的写作能力，因

为他们经常需要为自己的报道或演讲编写稿件。这需要他们掌握新闻写作的基本技巧，如如何编写标题、如何构建叙事结构、如何使信息更加吸引人等，还需要学习如何根据不同的媒体平台和观众群体调整自己的语言风格和内容。随着社交媒体的普及，播音员也需要学会如何在这些平台上与听众互动。他们需要理解各种社交媒体平台的工作原理，例如如何发布内容、如何回应观众的反馈等。这既需要他们具备一定的信息技术知识，也需要他们具备良好的人际交往技巧。

（二）信息技术能力提升

信息技术在当今世界无处不在，它对各行各业都产生了深远影响，媒体行业尤其如此。信息技术能力可以被看作一种工具，帮助播音员更有效地完成他们的工作。例如，他们可以使用社交媒体平台来接触和互动更多的观众，通过信息采集和编辑技能来创建更高质量的内容。因此，提高播音员的信息技术能力对于他们在新的媒体环境中的成功至关重要。播音员需要熟练使用各种社交媒体平台。这不仅包括了如何发布和分享内容，还包括如何有效地与观众互动，了解他们的需求和反馈，以及如何利用这些平台进行有效的自我推广。在这个过程中，播音员需要学会如何保持自己的在线形象，并且要能够适应不同平台的特点和规则。这些社交媒体平台的使用技巧可以通过培训课程或者个人实践来获得。播音员需要掌握信息采集和编辑的技能。在数字化的世界中，信息的获取和处理变得越来越重要。播音员需要学会如何从各种来源获取信息，并且能够准确地判断信息的可信度。他们也需要学会如何有效地整理和编辑信息，以满足不同的内容格式和观众需求。这一点需要通过实践和不断的学习来达成。此外，播音员也需要具备一定的技术知识。例如，他们需要了解如何使用各种媒体制作和编辑软件，如何进行在线直播，以及如何处理各种技术问题。虽然他们不需要成为技术专家，但是至少需要有足够的技术知识来应对日常工作中可能遇到的问题。

（三）媒介素养提高

播音员在新媒体环境下并不仅仅是信息的传递者，他们需要成为信息的筛选者、解读者和评论者。这就要求他们在获取信息时，有辨识信息真伪的能力，能对信息进行科学、客观的解读，并发表合理的评论。在信息爆炸时代，能否正确、有效地筛选信息，往往决定了信息传播的质量和效果。媒介素养也包括对媒体功能、媒体语言、媒体影响等方面的理解和掌握。此外，他们还需要理解媒体对公众的影响，以便在传播信息时，更加贴近公众的需要。播音员的媒介素养还体现在他们具有批判性思维能力。在信息化社会，各种信息充斥在生活中，播音员需要有独立思考的能力，对接收到的信息进行批判性分析，避免被错误或者偏颇的信息所误导。在进行新闻报道或者评论时，播音员需要以独立、公正、客观的立场，为公众提供真实、公正、全面的信息。在播音员的培训与教育中，应着重提高他们的媒介素养。教育者可以通过各种方式，如课堂教学、实践活动、研讨会等，让播音员了解媒体的基本原理、掌握媒体的操作技能，形成科学的媒体观。同时，教育者还应引导播音员培养批判性思维，培养他们独立分析和评价信息的能力。此外，提高播音员的媒介素养还需要注重他们价值观的培养。在信息传播过程中，播音员的价值观念会直接影响他们的新闻报道和评论。因此，应该引导播音员树立正确的新闻观，坚持真实、公正、全面的新闻原则，对所有信息保持公正、公平、公开的态度。

（四）职业道德教育

在媒体融合的环境下，播音员在传播信息时面临的道德挑战变得更为复杂，这既与信息传播的速度与广度有关，也与公众对信息真实性、公正性的高要求有关。因此，加强对播音员的职业道德教育，以培养他们的责任感和公正的新闻价值观显得尤为重要。这一过程不仅对播音员个人的素质提出了更高的要求，而且对整个社会传媒教育体系提出了新的挑战。播音员是信息传播的关键角色，他们的声音和形象直接影响公众对信息的接收和理解。因此，他们必须有高度的责任感，确保传播的信息真实、准确，在教育和培训中应加强对播音员的职业责任感的培养。应该让播音员明白，他们的工作不仅仅是读新闻，更是在塑造公众对社会的认知，他们的每一个词、每一句话都可能对公众产生深远影响。因此，他们必须对自己的工作有高度的责任感，始终坚守新闻的真实性和公正性。播音员需要理解并坚持新闻的核心价值，即新闻的公正、公正和独立。这意味着，播音员不能因为个人的偏好、观点或者某些外部压力，而影响新闻的公正性和真实性。应该让播音员明白，他们的工作是服务于公众，是为公众提供准确、公正的信息。因此，他们必须始终保持新闻的独立性和公正性。在媒体融合的环境下，播音员不仅需要掌握各种技术，而且需要理解和适应新的传媒环境。他们需要理解社会媒体的特性和规则、理解网络舆论的形成和变化。这就需要在教育和培训中，加强对播音员的媒介素养的培养，让他们能够更好地适应媒体融合的环境，更好地为公众服务。

第三节　传统媒体播音主持应对新媒体冲击

一、转换单一角色

在 2008 年至今的十五年里，新媒体的快速崛起与发展给传统媒体带来了巨大的冲击，使得传统媒体中的播音员和主持人面临前所未有的挑战。制播分离的趋势越发明显，尤其在新媒体的影响下，播音员和主持人的角色也在发生着转变，不再是单一的"我说你听"的传统模式。首先，相较于传统的电视和广播，新媒体的崛起引发了一场信息获取方式的革命。今天的受众越来越多地通过手机客户端、微博、微信、抖音、公众号等渠道获取信息。在这样的背景下，传统媒体播音员和主持人需要认识到他们的工作已不再局限于演播间或舞台，而是需要走近受众，以更亲近的方式建立联系、传递信息。其次，随着受众选择信息接收渠道的多样化，他们也越来越要求具备话语权、知情权、互动权等权利。播音员和主持人不再是信息的单向传播者，而是要成为受众的沟通者和朋友，不仅要与受众进行交流，发表他们的观点，也要尊重和接纳受众的观点。这种对话和互动为主持人的角色增添了新的元素，也带来了更多的挑战。为了应对这些挑战，主持人需要提升自身的主持能力和魅力，尤其是在新媒体环境下，他们需要具备较强的沟通能力，把握正确的价值观，甚至影响舆论方向。传统媒体和新媒体的优势可以相互借鉴和相互融合，形成一种更具影响力的传播方式。同时，播音员和主持人需要积极把握新媒体带来的机遇，从传统媒体的角度，他们需要打破原有的框架，去发掘新的可能性。一方面，他们可以借助新媒体平台，进行更广泛的互动和交流，发挥自我意见的话语权，向受众传递正确的价值观；另一方面，他们也可以通过互动，增加自己的亲和力，取得受众的信任，成为受众心中的"朋友"。

二、细分受众群体与把握受众心理

在全媒体发展的新时代，播音员和主持人的角色发生了深刻的变化。他们不再只是简单的信息传递者，而是需要深度理解受众的需求，制定出精准的传播策略。在此过程中，细分受众群体以及把握受众心理显得尤为关键。新媒体平台如爱奇艺、腾讯视频等，其功能强大、覆盖面广泛，是现代播音员、主持人向受众传递信息的重要渠道。在这些平台上，播音员、主持人需要对受众群体进行精准分类，深入理解他们的观看需求。全媒体发展环境对播音员主持人提出了新的挑战。在这个环境下，观众与主持人之间的交流感和话语权的重要性被放大。相比传统媒体，观众更期望通过新媒体平台与主持人产生互动。这就要求播音员主持人除了具备专业的播音主持技巧外，还需要具备较强的互动能力，通过积极的互动，让观众感受到被尊重、被重视。特色主持风格的形成是一个长期的过程，需要播音员、主持人根据自身的特点和受众的需求进行调整和创新。在新媒体平台上，这一点同样适用。可根据年轻观众的特点，制定出符合他们口味的主持方式，从而提高节目的知名度。

三、具备创新能力

在当下这个被称为"互联网＋"的时代，新媒体正在以一种迅猛的势头向生活中渗透，从而推动了传统媒体行业和播音主持领域内的深度变革。面临如此变化，创新能力成为决定传统媒体和播音员主持人能否适应新环境、获得生存和发展的关键因素。传统媒体历经多年的积淀和发展，形成了其独特的创作手法和内容，然而在"互联网＋"的冲击下，传统媒体却面临着一种"凤凰涅槃"的挑战。需要在创作手法和创作内容上不断进行创新，才能满足多元化发展的需求。例如，新媒体为传统媒体提供了丰富的表现手法，如短视频、直播、互动等，传统媒体可以借鉴和吸收，从而丰富自身的表现形式和内容。同时，共享信息的功能也为传统媒体开辟了新的信息获取和传播方式，为其创新提供了可能性。播音员、主持人作为媒体的直接发言者，他们的创新能力和个性化风格是增强自身竞争力和影响力的关键。不再仅仅局限于模仿和追随，他们需要在风格上有所创新，展现出自己独特的主持风格，这不仅可以提高自身的竞争力，也有助于提升个人的魅力与影响力。他们还需要具备发布权威信息的能力，引导受众关注重要内容，通过正确的价值观导向，吸引并影响受众。此外，新媒体平台的普及，为播音员、主持人提供了更广阔的舞台和更多的表现机会。他们可以通过新媒体平台发布节目预告和主要节目信息，以此来吸引更多的受众，通过利用热门话题等方式，可以有效提升节目的知名度和影响力。

四、把握利用"网络流量"

与以个人魅力和娱乐元素为主的网络不同,播音员、主持人所承载的是传播正确价值观、引导正确舆论方向的重要任务。在手机移动客户端直播,或是在电视屏幕前主持节目,播音员、主持人需要具备独立的立场和观点,以及严谨的态度和扎实的专业知识。他们需要用深入浅出的方式,解读复杂的社会现象,引导公众理解和掌握真实的信息,推动社会的进步和发展。这种责任感和使命感是他们与主播最大的区别。流量为王的时代,网络平台对于点击率、关注度的追求似乎已经变成了主导一切的力量,给播音员和主持人带来了前所未有的挑战。流量时代的播音员、主持人更应以优质内容为导向,用高质量的新闻报道、深度的话题分析、精彩的节目策划,满足公众的知识需求。他们需要明白,流量并非唯一的追求,尤其在新媒体的环境下,只有优质的内容才能获得持久的关注。更重要的是,播音员和主持人有责任引领公众的价值取向。播音员、主持人需要坚守职业伦理,用他们的影响力传播正能量,引导公众形成正确的价值观,应以正面积极的态度,引领公众看清新媒体带来的机遇与挑战,正确对待新媒体时代的各种现象。播音员和主持人作为社会的舆论引导者,他们的声音和行为能够深深影响公众的价值观。他们在公众面前的每一次发声,都应该秉承人类命运共同体的理念,向世界发出中国的声音,展现中国的责任和担当。在这个过程中,节约粮食、抵制浪费的国家主旋律就是一个重要的话题。随着人口的增长和生活水平的提高,粮食浪费问题日益突出。播音员和主持人应该站在这个问题的前沿,以他们的影响力唤起公众的注意,引导公众养成节约的生活习惯,尤其是在网络直播、手机移动客户端等新媒体平台上,他们应当弘扬节约的理念,引导公众抵制无度消费和浪费。同时,新媒体的飞速发展,使得信息传播的方式发生了巨大变化,这既是挑战,也是机遇。播音员和主持人需要深入理解和把握新媒体的特性和规律,利用新媒体的便利性和即时性,有效传播正能量,引导公众正确面对新媒体带来的影响。比如，他们可以利用新媒体的互动性，更好地与粉丝和受众进行交流，听取他们的声音，感受他们的需求，以此提供更符合公众期待的优质内容。

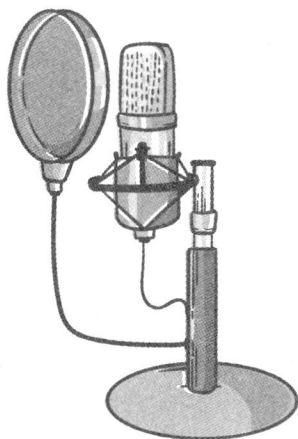

第五章 媒体融合背景下网络媒体播音主持艺术

第一节 媒体融合背景下网络媒体播音主持语言的艺术性

一、网络媒体播音主持语言更具独特性

网络媒体播音主持的语言表达具有独特性，不仅能够吸引观众的注意力，还能够起到连接主持人与受众的纽带作用。通过运用特殊的语言技巧和表达方式，播音主持人能够在虚拟世界中与观众建立情感联系，找到一种共鸣和共同体验的感觉。互联网的普及和媒体融合的发展使信息传递关系从单向传播转变为双向传播。传统的广播和电视节目只能通过有限的渠道与受众互动，而网络媒体播音主持则可以通过各种社交平台和互动性强的应用程序与观众进行实时交流。这种双向传播的特点使得观众能够更直接地参与节目，表达自己的观点和想法。同时，观众呈现出个性化的特点，他们有着不同的兴趣、需求和观看习惯。在面对日益激烈的竞争压力和追求更高的节目收视率的背景下，播音主持人不得不改变原有的形式，加入独特的语言表达形式，形成自己的主持风格，以

使与同行区分开来。他们通过精心设计的台词和语言技巧，展现个人特色和魅力，吸引观众的关注。他们可能运用幽默、夸张、调侃等手法，通过独特的语言风格直击观众的心灵。这样的个性化语言表达不仅能够使观众对节目产生兴趣，还能够促使他们产生共鸣，增加对主持人的好感。

二、网络媒体播音主持语言更具时尚化

随着社会大众在日常交流中广泛使用网络流行语，播音主持人也开始改变传统刻板的语言表达方式，将网络流行词融入节目的语言表达，并进行加工，以适应社会潮流，旨在提升受众的喜爱度和节目的收视率，使受众能够获得更好的收视体验。播音主持人通过使用网络流行词等时尚语言表达形式，打破了以往新闻播报的严肃形象，增加了节目的趣味性。网络媒体播音主持人的语言表达方式的变化不仅限于新闻领域，也在其他娱乐节目中得到了应用。综艺节目中，播音主持人常常使用网络流行词和时尚化的表达方式来增强节目的趣味性和娱乐性，不仅符合受众的口味，也能够吸引更多年轻观众的关注，提升节目的收视率。除了娱乐节目，一些访谈节目也开始采用网络流行语和时尚化的语言表达方式。这种方式能够更好地引起观众的共鸣，并增强与嘉宾之间的互动性。播音主持人的时尚化语言表达可以帮助其营造轻松、活跃的氛围，使观众更愿意参与到节目中来。通过在网络媒体中采用时尚化的语言表达方式，播音主持人能够更好地迎合社交媒体时代观众的口味。在社交媒体平台上，人们习惯使用网络流行词和时尚化的表达方式进行沟通和交流。播音主持人的语言表达与社交媒体保持一致，可以增加与观众的互动和连接，提升受众对节目的参与度和忠诚度。

三、网络媒体播音主持语言更具口语化

在网络媒体播音主持中，口语化的语言表达方式发挥着重要的作用。传统的正式语言已经不能满足受众的需求，而口语化的语言表达方式更

贴近大众，更易于受众的理解和接受。通过使用口语化的语言，播音主持人能够打破传统的沟通障碍，这种口语化的语言表达方式不仅在娱乐节目中常见，在新闻报道、专题访谈等领域也得到广泛应用。口语化的语言表达方式不仅是语言形式上的改变，更重要的是其背后的意义。口语化的语言表达使得受众能够与播音主持人建立起情感连接。这种情感连接增强了播音主持人与受众之间的亲密度，使得受众愿意接受播音主持人的信息和观点。通过口语化的语言表达方式，播音主持人能够与受众建立起互信关系。网络媒体播音主持人的口语化语言表达方式也对受众忠诚度产生了积极影响[①]。随着信息传递关系的改变，传播者与受众之间的互动性得到提升，这使得受众更加倾向于与那些能够满足他们需求的播音主持人保持联系。受众愿意与播音主持人进行更多的互动，参与讨论，分享观点，从而形成良好的双向传播关系。

第二节　媒体融合背景下网络媒体播音主持个性化风格

一、网络媒体播音主持个性化风格构成要素

（一）语言风格

语言风格在网络媒体播音主持的工作中起着至关重要的作用。不同主持人之间的语言风格差异是其个性化的体现。白岩松以儒雅沉稳著称，声音低沉而有磁性，语调平缓而富有稳重感。他善于运用一些典型的成语和引用古人的名言，给人以深思。白岩松的语速适中，讲述节目内容时往往带有一种温暖和踏实感，这使得他的声音充满亲和力和信任感。

---

① 柯军. 浅谈播音员主持人对电视新闻语言的"本色还原"[J]. 西部广播电视，2017（17）：2.

董卿的语调温婉而柔和，声音中透露出一种睿智和温暖。她的语速较慢，讲述节目内容时经常停顿思考，给人以深思熟虑的感觉。董卿善于运用一些温情的词语和描述方式，营造一种温馨和舒适的氛围。她的语言风格常常带有一种亲切感和母性的关怀，这使得观众在听到她的声音时能感受到一种被理解和被关注的温暖。

（二）外在形象

外在形象对于网络媒体播音主持而言是极为重要的。作为一个主持人，他们的外貌、气质、仪态和穿着等都极为重要。为了塑造出一个令人印象深刻的外在形象，主持人需要经过长时间的专业训练和努力。在节目以及平时的生活中，主持人应该注重自己的仪态、举止和服装。他们应该选择适合自己的服装，并通过化妆等手段修饰自己的仪容，以展现更好的形象。一个精心打扮的主持人能够给观众留下深刻的印象，并增加他们对节目的好感度。另外，主持人的外在形象也是其个性化风格的一部分。当前的网络媒体播音主持大多倾向于选用青春靓丽的年轻女性和英俊帅气的年轻男性，因为这些主持人可以通过富有朝气的外在形象吸引更多的受众。他们的年轻活力与外貌吸引力能够在视觉上给观众带来积极的感受。

（三）学识素养

学识素养不仅包括基础的学识知识，更关乎一个人如何运用和积累这些知识，并将其融入日常生活和工作实践中。对于网络媒体播音主持而言，拥有丰富的学识素养是一种必备的职业素质。在网络媒体播音主持与各行各业的人接触与交流的过程中，学识素养显得尤为重要。他们需要与工人、农民、大学教授和作家等有着不同教育背景和观点的人进行有效沟通，而这正是学识素养的体现。他们需要有足够的知识储备，才能深入理解来自不同背景的嘉宾，与其有深度地交流，并能有效地引导节目话题，保证节目的丰富性和深度。网络媒体播音主持的学识素养通常由学校学习获得的专业知识、工作实践中积累的经验、广泛阅读获得的知识以及长时间的生活积累这四个部分构成。首先，专业知识是他们的基础，这包括广播电视新闻学、传播学等相关领域的知识，这些知识使他们能够有效地理解和传播信息。其次，工作实践中积累的经验使他们了解如何有效地主持节目、处理突发事件，并了解观众的喜好。再次，广泛阅读可以帮助他们拓宽视野，获取最新的信息和观点，使他们跟上知识更新的步伐。最后，生活积累也是一种重要的学识素养来源，它可以帮助主持人理解各种生活现象，提高他们的人文关怀和社会责任感。特别是在媒体融合背景下，知识的更新速度不断加快，网络媒体播音主持需要更加努力地拓宽视野，紧跟知识更新的步伐。他们需要通过互联网、社交媒体等新媒体工具，获取最新的信息和知识，以满足观众日益增长的知识需求。

二、网络媒体播音主持个性化风格的重要性

（一）增强自身竞争力

在新媒体风潮中，网络媒体播音主持行业经历了前所未有的变革。这个变革首先表现在网络媒体节目的数量上。由于新媒体的低成本和高覆盖率，网络媒体节目如雨后春笋般涌现。这样的结果虽然为观众提供了更多的选择，但对于播音主持人来说，却意味着产生了更大的竞争压力。在众多的节目主持人中，如何才能提升自己的辨识度，如何才能在竞争中脱颖而出，成为他们面临的重大挑战。因此，打造个性化风格的重要性就显得尤为突出。主持人需要寻找和展现自己的独特性，把自己的个性化风格深深烙印在每一次的播音主持中，让观众在听到他们的声音时，就能立即联想到他们，并记住他们。只有这样，主持人才能在众多的竞争者中增强自己的竞争力，脱颖而出。

（二）突出节目个性特色

随着新媒体的飞速发展，广播电视节目的受众数量不断下降，同时还面临同行业的激烈竞争和生存空间的压缩。在这样一个竞争激烈的市场环境下，广播电视节目只有不断创新，突出节目个性特色，才能在竞争中脱颖而出，吸引受众的注意力，引起强烈的反响。在新媒体和广播电视节目的竞争中，个性化风格的节目有助于播音主持展现才华和突出节目特色。以董卿主持的《朗读者》为例，尽管文化类节目如雨后春笋般层出不穷，但《朗读者》却因其特色鲜明，不仅"出圈"成功，而且在全国范围内引发了广泛的关注。这份成功的关键就在于节目主持人董卿知性典雅的主持风格。董卿用她的智慧和才华，赋予了《朗读者》特殊的魅力。她独特的主持风格，使《朗读者》在众多文化类节目中独树一帜，引起了全国观众的高度关注。董卿的个性化主持风格不仅突出了节目特色，而且成为《朗读者》的独特标签，使节目和主持人形成了相得益彰、相互成就的良好关系。董卿和《朗读者》的成功，为广播电视节目在新媒体环境下的生存和发展提供了借鉴和启示。

（三）满足受众收视需求

在当今社会，人们对媒体内容的需求变得越来越多样化和复杂化，特别是在审美需求方面，受众希望从节目中获取满足他们知识和精神认同方面的需求。因此，对于媒体融合而言，了解和满足不同受众群体的需求是至关重要的。在年龄方面，不同年龄段的受众对于主持风格有着不同的偏好。老年人倾向于沉稳持重的主持风格，这种风格能够给他们带来安全感和信任感；中年人则更加欣赏睿智幽默的主持风格，这种风格能够调动他们的智力和幽默感，引起他们的共鸣；年轻人则对活泼洒脱的主持风格更感兴趣，这种风格能够与他们的活力和开放心态相契合；至于少年儿童，他们往往喜欢简单可爱的主持风格，这种风格能够激发他们的童真和兴趣。在网络媒体播音主持的角色中，形成个性化风格非常重要。通过塑造自己的个性化风格，播音主持能够吸引特定的受众群体，使他们成为忠实观众。这种忠实观众的积累和增长有助于播音主持扩大自身在受众中的影响力。同时，通过个性化风格的展现，播音主持能够更好地体现自身的价值和独特性。

三、网络媒体播音主持个性化风格培养策略

（一）明确定位，塑造独特风格

在媒体融合环境中，独特的主持风格是分离出海量信息和同质化内容的关键，定位清晰、个性鲜明的主持人能有效地吸引并保持观众的注意力，构建稳定的听众群体。对于主持人而言，自我定位的重要性不言而喻，找准自己在主持领域的定位是首要步骤。主持人应充分认识自己的优势与不足，了解自身的擅长领域和喜好，找到自己在媒体行业中的特色和定位。通过对个人特质和市场趋势的深度理解，主持人可以确定自己的主持类型，比如知识型、娱乐型、访谈型或者新闻型，进一步明确主持的风格和方向。独特风格的塑造并非一蹴而就的，它需要播音主持人的细心雕琢和不断实践。主持风格不仅仅体现在主持人的语言表达上，更多的是通过主持人的观点、态度和价值观来体现。比如，主持人可以运用个人独特的视角，对信息进行独特的解读和表达，以此来传达自己的观点和态度，塑造个人风格。讲故事是播音主持人的另一项关键技能，好的故事可以使复杂的信息变得容易理解，可以使枯燥的内容变得有趣。把握故事的节奏和情感，运用适当的语言和表达方式，主持人可以把故事讲得生动有趣，从而让自己的主持风格更具吸引力。

（二）注重仪态，树立鲜明形象

仪态，宽泛来说，是个人的言行举止，它体现了一个人的教养、素

质和个人形象。在播音主持的世界里，仪态则具有更深的内涵。这不仅包括主持人的服装、妆容、身体语言和口头表达，而且包括他们展示的态度和情绪。在媒体融合的环境中，主持人的形象已经不仅局限于其在电视上的形象，也涵盖其在社交媒体上的影响力。因此，主持人在保持专业性的同时，也需要注重个性的展现，树立鲜明的形象。以董卿为例，董卿在《中国诗词大会》和《朗读者》中的形象深受观众喜爱。在《中国诗词大会》中，董卿凭借优雅的气质和深厚的诗词功底，塑造出了一个备受尊重的"知识女性"的形象。在节目中，董卿的每一个举止都展示了她对诗词的热爱、对知识的尊重，以及对文化的执着追求。在《朗读者》中，董卿则塑造了一个温暖而亲切的形象。她以慷慨激昂的语调，深情款款的眼神，让人感受到每一段文字的力量和魅力。在她的主持下，观众们仿佛被带入了一个情感丰富、充满力量的世界。在这两个节目中，董卿都展示了优雅而专业的仪态，形象清晰而鲜明。她的成功案例展示了仪态在塑造主持人形象中的重要作用。

（三）充实内涵，彰显个人风采

在当今媒体融合时代，网络媒体播音主持人的职责不仅限于播音和主持，还需要通过个人的魅力和文化的深度吸引观众。如何彰显个人风采呢？关键在于充实内涵。第一，认真阅读和广泛学习各种知识。播音主持人必须是永远在学习的人。广泛的阅读能提供丰富的知识源泉，涵盖社会科学、自然科学、艺术、历史等各个领域的知识，使主持人在主持过程中能灵活运用、得心应手。阅读的深度则有助于主持人深入思考，把握问题的本质，发掘问题的深层次含义。在主持过程中，主持人需要深入浅出地传达复杂的观点和信息，深度阅读提供了实现这一点的可能。第二，认真观察生活，丰富自身阅历。生活是主持人的创作源泉，只有深入生活、体验生活，才能更好地理解和把握生活中的各种情感和问题。主持人在面对不同的主题时，能够站在听众的角度，表达出深入人心的观点，引发听众的共鸣。第三，主持人需要有专业的知识背景，才能对各种问题进行深入分析，提供独特的观点。专业知识可以是具体的领域知识，也可以是关于主持艺术的理论知识，不仅可以增强主持人在节目中的专业性，也可以让主持人在众多的主持人中独树一帜。

（四）积极互动，突出自身魅力

网络媒体播音主持在节目中的重要性不言而喻。主持人的责任是引领和协调整个节目的走向，从而达到预期的传播效果。媒体融合时代的发展为主持人赋予了更广阔的可能性。与传统媒体相比，网络媒体播音主持更具互动性，观众对节目的参与性需求也显著增长。节目的推动力来自主持人与嘉宾、观众的互动。每一次互动都可能成为催生新话题的契机，引发观众的共鸣。借由这样的方式，节目可以自然流转，产生更深入的讨论和分享。这正是新媒体的魅力，观众不再仅仅是旁观者，他们的反馈和建议可能直接影响节目的走向，增强了节目的多样性和丰富性。对主持人来说，了解观众需求的重要性不言而喻。他们不仅需要通过各种方式与观众进行交流，还需要及时回应观众的反馈，以获取观众的持续支持。主持人可以关注热门话题，引导观众进行深度交流，通过这种方式产生共情，满足观众的参与性需求。此外，主持人需要适当展示个性魅力，借此提高自身在观众心中的影响力。这种魅力可能源于主持人的学识、独特的观点、温暖的关怀或是独特的主持风格。无论是什么，主持人都需要架起与观众连接的桥梁，使自己成为节目中不可或缺的一部分。主持人需要积极回应观众的反馈。这不仅包括对观众提问的解答，还包括对观众提出的建设性意见的采纳和实施，主持人可以让观众感受到他们的声音被听到和重视，进一步增强观众的参与感和对节目的满意度。主持人的关怀和支持将进一步推动节目向前发展，使之成为一个每个人都愿意参与的平台。

第三节　媒体融合背景下网络媒体播音主持的媒介形象建构

一、外在形象的建构

作为观众接触的第一环节，网络媒体播音主持的外在形象无疑在形塑观众对节目的第一印象上起到决定性作用。外在形象涵盖的元素丰富，包括服装选择、肢体语言、声音调性等，每一项都能对观众产生深远影响。

以服装为例，它是外在形象中显眼的一环。在节目中，主持人通过着装的选择和搭配，呈现出自己的专业性、个性和审美倾向，为节目营造氛围，同时也在无形中传递给观众关于节目内容和主题的暗示。适当的服装选择不仅可以展现主持人的专业精神和对节目的尊重，也可以提升节目的视觉效果和观众的观看体验。例如，在一场严肃的新闻访谈节目中，主持人可能选择穿着正装，以展现其专业严谨的形象；在一档轻松愉快的访谈节目中，主持人则可能选择更为休闲、时尚的服装，以适应节目的轻松氛围。在实际操作中，主持人的服装选择也需要灵活变通，根据节目内容的变化和特殊情况进行调整。例如，在节目中涉及特定主题或者节日庆祝时，主持人的服装可能需要与之相应，来突出节目的主题。肢体语言也是外在形象中重要的一部分。正确的肢体语言可以加大语言的表达力度，使主持人的言辞更有说服力。通过目光的投向、停留、闪烁等，主持人可以传递出积极的热情，展示出对话题的专注和热衷，从而吸引和牵动观众的注意力。例如，当主持人深情地注视镜头时，就如同与每一位观众进行深度的眼神交流，使观众产生被尊重和被关注的感觉，增强了观众的参与感。主持人的手势和姿态也可以有效地辅助语言表达，增强节目的表现力。例如，挥手、点头、摇头、抱臂等动作，都可以在不同的语境中表达出主持人的情绪和态度，为语言表达增添更多层次和深度，微妙的肢体动作可以强化主持人的语言，使主持人的发言更具说服力，也更容易打动观众。主持人的笑容、皱眉、疑惑、惊讶等表情，都可以传达出强烈的情绪信息，让观众更好地理解和感知主持人的内心世界。主持人的声音是外在形象中无法忽视的一部分。清晰易懂的语言、悦耳的音调和恰当的语速都是优质声音的重要标准。同时，主持人的声音需要具备一定的变化性，这样才能在节目中表达出丰富的情感和态度，给听众带来更多元的听觉体验。主持人的声音需要具有一定的个性色彩。主持人可以通过独特的语调、语速或者口音来塑造自己独特的声音形象，让听众能够一听到声音就能联想到特定的主持人。这种个性化的声音可以提高主持人的辨识度，使节目在众多的网络节目中脱颖而出。主持人还需要注意保护自己的声带，避免过度用声导致声带受损，并且需要定期进行专业的声带训练和保养，保持自己的声音处于最佳的状态。

月亮姐姐是中国中央电视台少儿频道一位深受欢迎的主持人，她的外在形象对于她在儿童观众中受欢迎的程度起到了重要作用。月亮姐姐的服装通常都是色彩鲜艳、充满朝气的，衬托出她的活泼、热情和友善。她经常使用丰富而生动的肢体语言，例如用手势传达故事的细节，或者通过动作表达不同的情绪，使得她的表演更具动感和吸引力，让孩子们更容易理解并关注节目。月亮姐姐的声音清晰、甜美、具有亲和力，她经常以快乐、温柔的口吻讲述故事，让孩子们感到轻松和愉快，她的语调变化多端，善于运用声音的力量去吸引孩子们的注意力。月亮姐姐总是面带微笑、充满活力，这也是她的个人魅力之一。她对孩子们的关爱使她在孩子们心中建立起了非常亲切和正面的形象。

二、内在形象的建构

内在形象的建构是网络媒体播音主持人形象塑造中的重要环节，决定了其对观众的深度影响力，这种影响力主要源于主持人的素养、知识、专业能力等。

（一）素养

素养是内在形象的基础，它既包括道德品质，也包括思想素质。道德品质包括诚实守信、公正无私，这是主持人吸引观众的基础。在任何情况下，主持人都需要遵守道德底线，做到诚实、真实，这是对观众最基本的尊重。同时，公正无私也是主持人必备的品质，他们需要保持公正的立场，不受任何因素的影响，公正地对待每一位嘉宾和观众，这是主持人赢得观众信任的关键。思想素质包括开放包容和独立思考，这是主持人在面对不断变化的媒体环境时，能够适应和驾驭新媒体的关键。开放包容意味着主持人需要有包容性的思维，接受新的事物和观点，这是媒体融合时代对主持人的新要求。同时，独立思考也是主持人必备的素质，他们需要有自己独特的见解和主张，能够清楚地表达自己的想法，这对于主持人在媒体融合时代，提升自身的影响力和吸引力非常重要。

（二）知识

知识是内在形象的灵魂，它包括广博的知识储备和敏锐的洞察力。主持人需要具备广博的知识储备和敏锐的洞察力，以应对不同类型的节目需求，为观众提供丰富、有深度的内容，并为其带来新的认知和思考。广博的知识储备使主持人能够处理各种类型的节目。他们需要对各个领域有一定的了解和掌握，以便在节目中与嘉宾进行深入的对话和讨论。这需要主持人对社会、历史、科学、文化等方面的知识都有一定的了解，能够理解和引导嘉宾的专业知识，并提出有深度和有见解的问题。在讨论社会热点问题时，能够从别人忽视的角度提出问题，带来全新的思考和观点，深化节目的讨论。网络媒体播音主持人的知识建构是一个不断学习和更新的过程。他们需要关注时事热点、社会变化和新知识的涌现，持续充实自己的知识储备，不断提升自己的认知水平。只有具备广博的知识和敏锐的洞察力，主持人才能在媒体融合时代发挥更大的作用，为观众提供有深度和价值的节目内容。

（三）专业能力

专业能力是内在形象的体现，它主要体现在主持人的敏捷思维、反应能力、语言表达能力等方面。思维敏捷是网络媒体播音主持人专业能力的重要方面。在节目中，主持人需要随时做出准确的决策和反应，以处理突发情况，保证节目的顺利进行。他们需要具备灵活的思维和快速的反应能力，能够迅速抓住问题的关键，给出明确的方向并加以引导。例如，面对不同的情况和线索，能够迅速分析和推理，提出有针对性的问题和猜测，引导节目的发展方向。反应能力是网络媒体播音主持人专业能力的另一个关键方面。主持人需要在现场环境中应对各种突发状况，做出及时的决策和反应。他们需要保持冷静、沉稳，快速准确地做出判断，并采取适当的措施。语言表达能力是网络媒体播音主持人专业能力的重要组成部分。主持人需要具备清晰、流畅、生动的语言表达能力，能够准确、凝练地传达自己的意思，并与嘉宾和观众进行有效的沟通。优秀的语言表达能力能够让观众更好地理解并接受主持人的观点和引导，增强节目的吸引力和影响力。

三、节目主持类型的建构

（一）互动访谈型节目主持

互动访谈型节目主持注重与受众之间的互动，通过实时对话和互动，实现信息传递与共享。主持人通过提问、引导和解答问题，促进观众的参与，建立起互信和情感连接。在媒体融合背景下，互动访谈型节目主持应充分利用各种互动平台和工具。他们通过社交媒体、实时评论、在线问答等方式与观众进行互动。观众可以发送评论、提问或分享观点，而主持人会及时给出回应和解答。这种互动的形式拉近了主持人与观众之间的距离，建立起密切的互动关系。互动访谈型节目主持运用巧妙的提问技巧激发观众的思考和参与。他们不仅提出问题，而且引导观众思考问题的不同角度和可能性。通过提问的方式，主持人鼓励观众发表见解和观点，并与他们一起探索和讨论问题。这种互动形式使观众成为节目的参与者，而不仅仅是被动的接受者。互动访谈型节目主持注重与嘉宾的互动。他们与嘉宾对话和交流，深入了解嘉宾的观点和经验，并将其与观众的需求和兴趣联系起来。主持人运用自己的专业知识和经验，提出有针对性的问题，引导嘉宾进行深入的思考和解答。这种互动形式促进了观众的参与、丰富了节目内容、提高了节目的质量和吸引力。互动访谈型节目主持通过解答观众的问题和疑惑，建立起观众与主持人之间的互信和情感连接。主持人回答观众的问题时，展示专业知识和能力，回应观众的关切和需求。观众得到满意的答复后，对主持人产生信任和认同，并对节目保持较高的忠诚度。这种互动形式加深了观众对主持人的认知、增强了观众对节目的依赖和喜爱程度。

（二）观点辩论型节目主持

在网络媒体播音主持中，观点辩论型节目主持的角色不仅是一个调解者，更是一个引导者和推动者。他们扮演着组织者的角色，通过选择合适的话题和嘉宾，创造一个辩论的平台。这种节目主持类型注重平衡不同观点的代表，确保辩论的公正性和多样性，通过提问、引导和总结来推动辩论的进行，激发观众的兴趣和参与度。观点辩论型节目主持在网络媒体中的重要性不可忽视，网络媒体的特点是信息的快速传播和广泛共享，观众能够迅速获取各种不同观点的信息。然而，由于信息的多样性和碎片化，观众往往难以准确理解和分析，观点辩论型节目主持通过组织专家和嘉宾的辩论，为观众提供一个全面的视角，帮助他们理解不同观点之间的辩证关系。这种辩论的过程不仅促进了观众对事物的多维度思考，还激发了他们的批判思维。观点辩论型节目主持在媒体融合背景下也面临着新的机遇和挑战。随着社交媒体的兴起，观众具有更多参与和表达的渠道。网络媒体播音主持可以利用社交媒体平台和工具，与观众进行互动和交流，收集观众的观点和反馈。这种互动的方式为观点辩论型节目主持提供了更丰富的资源和参考，同时也为观众提供了更多参与辩论的机会。

（三）教育指导型节目主持

教育指导型节目主持借助网络媒体的便利性和多样性，将教育和指导的内容传递给广大观众群体。通过网络平台，他们能够以更直观、生动的方式展示和演示知识。他们可以通过视频演示、图文解说、互动游戏等多种形式，使观众更好地理解和掌握所传递的知识。教育指导型节目主持在网络媒体中的特点之一是互动性。通过社交媒体的互动功能，观众可以随时与主持人进行交流。主持人可以及时回答观众的问题，解决他们的困惑，使教育过程变得更加具有互动性和个性化。这种互动性不仅增强了观众对节目的参与感，也促进了知识的传播。在媒体融合背景下，教育指导型节目主持可以通过多媒体技术来丰富节目的形式和内容，可以借助图像、音频、视频等多种媒体形式，生动地呈现知识和技能的要点。通过图像的展示、声音的解说和视频的演示，观众能够更加直观地理解和记忆所学知识。另外，教育指导型节目主持在网络媒体中也更加注重与观众的互动。他们鼓励观众在节目中进行提问、发表意见和分享经验，通过互动的方式促进观众之间的学习和交流。这种互动性不仅能够增强观众对节目的参与感和满意度，还能够扩大知识的传播范围，形成学习社群和共同体。中国特色教育指导性节目《开学第一课》的节目主持撒贝宁以其深厚的学识和独特的主持风格，成为该节目的杰出代表。撒贝宁通过自身的学识和教育背景，为观众传递专业的知识和信息。他在节目中以严谨的态度和准确的表达，讲解国内外重要的历史事件、文化背景和时事动态，帮助观众深入了解和掌握相关知识。他的专业性和深入分析使得观众在节目中能够接触更广阔的学科领域，扩大知识面。他依靠幽默风趣的语言和亲和力十足的形象，拉近与观众之间的距离。他善于提问和引导观众思考，通过互动环节激发观众的兴趣和参与热情。他的主持风格不仅使得知识传递更加生动有趣，同时也能够激发观众的学习动力和求知欲。撒贝宁在《开学第一课》中经常运用实例，帮助观众理解和运用所学知识。他以丰富的人生经历和学术背景，讲述真实的故事和生动的案例，使抽象的知识变得具体而有趣。观众可以通过这些案例，更好地理解知识的实际应用场景，并将之运用到自己的生活和学习中。

（四）亲身体验型节目主持

亲身体验型节目主持以自己的亲身经历作为切入点，通过实地采访、参观和尝试等方式，将观众带入特定领域或主题的探索和体验中。这种主持方式不仅仅是简单地传递信息，更重要的是让观众与主持人一同感受和体验其中的乐趣和挑战。通过实地采访，亲身体验型节目主持能够带领观众进入真实的场景，直观地感受和了解特定领域或主题，可能前往当地景点、企业、机构或事件现场，与相关人员进行交流和观察，展示真实的情景。观众通过主持人的实地体验，能够更加贴近、深入地了解特定领域的内部情况，加深对其的认知和理解。参观是亲身体验型节目主持的常见方式之一，主持人可能带领观众参观特定场所，如博物馆、工厂、学校等，让观众通过实际参观和导览，亲眼看见和感受相关领域的特点和魅力。通过参观，观众能够获得更直接的感官体验，加深对特定主题的印象和记忆。此外，尝试也是亲身体验型节目主持的重要手段之一。主持人可能亲自尝试特定领域的活动、技能或体验项目，将自己置身其中，与观众一同体验其中的挑战和乐趣。通过尝试，主持人能够向观众展示相关领域的技巧和特点，激发观众的兴趣，并带领他们一同参与和探索。

四、节目主持风格的建构

一个节目主持人的主持风格是由多个因素共同决定的，包括外在视觉形象、内在个性气质、文化知识和才艺表达等。这些因素相互交织，共同塑造了主持人独特的风格和魅力。主持风格的形成是主持人成熟的标志，只有成熟的、成功的主持人才能形成一定的风格。主持人通过积累经验和不断学习，逐渐发展出与自己个性和风格相符合的主持方式。主持风格对主持人媒介形象的建构具有重要意义，尤其是对于那些在传统媒体中培育出的知名主持人来说，他们的风格成为其在观众心目中的标志，也是他们在节目中独特的表现方式。然而，在媒体融合背景下，主持人的主持风格需要进一步历练和锻造。随着新媒体的兴起和技术的发展，主持人需要适应新的形势和要求，将自己的风格与现代媒体的特点相结合，以便更好地与观众进行互动和传播。不同的节目类型会对主持风格产生影响，因为每个节目类型都有其独特的要求和特点。主持人需要了解并适应特定节目类型的需求，与之相呼应。例如，综艺节目可能需要主持人活泼幽默的风格；新闻节目则要求主持人严肃专业。主持人的风格应与节目内容特征相吻合，以便更好地呈现和传递节目的主题和情感。此外，主持人的语言、行为、文化素质、道德水平和个性气质也对主持风格起到决定性作用[①]。语言是主持人与观众沟通的桥梁，主持人需要运用准确、生动、得体的语言来吸引观众的注意力并传递信息。行为举止和态度也是主持风格的重要组成部分，主持人应当展现出专业、自信、友好的形象。文化素质和道德水平体现了主持人的修养和素质，对于塑造正面、受人尊重的主持风格至关重要。此外，主持人的个性气质会在主持风格中得到体现，不同的个性特点会使主持人的表达方式和节目主持独具魅力。

[①] 陆婷.主持人的个性风格与语言风格[J].声屏世界，2011（4）：35.

第四节　媒体融合背景下网络媒体播音主持人才优化培养模式

一、以社会为导向的人才培养模式

网络媒体播音主持以社会为导向的人才培养模式是高校培养专业人才的关键目标之一，高校应根据社会的人才需求标准来制定培养方案，并准确、科学、合理地安排课程。

图 5-1 展示了高校为社会培养复合型专业人才的过程。高校制定的培养方案旨在满足社会用人单位的需求。一旦这些专业人才就业后，他们将接受社会的考核与评价。社会将考核结果和评价反馈给高校，高校根据这些信息进行修改和优化培养方案与课程设置。随着社会的发展，观众对于节目的要求也在不断变化。过去的电视节目和网络节目逐渐失去吸引力，原因之一是观众对内容和形式的期待发生了变化，播音与主持专业需要密切关注受众的需求，及时反映和满足他们的欣赏需要。传统媒体与互联网上涌现出大量新的节目形式和风格，如短视频、直播、社交媒体等，这些新形式和风格更加符合观众的口味和娱乐需求，播音与主持专业应该跟随这些新的节目形式和风格的发展，将其纳入课程设置中，并教授学生相应的技能和知识。同时，技术的发展也对播音与主持艺术产生了深远的影响。随着数字技术和互联网的普及，媒体制作和传播方式发生了巨大的变革。传统的播音与主持技巧已经无法满足新媒体时代的需求，学生需要学习并掌握与数字化和网络化媒体相关的技术，如音频和视频编辑、社交媒体运营等。在培养目标方面，播音与主持专业应注重对学生综合素质和创新能力的培养。随着新媒体的崛起，播音与主持不再仅仅是传统媒体的声音，他们需要具备扎实的专业知识和技能，同时还要具备创新思维和跨媒体的能力。培养学生的创新能力可以通过引导他们参与创作、实践和项目合作来实现。此外，艺术与文化是

播音与主持艺术专业的核心，学生需要具备一定的文化修养和人文素质，以更好地理解和表达不同的文化内涵，可以通过增加相关的文化课程和培养学生的人文关怀来实现。

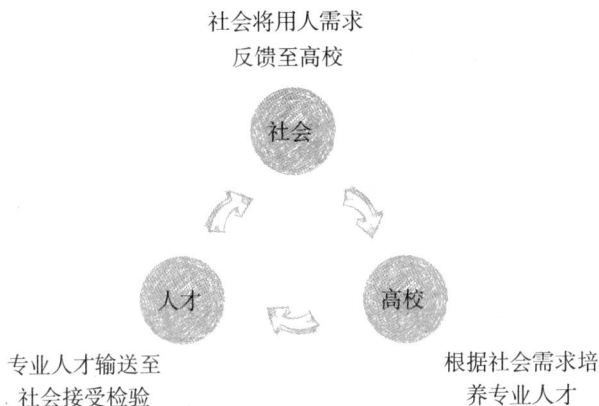

社会将用人需求
反馈至高校

社会

人才 高校

专业人才输送至
社会接受检验

根据社会需求培
养专业人才

图 5-1 社会为导向的人才培养模式

播音与主持专业院校必须时刻保持警惕，不能懈怠或放松，积极优化人才培养模式，培养适应新媒体变革时代的专业复合型播音与主持人才。为了实现这一目标，高校可以与媒体公司或机构建立合作关系，开展实践项目或实习计划。通过与媒体从业者的合作，学生可以亲身参与真实的媒体项目，了解行业运作和实践操作要求，提升实际操作能力和专业素养。高校可以邀请媒体公司的专业人士来校举办讲座、工作坊或案例分享，为学生提供直接的行业指导和经验传授。还可以组织行业研讨会、论坛或学术交流活动，邀请媒体从业者参与讨论和分享经验。这种跨界合作可以促进学术界和实践界的交流与合作，激发创新思维和创意灵感。学生可以通过与行业专业人士的交流，了解行业的最新动态、技术创新和内容创作趋势，为自己的学习和成长提供指引和借鉴。除了与媒体产业合作，高校还应关注学生的创新能力和实践能力的培养。网络媒体播音主持行业的快速发展和变化需要具备灵活性和创造力的人才。高校可以通过开设创新创业课程、组织创意竞赛或项目实践，激发学生的创新潜能和实践能力，培养学生的团队合作精神、创新思维和实际操作能力，使他们更好地适应新媒体变革时代的需求。

二、复合型人才培养模式

复合型人才培养模式是在现代教育和职业发展背景下，为了培养适应多样化、快速变化的社会和职业需求的人才，注重综合能力和全面素质提升的一种培养模式。它不再强调单一技能的培养，而是促进学生在不同领域的全面发展和综合素质的提升。与其他人才培养模式不同，复合型人才培养模式具有典型特征（见表5-1）。具体来说，复合型人才培养模式注重培养学生在不同领域或专业中的技能和知识，学生不仅要具备专业领域的核心知识和技能，还要拥有相关领域的基础知识和技能，以便更好地适应多样化的工作需求。复合型人才培养模式强调培养学生的综合能力，如解决问题的能力、创新思维能力、沟通协作能力、领导才能等。注重学生的实践和应用能力的培养。学生需要通过实际项目和实际场景的学习和实践，将所学的知识和技能应用到实际工作中，有助于学生将理论知识转化为实际能力，并提升解决实际问题的能力。由于社会和行业的快速变化，学生需要不断学习新的知识和技能，跟上行业的发展趋势，需要学生具备自主学习和自我发展的能力，能够主动寻求学习机会和提升自己的能力。

表5-1　复合型人才培养模式的特点及描述

特点	描述
多元化的技能和知识	培养学生在不同领域或专业中的技能和知识，使其具备广泛的知识面和技能背景
综合能力的培养	培养学生的综合能力，如解决问题的能力、创新思维能力、沟通协作能力和领导才能，以应对复杂的问题和挑战
实践和应用导向	通过实际项目和场景的学习和实践，将所学的知识和技能应用到实际工作中，培养学生的实践能力和解决实际问题的能力
持续学习和自主发展	鼓励学生进行持续学习和自主发展，跟上行业的发展趋势，具备自主学习和自我提升的能力

网络媒体播音主持人应具备良好的语音表达能力和录音技术，以适应网络直播和在线节目录制的要求，对此，需要掌握专业的录音设备操作和音频编辑技巧，以确保声音质量的高标准，还需要了解网络直播平台的使用方法，掌握直播技巧和互动交流技巧，以便与观众进行有效的互动和沟通。另外，培养复合型人才还需要注重内容创作和才艺表达的培养。网络媒体播音主持人应具备敏锐的观察力和深入的文化素养，以便准确把握和分析社会热点话题和受众需求，需要拥有良好的写作能力和创作能力，能够撰写优秀的节目稿件和相关内容，使节目具有吸引力和独特性，他们还应具备才艺表达能力，如演讲技巧、舞台表演、歌唱等，以提升节目的娱乐性和互动性。此外，网络媒体播音主持人应了解行业的发展动态、技术趋势和观众需求，具备深入的行业洞察力，需要学习传媒学科的基础理论知识，了解媒体伦理规范和法律法规，以保证节目的合法性和道德性，还应不断学习和更新相关知识，如新闻报道技巧、社交媒体运营等，以适应不断变化的媒体环境。

三、兴趣与职业性向为导向的人才培养模式

兴趣与职业性向为导向的人才培养模式是一种以学生个体兴趣和职业发展为核心的教育方法，在这种培养模式下，教育者与学生密切合作，通过了解学生的兴趣爱好和职业志向，根据其个体差异制定个性化的教学计划和学习任务。在兴趣与职业性向为导向的人才培养模式中，教师扮演着关键的角色。教师需要与学生进行沟通交流，了解他们的兴趣爱好和职业发展的期望。通过深入了解学生的兴趣和职业性向，教师能够为他们提供个性化的学习支持和指导。教师可以帮助学生明确自己的职业目标，制定学习计划，并提供相关的学习资源和实践机会。兴趣是人才培养的重要基础，因为只有对播音主持事业有浓厚兴趣的人才能够真正投入其中，并持续保持学习和进步的动力。培养模式应鼓励学生在培养过程中发现和发展自己的兴趣，通过广泛的实践和体验，让他们

深入了解播音主持行业的各个领域和特点。职业性向是人才培养的另一个重要方面，因为播音主持是一项专业性很强的工作，需要具备相应的技能和素质。培养模式应该帮助学生明确自己的职业性向，包括对不同类型节目的喜好、擅长的领域和自身特点的认知。通过系统的课程设置和实践机会，学生可以进一步发展和完善自己的职业性向。在培养模式中，应注重理论知识和实践技能的有机结合。理论知识为学生提供播音主持行业的基本概念、原则和技巧，而实践技能的训练则通过模拟演练、实地实习和项目实践等形式进行。这样的有机结合可以使学生在实践中不断巩固和提升自己的技能，并将理论知识应用到实际工作中。另外，培养模式还应注重学生的个性化发展。每个人都有自己独特的风格和魅力，培养模式应该鼓励学生发掘和展示自己的个性特点，在培养过程中注重个性化的指导和培养。通过提供多样化的学习和实践机会，学生可以逐渐发展与自己个性和职业性向相符合的播音主持风格。此外，培养模式应该与行业实践和导师指导相结合。学生可以通过参与实际节目制作、与行业专业人士交流和互动，了解行业的最新发展动态。同时，指导教师的专业指导和反馈也是培养模式中不可或缺的一部分，通过导师的指导，学生可以更好地发现自身的优势和不足，并不断加以改进和提升。

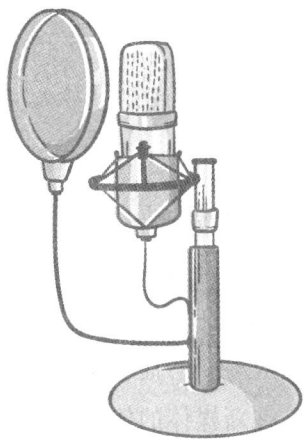

第六章　媒体融合背景下播音主持艺术创新发展之风格创新

第一节　媒体融合背景下新闻播音主持风格创新

一、媒体融合背景下新闻播音主持风格创新的要求

（一）了解不同信息传播平台的要求

当今这个瞬息万变的时代，新的媒体平台正在不断地涌现和发展，包括社交媒体、流媒体、博客、播客等。这些媒体以其独特的方式将信息传达给全球的听众。同时，传统媒体如电视和广播，仍然在某些方面保持着重要的地位。这种复杂的媒体环境对新闻播音主持人提出了新的挑战，不仅需要理解和掌握不同的媒体形式，而且需要将之灵活应用到自己的工作中。例如，他们可能需要在电视节目中使用一种方式进行播报，而在社交媒体平台上又使用另一种方式进行互动和传播，需要具备丰富的知识和技能，能够准确地把握各种媒体平台的特征。在电视或者广播中，播音主持人的声音、语速、语调和表达方式都对观众的接收效果有着重要的影响。而在社交媒体或者流媒体平台上，播音主持人可能

还需要考虑更多的因素，如视频的拍摄角度、背景音乐、特效等，需要播音主持人能够适应多变的播音主持风格，以满足各种媒体平台的特定要求。在融媒体时代，播音主持人面临的挑战更为复杂。他们不仅需要适应多变的播音主持风格，而且需要满足多样化的要求。这包括了解和掌握新媒体的使用技巧，熟悉不同媒体平台的运作规则，以及学习如何与听众进行有效的互动等。

（二）以用户思维分析利用融媒体

在融媒体时代的洪流中，信息传播方式的改变已成为不可忽视的现实。互联网用户的数量急剧增长，他们已不再是被动接收信息的角色，而是参与者和创造者。播音主持人的风格和内容常常直接影响新闻节目的受众范围和收视率。只有适应和了解观众，播音主持人的节目才能产生更大的影响力。与此同时，受众的声音和反馈意见是不可忽视的资产，因为他们是信息的接收者，他们的需求是影响节目制作和播音主持人风格的重要因素。与传统媒体不同，融媒体用户有更广泛的信息获取方式和习惯。他们的信息需求更多样化，他们的信息接收方式更灵活，要求播音主持人具有更开放的思维，能够理解和接纳互联网用户的多元化习惯。播音主持人需要了解和掌握自媒体平台的特性，因为这是他们与观众进行互动，收集反馈，进一步改进和优化节目内容的重要渠道。对于新闻节目的制作来说，传统方式已无法满足互联网用户的需求。主持人不再是单纯的信息传递者，他们也需要参与到节目制作中，以自己的主持风格和方式影响节目的内容和形式。而且他们还需要利用融媒体平台进行宣传和引流，提升节目的知名度和影响力。在这样的背景下，播音主持人的主持风格创新显得尤为重要，需要摒弃传统的方式，以更贴近互联网用户的方式，以他们的语言、他们的习惯来讲述新闻、分享信息。这种创新不仅能够吸引更多的互联网用户，提高节目的收视率，还能够通过自媒体平台的互动，让更多的用户参与节目的制作和改进，进一步提升节目的质量和影响力。

（三）以新媒体视角打造多元化主持风格

在新媒体的视角下，信息传播的局面正在发生深刻的变化。原本单一、规范、约束严格的主持风格已不能满足现代受众的需求；相反，多元化、富有创意的主持风格正在受到越来越多观众的喜爱。特别是短视频行业的快速崛起，为这种变革提供了无与伦比的助力。在这些平台上，主持人可以自由发挥，打破既有规范，全方位展示自身的主持风格。自媒体以其自由性和极大的展示空间，吸引着越来越多的人投入其中。主持人在这样的环境中，可以充分发挥自己的主观能动性，根据自己的创作风格和专业水平，讲解和表演出自己想要传达的信息。就像短视频平台上的短视频主播，虽然在专业水平上可能与新闻播音主持人存在一定的差距，但他们却以独特的主持风格赢得了观众的喜爱。在这个"百花齐放，百家争鸣"的新媒体时代，新闻播音主持人也需要迎合时代的审美需求，进行风格的创新。他们不仅可以从短视频主播那里得到灵感，同时也可以从自身的经验中寻找突破口。受众的需求是他们追求创新的重要动力，只有不断满足受众的需求，才能在新媒体时代站稳脚跟。尽管灵感和经验都是极其重要的，但播音主持人在探索创新的过程中，还需要以严谨规范的态度来保障其可行性，这并不意味着他们需要完全遵循旧有的规则，而是需要在追求个性化和自由化的同时，保持专业的素养和精神。

二、媒体融合背景下新闻播音主持的风格创新路径

（一）树立全新的新媒体行业理念

新媒体环境下的信息传播具有明显的互动性、自由性和即时性，这意味着主持人不仅是信息的传递者，更是信息的创造者和引导者。传统

的主持方式往往过于规范、僵化，很难引起受众的共鸣和参与感。而新媒体环境下的受众则要求更多的个性化和互动体验，他们希望主持人能够用独特的视角解读信息、引导讨论，创造出有价值的内容。因此，新媒体环境下的主持人必须学会主动吸纳新媒体的特性，调整自己的主持方式，让其更加接地气、更具互动性、更加有深度。在新媒体的世界里，没有固定的规则，没有永恒的定论，一切都在不断地变化和更新。如果主持人依然坚持传统的思维定式，那么很可能被这个时代淘汰。只有拥有开放的心态，敢于突破自我，接受新的挑战，主持人才能真正接纳新媒体带来的变化。打破思维定式，主持人需要尝试不同的主持方式，形成自己的创作风格。新媒体平台上，独特的主持风格可以吸引更多的关注，让主持人在众多的竞争者中脱颖而出。主持人需要根据新媒体环境的特点以及受众的喜好，调整自己的主持风格，使之更具吸引力和影响力。媒体融合理念的核心——"用户导向"，以其深刻的内涵，为主持人在新媒体时代指明了方向①。在新媒体平台上，用户是信息的接收者，同时也是内容的创造者和传播者。他们的喜好、兴趣和需求在很大程度上影响着信息的传播效果。因此，主持人需要更深入地了解受众，全面把握受众的特性和需求，进一步为受众提供他们真正想看、想听、想参与的内容。另外，主持人在掌握新媒体运营规则的同时，也需要不断进行内容创新。新媒体时代，信息爆炸、竞争激烈，只有具备创新精神，不断推出符合受众口味的新颖内容，主持人才能在激烈的竞争中脱颖而出。而这种内容创新，既包括形式上的创新，如利用新媒体的技术特性开发新的表达方式、新的互动模式，也包括内容上的创新，如结合社会热点、时事新闻，制作富有时代感和社会价值的节目。再者，用户导向还体现在主持人与受众的互动中。在新媒体平台，主持人不再是信息的单向传播者，而是需要与受众进行多向互动，积极倾听受众的声音，采纳他们

---

① 丁伟，刘晓鹏.用户导向：媒体融合路径——人民日报客户端的实践与思考[J].中国报业，2015（11）：28-30.

的意见和建议，共同参与节目的创作。这样不仅能让节目更贴近受众，还能提升受众的参与度和满意度。

在新媒体时代，主持人的角色已经不再局限于传统的"舞台中心"，而是转变为"信息的筛选者"和"观点的引导者"。信息更新速度极快是新媒体时代的显著特点，每天都有大量的信息产生，观众的注意力也随之分散。主持人需要在短时间内从这些信息中找到有价值的、符合观众口味的内容。这就需要主持人具备敏锐的洞察力，能够迅速洞察出哪些信息是观众所需要的、哪些信息具有社会影响力、哪些信息可以产生话题效应。新闻播音主持人不仅要掌握当前的热点，也要能洞察出未来可能的热点和趋势，提前进行布局，要求主持人时刻关注社会动态，对社会各类现象进行深入的分析和理解，这样才能在大量信息中找出具有潜力的热点，提前做好准备。在海量的信息中，如何筛选出对自己有用的信息，如何将这些信息进行有效的整合和传播，是每个主持人必须面对的挑战，主持人应具备独立思考的能力，能够从不同的角度和层面对信息进行理解和解读，从而产生新的价值和意义。

（二）提升自身的播音主持技能

1. 信息筛选与处理能力

在媒体融合的背景下，新闻主持人需要具备强大的信息筛选与处理能力，以满足新媒体平台的信息传播特点和受众的需求。在网络世界，新闻和信息的产生与传播速度极快，这就要求主持人具备敏锐的信息感知力和辨别力，迅速准确地找到对广播节目有价值的信息，做出合适的筛选，以确保传播的信息准确、有用。新闻主持人需要将众多零散的信息有机结合在一起，形成完整且逻辑清晰的新闻报告。在整合信息的过程中，主持人需要对新闻事件的背景、影响、相关人物等进行深入研究和了解，以便以恰当的方式对新闻进行解读。面对各种新兴的媒体形式，如短视频、直播、播客等，主持人需要能够灵活运用这些媒体形式，创造出新颖、有吸引力的信息传播方式，以适应不同受众的需求。

2. 全面的技术能力

在融媒体环境下，全面的技术技能成为新闻主持人必备的专业素质之一。这种技术技能既包括传统的播音主持技术，又包括新媒体环境下的新技术运用。首先，新闻主持人需要掌握短视频制作的技术。随着短视频行业的兴起，越来越多的新闻播音主持人需要亲自参与短视频的拍摄和剪辑工作，通过短视频的形式向观众传递信息。这就要求他们不仅要有优秀的语言表达能力，还要掌握视频拍摄、剪辑的基本技能。其次，新闻主持人需要具备音频处理的技术能力。无论是传统的广播主持，还是现在流行的播客主持，良好的音频效果都是基础。主持人需要能够熟练使用音频处理软件，以实现最佳的音频效果。再次，新闻主持人需要掌握网络直播的技术。在新媒体环境下，网络直播已经成为一种重要的信息传播方式。主持人需要熟悉直播软件的操作，能够灵活地处理直播过程中可能出现的各种问题。最后，新闻主持人还需要有数据分析的技能。在大数据时代，数据分析成为新闻工作中不可或缺的一环。主持人需要通过数据分析了解观众的需求和喜好，进而提供更贴近观众需求的内容。

3. 强大的新闻采访能力

新闻主持人需要具备独立开展采访的能力，能准确地提出问题，通过与新闻源的直接交流，获取最全面、最直接的一手资料，另外，也包括对采访环境的观察和把握，通过对环境的敏锐洞察，发现并把握住可能被忽视的信息。新闻主持人需要对采集到的资料进行深入的整理和分析，确定新闻的核心内容，提炼出关键信息。在这个过程中，新闻主持人需要将自己的见解和理解融入其中，形成具有深度和独特视角的新闻内容。新闻主持人需要深入了解新闻事件的背景、过程和可能的影响，这样才能更好地解读新闻，提供全面、立体的报道，满足受众对深度报道的需求。在进行新闻采访时，新闻主持人需要遵守新闻伦理、尊重采访对象，保护他们的隐私权和人权，确保新闻报道的公正、客观和真实。

4.高超的新闻解读能力

在众多信息源、信息类型和传播渠道中，受众更多需要的是对新闻事件进行深入、全面的理解和解读，而不仅仅是新闻事实的获取。主持人作为信息的传递者，更是受众对新闻理解的引导者，因此他们需要具备高超的新闻解读能力。在实际工作中，新闻解读能力首先体现在对新闻事件背景的理解上①。新闻事件往往与一系列的历史事件、社会背景、政策环境等因素密切相关，而这些因素对于理解新闻事件有着决定性的影响。因此，主持人需要具备丰富的知识储备，以便能够将新闻事件置于更广阔的背景中进行解读。其次，新闻解读能力还体现在对新闻事件影响的预判上。新闻事件往往会产生一系列的社会影响，而对这些影响的预判能力，不仅能够帮助受众理解新闻事件可能带来的后果，也是衡量主持人专业素养的重要标准之一。因此，主持人需要具备敏锐的社会洞察力和深度的思考能力，以便能够对新闻事件可能产生的影响进行预判。最后，新闻解读能力还体现在对新闻事件的立场和价值观的阐释上。在新媒体环境下，公众对新闻的期待已经从单纯的事实获取转变为对事实的评价和判断。因此，主持人需要具备独立的思考能力和明确的价值取向，以便能够对新闻事件进行立场鲜明、有深度的解读。

（三）注重受众群体的个性需求，改变话语方式

在传统的新闻播音中，主持人往往以严肃、正式、权威的语言表达新闻内容，确保新闻的真实性和客观性。然而，在新媒体环境下，受众的需求已经发生了很大变化。他们期望获得的不再仅仅是新闻信息，更多的是一种娱乐体验和一种情感的共鸣。因此，主持人的话语方式也需要进行创新，以满足受众新的需求。这种创新可以表现为主持人在保持新闻的真实性和客观性的同时，运用轻松、幽默、有趣的语言来增加节

---

① 刘春阳.能源新闻媒体要在体现见识中竞争第一解释力[J].新闻采编,2010(1):2.

目的观赏性。例如，主持人可以在讲述新闻事件的同时，加入一些自己的见解和感想，使节目更具有人情味，更能引起受众的共鸣。或者主持人可以利用一些网络流行语成潮流短语来吸引年轻人群，使自己的主持风格更接近受众、更具有亲和力。此外，主持人还需要注重和受众的交流互动，倾听他们的声音，了解他们的需求，以此来调整自己的主持风格和表达方式。例如，主持人可以通过社交媒体收集受众的反馈，了解他们对节目的喜好、对主持人风格的评价，然后根据这些反馈进行相应的调整。

（四）有效利用融媒体与新信息技术

新媒体时代对主持人的挑战越来越大，不仅要求主持人具有出色的播音技巧和丰富的知识储备，而且需要他们熟悉并掌握新的媒体技术。如今，流媒体直播技术、虚拟现实技术、AI 语音识别技术等新媒体技术在新闻播音主持中得到了广泛应用。流媒体直播技术使得新闻主播可以实时进行播报，观众可以在线直播平台上看到新闻的实时动态，无论在哪里，只要有网络，就可以关注到全球的新闻动态。在使用流媒体直播技术时，主持人需要注意掌握直播节奏，与观众进行互动，同时处理好直播中可能出现的各种突发情况。虚拟现实技术则可以让观众更直观、更切身地了解新闻事件。例如，主持人可以利用虚拟现实技术将观众带入现场，全方位、多角度地展示新闻事件，主持人在运用虚拟现实技术时，需要注意自我定位和视角转换，使观众得到更真实的新闻体验。而 AI 语音识别技术则可以帮助主持人提高工作效率，减轻工作负担。例如，AI 语音识别技术可以帮助主持人实现实时的语音转写，方便他们在播音后对节目内容进行整理和复盘，在使用 AI 语音识别技术时，主持人需要注意熟悉并掌握相关操作，确保语音识别的准确性。

短视频平台是一个不可忽视的新媒体形式，已经成为大众获取信息、娱乐和学习的主要方式。主持人需要学会如何在短视频中展现自己的风格，合理使用各种短视频编辑工具，制作出既有专业性又充满吸引力的内容。这不仅可以拓宽观众群体，还有助于主持人自身的品牌打造。社交媒体，是主持人与观众进行交流和互动的重要渠道。主持人不仅可以通过社交媒体发布自己的想法和观点，还可以通过回复评论、参与话题讨论等方式，收集观众的反馈，更好地了解观众的需求和期待，进一步改进自己的主持风格和内容。直播平台的兴起，为主持人提供了全新的展示平台和展示形式。在直播过程中，主持人可以实时与观众进行互动，提供独特的现场体验。同时，直播平台也为主持人提供了更大的创作自由空间，可以在节目中加入各种互动环节，使节目更加生动有趣。然而，利用新媒体平台时，主持人也应注意保持自己的专业素养，避免过度迎合网络趋势而失去自我风格。新媒体平台的应用并非简单的炫技或追潮，而是为了更好地传递信息，满足观众需求以及提升自身的专业水平。

新信息技术提供了丰富的表达方式和传播渠道，而传统媒体则积累了丰富的内容资源和专业经验。二者的融合不仅可以实现信息传播效率的提升，还可以开创新的新闻传播模式，进而对主持人的主持风格产生深远影响。融合新信息技术与传统媒体，主持人可以从以下几个方面进行尝试和探索。在内容上，主持人需要充分利用新信息技术的表达能力和传播渠道，对传统媒体的专业内容进行重新包装和传播。例如，可以通过短视频平台将新闻节目进行二次创作，以满足年轻观众的观看习惯；也可以通过社交媒体进行实时互动，提高观众的参与度。在形式上，主持人需要打破传统的播音主持模式，尝试利用新信息技术进行创新。例如，可以通过虚拟现实技术进行直播，使观众能够切身感受新闻事件；也可以通过 AI 技术进行自动播报，满足观众的个性化需求。在技能上，主持人需要掌握新信息技术，提升自身的专业能力。例如，需要学习和掌握新媒体编辑、数据分析、直播技术等新技能，以适应新媒体环境。在理念上，主持人需要树立新媒体思维，积极接受新信息技术与传统媒体的融合。例如，应该认识到新信息技术不仅不会对传统媒体产生威胁，还是可以互补的工具，既可以提升传统媒体的传播效果，也可以帮助主持人形成个性化和创新的主持风格。

（五）充分利用传统新闻媒体的权威性

在融媒体时代，信息的真实性和可靠性成为一个关键问题。由于互联网和社交媒体的普及，大量的信息在传播过程中可能被篡改、虚假报道或传播，信息的混乱和不确定性给公众带来了极大的困扰，因此，传统新闻媒体的权威性显得尤为重要。传统新闻媒体以其严谨的采编流程、专业的记者团队和广泛的信息来源，具备较高的可信度和权威性。在这一点上，新闻播音主持应当充分利用传统新闻媒体的权威性，承担起正确引导舆论导向、传递真实信息的责任。新闻播音主持通过与传统新闻机构进行信息交流和合作，可以获取及时、准确、全面的新闻素材，在节目中引用和分享传统媒体的报道和分析，能够增加节目的可信度和权威性，为观众提供真实可靠的信息来源。主持人应当在播音过程中对新闻内容进行核实，确保所传递的信息准确无误。此外，主持人还应该具备较高的新闻素养和判断力，能够筛选出有价值的信息并准确地传递给观众，通过严谨的编辑和筛选，主持人能够充分展示传统媒体的权威性和可信度。新闻播音主持还可以充分利用传统新闻媒体的资源和专业性，为观众提供详细的背景信息和深度分析，邀请传统媒体的专家学者进行访谈，从权威的角度解读和分析新闻事件，承担起改进社会新闻传播方式的责任，为观众提供更加客观、准确、全面的信息。

（六）根据节目定位重建主持风格

在传统媒体中，广播主持人肩负引导舆论的职责。他们是公众获取信息的主要渠道，承担着重要的使命和责任。为了保持舆论导向的准确性，广播主持人需要提供有效的引导。他们应该在处理突发情况的新闻稿件或实时新闻内容时，提前查询原始新闻并结合更新消息，以确保新闻播出的完美程度。广播主持人在节目制作过程中需要保持高度集中，掌握恰当的节奏，塑造个人新闻播报的新风格。他们的主持风格是非常关键的，可以吸引公众并增强新闻的影响力。通过独特的语言运用和情感控制加强新闻广播的感染力，传递的不仅仅是信息，还有思想和情感。在面对突发情况时，广播主持人的使命感和责任感起着至关重要的作用。他们需要敏锐地捕捉信息，准确地传递给公众，并有效引导舆论，影响公众的思考和判断，因此准确性和客观性是他们应该坚守的原则。为了实现准确的引导，广播主持人需要在节目制作过程中注重节奏的把握。他们应该保持高度集中，避免信息传递中的失误。通过合理的语速和语调，有效地吸引公众的注意力，并将信息传递给他们。广播主持人还需要注意情感的控制。他们的语言运用和表达方式应该与新闻内容相匹配，以传递出恰当的情感色彩。这样可以增强新闻的传染力，使公众更容易与新闻内容产生共鸣。根据新闻节目的风格和定位，准确找到自己独特的主持风格。他们的风格应该与节目内容相契合，以吸引公众并增强新闻的影响力。通过创新和个性化的主持风格，与公众建立更紧密的联系，使他们更加倾向于接收和信任主持人所传递的信息。

第二节　媒体融合背景下广播电视播音主持风格创新

一、媒体融合背景下广播电视播音主持风格演变

（一）单向输出演变成互动输出

在媒体融合的时代，广播电视播音主持的角色经历了重大的改变，从过去的单向输出转变为更加注重互动的方式，不再是简单地传递信息，广播电视主持人现在更加积极地参与与观众之间的互动。在过去，广播

电视主持人主要通过广播和电视这些传统媒体向观众传递信息。然而，随着新媒体的兴起和媒体融合的发展，观众的参与度和互动性需求也越来越高。广播电视主持人需要主动利用社交媒体平台，与观众进行互动，回应他们的问题和评论，分享自己的见解和观点，通过与观众互动，主持人能够更好地了解观众的需求和反馈，为他们提供更有针对性的内容。社交媒体和直播互动的出现为广播电视主持人提供了更多与观众直接沟通的机会。通过发布短视频、直播节目或参与在线问答等形式，主持人可以与观众进行实时互动，回答他们的问题，分享自己的经验和见解，不仅让观众享受到更加个性化和贴心的服务，也能够增强观众对主持人的认同感和忠诚度。

（二）单一风格演变为复合风格

过去的广播电视播音主持人往往采用单一的风格，以迎合广播电视的特点和需求。他们的表达方式和形象呈现比较统一，缺乏个人特色和独特性。然而，在媒体融合时代，观众对于播音主持人的期待和喜好变得更加多元化。观众希望看到更加个性化、具有独特风格的主持人，以满足他们的不同需求和兴趣，广播电视播音主持人逐渐转变为个人特色明显的播音风格。为了满足观众对多种主持风格的需求，播音主持人需要具备一专多能的职业素养。他们需要不断提升自己的专业技能和知识水平，掌握多样化的主持风格。他们可能需要在不同类型的节目中担任主持人，如新闻、娱乐、访谈等，因此需要灵活运用不同的语言风格、表达方式和形象塑造。通过多样化的主持风格，他们能够更好地满足观众的期待，并与不同受众建立更紧密的连接。为了适应全媒体环境，播音主持人在实现复合型主持人转变的过程中需要有意识地提高自身应变能力和创新能力。随着媒体融合的发展，广播电视主持人不再局限于传统的广播和电视平台，他们需要在多个媒体平台上进行表达和互动。这要求他们具备跨平台的能力，善于利用新媒体工具和技术，积极参与社交媒体的互动和内容创作，不断创新和适应变化，更好地应对全媒体环境中的挑战，并展现出更加多样化和富有创造力的主持风格。

（三）从众模式演变为个人品牌

在全媒体环境中，播音主持人的主持风格发生了明显的变化，从以从众模式为主逐渐演变为建立个人品牌。过去，同类型的节目主持人往往展现出相似的播音主持风格，体现了较强的从众性质。然而，随着受众喜好的转变，观众更加偏爱个人风格明显的心灵观点的播音主持人。因此，当前大多数播音主持人开始注重打造个人品牌，努力转变自身的主持风格，希望能够进一步创新节目话题立意。在全媒体环境的影响下，播音主持人面临着挑战和机遇。一方面，挑战在于如何在众多同行中脱颖而出，吸引观众的关注和喜爱。由于观众需求的多样化和碎片化，播音主持人需要不断思考如何提供独特性和个性化的内容，以吸引观众的眼球。另一方面，机遇在于全媒体环境为播音主持人提供了更广阔的舞台和传播渠道。通过社交媒体平台、网络直播等方式，播音主持人可以与观众进行更紧密的互动，传递更真实和更深入的主持风格。在个人品牌建设方面，播音主持人需要注重塑造独特的形象和风格。他们应该通过对自身的深入思考和不断的自我反思，准确把握自己的心灵观点，并将其融入主持风格。通过展现个人品牌特色，播音主持人可以吸引更多忠实的粉丝群体，树立起自己在媒体行业中的影响力和地位。同时，播音主持人也应该密切关注受众的喜好和需求。观众的口味和关注点在不断变化，因此播音主持人需要及时调整自己的主持风格，以迎合观众的期待。在了解受众喜好的基础上，播音主持人可以有针对性地选择适合的话题和内容，以提供观众感兴趣的节目。

二、媒体融合背景下广播电视播音主持风格创新策略

（一）寻找与时代特征相契合的播音主持风格

在全媒体时代背景下，创新广播电视播音主持风格需要考虑新的要求，并实施语体创新。语体创新策略可以归结为以下几点：第一，播音主持人必须保持认真负责的态度，学习并掌握专业化知识。他们需要全面了解全媒体环境对语言播报的新要求，这是建立播音主持语体创新基础的关键。例如，吐字归音基本练习是播音主持人专业能力的基础，要求播音主持人严格约束自己，在每两分钟内以 1000 字的速度进行快速阅读练习。在练习过程中，他们需要注意呼吸均匀、科学调整换气速度和合理的语句停顿等要求，以深度磨炼基本功。第二，在语体创新实践阶段，播音主持人需要思考所主持节目的内容和类型，并详细整理常见词汇、修辞和语句，以建立稳定的语体创新环境。在这个过程中，播音主持人还可以适当加入肢体语言、表情语言等副语言，以发挥语体创新的价值。第三，在语体创新过程中，需要特别突出播音主持人的个体特征。播音主持人的个性特征综合了个人气质、审美倾向、思想情感和语言风格，推动语体创新工作时需要重视这些要素，以实现语体与主持人个性特征的高度统一。第四，创新播音主持语言风格还需要协调播音主持人的播音用语与网络语言之间的关系。例如，在播报新闻类节目时，要求播音主持人突出字正腔圆、庄重严谨的特点。然而，在全媒体时代，网络用语的应用范围逐渐扩大。因此，创新播音主持语言风格需要有效协调播音腔和网络语言，以体现主持人个性特色。

（二）利用媒体融合塑造品牌形象

在全媒体发展的时代背景下，利用媒体融合技术塑造播音主持人的品牌形象对于创新播音主持风格至关重要。在这个背景下，笔者认为，为了

实现播音主持风格的创新，需要合理、科学地应用媒体融合技术，以确保播音主持人的形象具有鲜明特色。具体而言，可以从以下三个方面着手：

在媒体融合技术不断发展的背景下，传统广播电视媒体需要结合以往的节目播报形式，采用多种媒体技术，共同创设新媒体平台，使广播电视节目播报能够以立体化、全方位的方式进行。传统广播电视媒体通过传统的电波传输方式，将声音和图像传递给受众。然而，在全媒体环境中，受众对于信息的获取和互动有了更多的选择和需求。媒体融合技术的发展为广播电视媒体提供了更多的可能性。传统媒体可以结合互联网、移动通信等新兴媒体技术，建立新媒体平台，通过网站、手机应用、社交媒体等渠道，将节目内容传递给受众。通过新媒体平台，广播电视节目播报主持人可以实现与受众的直接互动。受众可以通过评论、点赞、分享等方式参与节目，与主持人进行互动和交流。这种互动形式不仅增加了受众的参与感，也为主持人提供了更多的反馈和意见。同时，主持人也可以利用新媒体平台发布额外的内容，如幕后花絮、专访等，使受众更加全面地了解播音主持人的工作和生活。传统的广播电视节目往往以声音和图像为主要表现形式，而通过媒体融合技术，可以加入更多的元素，如文字、图片、视频等。播音主持人可以利用这些元素来展示节目内容，以加大表达的力度和增强节目效果。例如，在播报新闻节目时，主持人可以通过屏幕上的文字滚动、图表展示等方式，更直观地呈现信息。这种立体化、多元化的内容形式可以提升节目的吸引力和可视化效果。

借助新媒体技术，广播电视台可以在新媒体平台上开设播音主持人活动窗口，以满足受众在新媒体平台上获取信息的需求。这一举措为播音主持人提供了更广阔的传播渠道，能够更好地与受众进行互动和交流。节目公众号是新媒体平台上的一个重要形式，可以集中展示播音主持人的节目内容、互动活动和相关资讯。通过这个窗口，受众可以方便地获取播音主持人的最新动态和节目信息。在公众号上，播音主持人可以发布文字、图片、视频等形式的内容，使受众能够全方位地了解他们的工作和风格。在新媒体平台上,播音主持人可以通过发布短视频、直播、专访等形式的内容来吸引受众的注意。这种多媒体的传播形式能够更加生动地展示播音主持人的表达能力和个人风格,使受众更加直观地感受到他们的专业素养和个人魅力。播音主持人可以通过精心策划的内容和形式,传达社会热点、公共意识形态和价值观念等主流信息。通过在新媒体平台上与受众互动,播音主持人能够引导受众关注社会时事、开阔视野,促进社会公共话题的讨论和思考。

在全媒体发展时代,播音主持人需要积极学习融媒体和全媒体等相关工作内容,跳出舒适区,主动参与学习与节目制作、播报技术相关的知识。融媒体和全媒体是指多种媒体形式的整合,包括文字、图片、音频、视频等多种形式的传播。播音主持人需要了解这些新媒体形式的特点和使用方法,以便更好地运用它们来传递信息和主持节目。他们可以通过学习相关的培训课程、参加研讨会和研究媒体行业的最新趋势来丰富自己的专业知识。

在全媒体环境中,播音主持人不仅需要具备传统的播音技巧和语言表达能力,还需要了解节目制作过程、技术设备的使用方法以及编辑和后期制作等方面的知识,他们可以主动参与节目制作团队的讨论和合作,了解节目的策划、编导和制作流程,从而更好地与团队合作,为节目的成功贡献自己的力量。播音主持人还需要勇于尝试、积极适应全媒体环境的改变。随着全媒体的发展,观众的需求也在不断变化,他们对于节目形式、内容和互动性有着更高的要求。播音主持人需要积极尝试新的节目形式和内容的创新,以满足观众的期待,积极适应全媒体环境带来的技术和平台变化,例如学习使用新的播音设备、掌握社交媒体和网络直播等技巧,以便更好地与观众互动和传递信息。

(三)及时解决风格创新问题

在全媒体发展的时代背景下,改进和创新播音主持风格对于提升广播电视节目的影响力和传播力至关重要。然而，在实际操作中，播音主持人在创新播音主持风格时常常遇到一些问题。这些问题主要体现在以下两个方面：一方面，在全媒体环境下，观众对节目信息的获取需求和分享需求变得更加多元化。广播电视节目需要呈现社交化和多元化的特征，以有效传播给受众。然而，目前绝大多数观众更倾向于接收"私人定制"形式的节目信息。这给播音主持人的风格创新增加了难度，因为观众对多样化需求的提出速度快于播音主持风格创新的速度。因此，播音主持人应积极确定自己的语言风格定位，并通过引入播音对比和他人评价等方式全面了解自己的播音特色。为了满足节目播报的实际需求，播音主持人还需分析节目的性质、类型和特色，并详细分析受众群体的年龄、喜好和文化层次等特征，以更高效地实现全媒体平台的优势和创新性。另一方面，在全媒体发展环境下，广播电视节目中出现了其他主体人物，如现场观众和现场节目嘉宾。这意味着独来独往的播音主持方式发生了变化。为了创新播音主持风格，播音主持人需要充分发挥多元化主体的参与价值，学会与其他主体有效协调和互动。例如，在广播电视节目开始前，播音主持人应提前到达现场，进行节目暖场工作，并与观众和嘉宾进行沟通和交流。

（四）提升播音主持人综合素养

在全媒体环境中，播音主持人需要不断创新播音主持风格，以推进广播电视播音主持活动并提升综合素养。对此，播音主持人应培养主动训练自身专业能力的意识与习惯，需要特别注重语言表达训练，包括吐字准确、语速合理和重音突出，通过不断练习和反复演绎，播音主持人可以提高自己的口才和语言表达能力。播音主持人在准备播报内容时应进行充分的梳理。他们需要对稿件进行划分，将其分成合理的段落，以确保对稿件的中心思想有全面的了解，帮助播音主持人更好地掌握内容，提高播报的流畅性和连贯性。播音主持人还应保证所传递信息的真实性

197

与可靠性，为了提升信息管理能力，可以通过学习相关知识、广泛阅读书籍、浏览报刊等方式来扩充自己的知识储备。只有掌握了可靠的信息，播音主持人才能更好地为观众提供准确的信息。播音主持人应积极学习新媒体技术，并善于运用这些技术进行信息的收集、整理和整合。新媒体技术的运用可以帮助播音主持人更高效地获取信息资源，并通过整合和呈现，提供更多元化、更丰富的播音内容。这不仅可以增加播音主持人的专业竞争力，还可以锻炼他们的逻辑思维能力。除了在播音主持领域进行专业的训练和学习，播音主持人还可以参与其他会议，并学习会议主持人以及其他参会人员的内容概括与提炼方法。这样的参与有助于他们形成积极的对比，吸收其他领域的经验和技巧，取长补短，提升自己的综合素养。

（五）强化与受众之间的关联性

在全媒体时代，播音主持人与受众之间的良好双向互动至关重要。首先，播音主持人应正确认识微博、微信以及公众号等媒体的应用价值，并通过请教专业人员来更好地掌握这些新媒体平台的操作方法和特征。其次，在与受众进行双向互动时，播音主持人需要发挥自身的专业优势，准确把握受众讨论的内容和细节，选择受众感兴趣且具有实际价值的话题内容。再次，播音主持人还应注重营造节目传播的良好氛围，构建互动环境，以提高双向互动的有效性。为了进一步彰显自身独特的主持风格，在广播电视节目中，播音主持人可以加强与受众的联系和交流。他们可以通过组织线下见面会或签售会等活动，加深受众对自己的认知，并提高自身的曝光度。此外，线下见面活动也可以展示播音主持人的感染力和亲和力。尽管线下活动存在许多不可控因素，但增加曝光度仍然是锻炼播音主持人应对突发问题能力、提升传播能力和播音效果的最佳路径。

第三节　媒体融合背景下娱乐类节目播音主持风格创新

一、适当增强语言的网络化风格

适当增强语言的网络化风格是指在娱乐类节目中，播音主持人应借鉴网络语言和网络流行文化，将其融入语言表达，以增强节目的时尚感、亲和力和吸引力。播音主持人可以积极关注网络流行语和热词的出现，并适当地将其引入节目。这些词汇通常能够引发观众的共鸣和回忆，增强节目的趣味性和互动性。例如，播音主持人可以使用一些流行网络短语、梗或网络热点话题，与观众进行互动，增强节目的话题性和关注度。播音主持人可以借鉴互联网上的表达方式，如表情符号、颜文字、网络短语等，将其融入语言表达中。通过巧妙地运用这些网络表达方式，可以增添语言的趣味性和幽默感，拉近与观众之间的距离。这种网络化的语言风格能够与年轻观众产生共鸣，并增强节目的互动性和娱乐性。播音主持人可以主动利用社交媒体平台与观众进行互动，并将社交媒体的元素融入语言表达。例如，在节目中引用来自社交媒体的用户评论、观众留言，与观众进行互动，增强节目的参与感和真实性。同时，播音主持人也可以鼓励观众通过社交媒体平台与节目互动，分享自己的观点和评论，进一步加强与观众之间的联系。播音主持人可以通过创造新的网络流行语和词汇来增强语言的网络化风格。这些新词汇可以与节目内容相关，并能够引发观众的关注和讨论。例如，一些独特的梗、口头禅或网络用语可以在节目中频繁出现，形成节目的独特语言风格，进一步提升观众的参与度和黏性。

二、语言风格要保持一定的艺术性

语言作为播音主持人与观众之间的沟通工具，不仅是传递信息的工具，还是一种表达情感、营造氛围和制造娱乐效果的手段。因此，保持一定的艺术性对于娱乐类节目的成功至关重要。声音是语言的载体，通过对声音的把握和运用，播音主持人能够更好地传递情感和引发观众的共鸣。他们可以在节目中灵活调整音调、音量和语速，通过声音的起伏变化来营造氛围和情感效果。例如，可以运用柔和的音调和缓慢的语速来表现温馨浪漫的情感，或者运用高亢的音调和快速的语速来表达兴奋和激动的情绪。语言的艺术性还体现在播音主持人对修辞手法和音效的运用上。修辞手法是一种语言艺术的技巧，巧妙地运用修辞手法，可以增加语言的表现力和感染力。例如，运用夸张、对比、排比等修辞手法来制造戏剧化的效果，让语言更具吸引力和趣味性。音效的运用也是语言艺术的一部分。通过合适的音效，如笑声、音乐、声音特效等，可以增加节目的趣味性和互动性，让观众更好地参与其中。语言的艺术性还要求播音主持人具备良好的口才和语言表达能力。他们需要通过丰富的词汇、准确的用词和流畅的语言组织能力，将节目内容生动地呈现给观众，还要注重语言的节奏感和韵律感，通过恰当的断句、停顿和语气变化，使语言更富有韵律和节奏感，提升听众的聆听体验。

要实现语言风格的艺术性创新，可以考虑以下路径：第一，运用修辞手法。播音主持人可以巧妙地运用各种修辞手法来丰富语言表达，如比喻、夸张、对偶、反问等。这些修辞手法能够增加语言的艺术性，让语言更富有韵律感和情感表达效果，从而吸引观众的注意力。第二，强调音调和节奏。音调和节奏是语言表达中重要的要素。播音主持人可以通过变换音调、调整语速和节奏，使语言更加生动有趣。适时的变调和节奏变化可以营造出紧张、激动或轻松愉悦的氛围，增强节目的艺术感。第三，创新语言运用。在语言表达中，播音主持人可以运用创新的词汇、短语和句式，以突破常规和传统的语言模式。包括引入新兴词汇、潮流用语，或者创造新的词语和词组，以体现时代的变化和创新。第四，注重情感传递。艺术性的语言表达需要注重情感的传递。播音主持人可以通过语音的变化、情感色彩的运用和语言的抑扬顿挫，将情感真实地传递给观众。情感的表达能够引起观众共鸣，让他们更加投入和感受到节目的艺术性。第五，创造个人特色。每位播音主持人都应该注重发掘和展现自己的个人特色。他们可以在语言表达中展现独特的个人风格、幽默感或个性特征，以区别于其他主持人，形成自己的艺术风格和品牌形象。

三、主持语言呈现出"归纳式"特征

在媒体融合背景下，娱乐类节目的播音主持风格创新中，主持语言呈现出"归纳式"特征是一种重要的创新路径。在娱乐类节目中，内容通常较为丰富多样，播音主持人需要对这些内容进行梳理和归纳，以确保观众能够清晰地理解和记忆节目的核心信息。在娱乐类节目中，每个节目都有一个独特的主题，播音主持人需要通过语言的选择和运用，将主题表达得更加精练和明确。通过对各种内容进行归纳和整合，主持人能够将节目的主题贯穿始终，使观众在短时间内明确节目的核心意义。幽默和诙谐的语言表达方式常常能够吸引观众的注意力，并增强他们的参与感。播音主持人通过运用搞笑的段子、热门的梗或具有共鸣的笑点，能够使语言更加有趣，引发观众的笑声和共鸣，进一步提升节目的娱乐性。目前，许多综艺节目采用了以嘉宾评述为主的形式，其中一些节目中嘉宾只需进行点评，而其他节目中嘉宾需要上场演讲。然而，无论是哪种形式，最后总结的环节通常都由主持人完成，这种主持方式逐渐形成了一种归纳式风格。随着融媒体的不断发展，主持人要逐步形成归纳式主持风格，既需要具备强大的归纳总结能力，也需要具备较强的逻辑思维能力。以《见字如面》这档节目为例，首先由特邀嘉宾朗读某一经典文章，然后由专业学者进行分析点评，最后由主持人进行归纳总结。主持人的总结包括嘉宾发言的主要内容以及当期节目的中心思想，以便观众更好地理解。此外，在节目中，主持人还会向现场嘉宾提问并解答观众的疑问。既增强了节目的互动性，也进一步提升了节目的文化内涵。特别是对于脱口秀节目而言，归纳式的主持更加不可或缺。主持人需要运用归纳总结的能力，将嘉宾的观点、笑点和段子进行整合，形成精彩的节目效果。这种风格的主持不仅能够给观众带来欢乐和思考，还能够提高节目的流畅性和连贯性。然而，要想在播音主持中逐步形成归纳式的风格，主持人需要不断提升归纳总结能力和逻辑思维能力。国家政策的支持和推广也是解决某些语言问题的根本途径。通过出台适当的政策，国家可以鼓励和支持播音主持人进行专业培训，提高其归纳总结和逻辑思维能力。同时，政策推广还可以促进媒体行业的发展，推动主持风格的不断创新和提升，为观众提供更加优质的节目体验。

第四节　媒体融合背景下网络直播类节目播音主持风格创新

一、增强互动性

在网络直播中，主持人可以通过增加与观众的交流来创新自己的主持风格。通过对观众的评论进行实时回应，可以让观众感受到主持人的关注，也可以让观众更加投入节目。主持人也可以引导观众提问或者发表意见，增加节目的热烈气氛。设计一些在线游戏，如答题游戏、抽奖游戏等，让观众和主持人一起参与，这不仅可以增加节目的趣味性，也可以增强观众的参与感。可以让观众对节目的一些内容进行投票，如节目的主题、嘉宾的选择等，既可以了解观众的需求和喜好，也可以让观众感受到自己是节目的一部分。主持人可以邀请观众参与到节目的制作中，如分享他们的故事、展示他们的才艺等，增加节目的多元性，也可以让观众感受到自己对节目的贡献。利用社交媒体平台，如微博、微信、抖音等，主持人可以在节目之外和观众进行互动，如发布节目的预告、分享节目的幕后故事、回应观众的评论等。

二、展现个性化

主持人首先需要找到自己的特色，它可能是自己的某一种特别的兴趣、特殊的知识技能，或者独特的人生经历等。通过这些特色，主持人可以打造自己的品牌形象，让观众记住自己。根据自己的特色来选择和塑造自己的语言风格，如幽默的、严肃的、亲民的、专业的等。语言风格是主持人与观众交流的主要方式，也是表现个性的重要途径。主持人应根据自己的特色和风格来选择和设计节目内容。例如，如果主持人的特色是幽默，那么他可以选择一些轻松、有趣的话题；如果主持人的特色是专业知识，那么他可以选择一些需要深度解读的话题。主持人还可以通过不同的表演方式来展现自己的个性，如有的主持人善于模仿，有的主持人善于讲故事，有的主持人善于表达情感。这些表演方式可以丰富节目的形式，也可以使主持人的个性更加鲜明。

三、运用新技术

（一）虚拟现实（VR）和增强现实（AR）

通过将虚拟现实和增强现实技术引入直播，主持人可以在各种虚拟环境中主持节目，观众也可以通过 VR 设备体验到沉浸式的观看体验。例如，主持人可以在模拟的火星环境中主持科普节目，或者在虚拟的音乐会现场主持音乐节目。此外，AR 技术可以在主持人和观众的现实环境中增加虚拟元素，如在直播中实时添加图表、动画等元素，以丰富节目内容和视觉效果。

（二）人工智能（AI）

AI 可以在多方面帮助主持人创新节目风格。例如，AI 可以用来分析观众的反馈和评论，帮助主持人了解观众的喜好，从而调整节目内容和主持风格。AI还可以用来模拟人的语音和图像，创造虚拟的主持人，或者用来生成音乐、动画等内容。

（三）5G 和 IoT

5G 的高速度和低延迟使得直播可以在更广泛的场景和条件下进行，如在户外、移动中等。另外，也可将物联网（IoT）设备如智能家居、可穿戴设备等引入直播，增加互动和娱乐性。例如，主持人可以在直播中远程控制观众家中的 IoT 设备，进行游戏或者表演。

（四）3D 打印和数字双生技术

这些技术可以用来创造真实的或者虚拟的道具、场景等，增加节目的视觉效果和观赏性。例如，主持人可以在直播中展示 3D 打印的物品，或者在数字双生的虚拟环境中进行表演。

四、整合跨媒体

（一）内容共享

内容共享是指从其他媒体源获取信息，然后将其转化为新的内容并分享给观众。网络直播节目可以从电视、电影、音乐、书籍等其他媒体中获取内容。例如，如果正在热映一部新电影，主持人可以把电影中的情节、角色、主题等内容带入直播节目，进行讨论或解读。为了共享内容，主持人可以邀请其他媒体的明星、专家、创作者等参加直播节目，让他们分享自己的经验、见解或故事。主持人可以通过二次创作的方式，将其他媒体的内容转化为自己的节目内容。例如，主持人可以根据一部热门小说的剧情，编写一个小游戏或故事，然后在直播节目中与观众进行互动。主持人可以建立一个社区，鼓励观众分享他们在其他媒体上看到或听到的有趣的内容，可以提升观众的参与度，同时也可以提供大量的内容资源。

（二）媒体合作

在当前的媒体环境下，媒体合作已经成为一种非常普遍且有效的策略。媒体合作能够实现资源共享，扩大影响力，提升内容质量，吸引更多的观众。在网络直播中，媒体合作可以有多种模式，例如与电视台、广播电台、社交媒体平台、在线媒体平台等进行合作。具体的合作形式可以是共同制作节目、节目内容交换、资源共享等。媒体合作可以实现资源的共享，这包括内容资源、技术资源、人力资源和观众资源等。例如，网络直播节目可以邀请电视台的专业主持人或者嘉宾，或者使用电视台的拍摄设备和技术。媒体合作可以帮助节目扩大影响力、提高知名度。例如，通过与大型电视台或社交媒体平台合作，网络直播节目可以被更多的观众所知晓和观看。媒体合作可以帮助节目吸引更多的观众。例如，通过与社交媒体平台合作，网络直播节目可以在社交媒体上进行推广，吸引社交媒体的用户来观看节目。

（三）数据分析

数据分析能够帮助主持人了解观众的需求和喜好，从而更好地定位节目内容和形式，提高节目的吸引力和影响力。通过分析用户在节目中的行为数据，如点击率、观看时长、互动次数等，可以了解用户对节目内容的接受程度和兴趣点，进而调整节目内容和形式以吸引和留住更多的用户。用户的评论、评分、留言等反馈信息是了解用户满意度和需求的重要渠道。对这些反馈信息进行分析，可以帮助主持人发现问题、优化节目，提高用户满意度。通过收集和分析用户的年龄、性别、地域、兴趣等信息，可以构建观众画像，了解观众的特征和需求，然后根据观众画像进行精准的内容推荐和定制。数据分析可以帮助主持人评估节目的效果，如观看率、分享率、点赞率等指标都可以反映节目的受欢迎程度和影响力，对这些数据进行分析，可以帮助主持人了解哪些节目内容和形式更受观众喜欢，进而调整节目策略。通过分析历史数据和行业趋势，主持人可以预测未来可能的发展趋势，如哪些类型的内容可能更受欢迎、哪些技术可能更具潜力等，然后根据预测结果提前做出准备和策略调整。

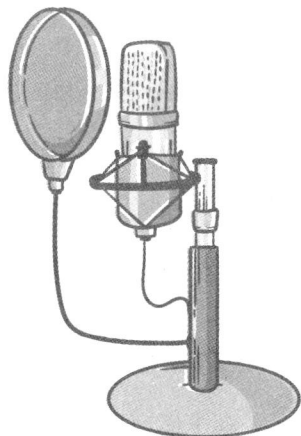

第七章　媒体融合背景下播音主持艺术创新发展之语言创作

第一节　媒体融合背景下播音主持语言创作原则与要求

一、创作原则

（一）规范性原则

在媒体融合的背景下，播音主持人的语言创作应严格遵循语言规范。具体来说，规范性原则包括以下几个方面的要求：一是词汇使用。播音主持人在表达时要使用规范的词语，避免使用俚语、口语化的表达或是有地域性的方言词汇，尽量选择被公众广泛接受和理解的标准词汇。二是语法结构。无论是口头还是书面表达，都应严格遵守语法规则，保证句子的结构准确、完整。避免使用语法错误的句子，否则可能引发听众的误解或不理解。三是语音语调。播音主持人的语音语调应该遵循标准的普通话发音和音调规则，尤其是在音节的轻重、音量的高低、语速的快慢等方面需要特别注意，这有助于增强节目的可听性。四是语言风格。在媒体融合背景下，不同的媒体和节目类型可能需要不同的语言风格，但无论如何，都应保持语言的规范性，避免使用过于随意或非主流的语言风格。

（二）真实性原则

对于播音主持人来说，真实性并不只是对事实的客观反映，还包含了对事件背后的深度理解。他们需要避免以主观情绪来曲解事实，要公正、理智、理性地去描绘和传达事实。每一个词，每一个句子，都应该是对真相的忠实呈现，而不是对真相的歪曲或者误导。真实性原则要求播音主持人要有责任心，不仅要对自己的职业负责，也要对听众和社会负责。因为在媒体融合的时代，信息传播的速度和广度前所未有，播音主持人的话语能直接影响千家万户。如果对事实的反映不真实，可能引起听众对事件的误解，甚至可能带来社会的恶劣影响。然而，真实性并不意味着机械地复述事实。播音主持人应该努力去探索事实背后的深层含义，去揭示事件的真实动因，挖掘出新闻事件的社会价值。他们应该用富有生活气息的语言，生动且真实地表达他们对事件的理解和感受，让听众能够更加深入地理解和感知事件的真实面貌。同时，真实性原则并不排斥创新和个性化的表达方式。在坚守真实性的前提下，播音主持人可以通过富有创意的语言方式，生动地呈现事件，引发听众的共鸣，从而让信息更加生动、真实。

（三）创造性原则

创造性原则鼓励播音主持人在语言创作中创新思考，通过独特的角度和个性化的表达方式，以新颖、有趣、引人入胜的方式传递信息，吸引并留住观众。从内容创新的角度来看，媒体融合让播音主持人有机会接触到更多元、更广泛的信息资源。利用这些资源，播音主持人可以创新语言内容、丰富表达方式，从不同角度、多维度去观察和解读事件，这样既可以满足不同观众群体的需要，又能够引领公众视角，提升节目的公众影响力。从形式创新的角度看，媒体融合给播音主持人提供了更多的展示空间。播音主持人可以尝试用诗歌、小说、散文等各种不同的表达形式来传递信息，也可以通过音效、音乐、插图等多媒体手段丰富语言表达，使节目形式更加多元化，内容更加丰富生动。播音主持人还可以运用网络流行语、网络表情符号等新兴语言元素，创新语言表达方式，与观众建立更为紧密的联系。这既能增强节目的互动性，也能使节目更贴近观众，提升观众的接受度和喜爱度。面对不断变化的媒体环境，播音主持人应敢于尝试新的事物，勇于突破传统束缚，积极寻找新的表达方式和表达手法，以适应媒体融合带来的新挑战，满足新媒体环境下观众的新需求。

（四）逻辑性原则

逻辑性原则要求播音主持人的话语连贯、思路清晰，使得他们的表述能够明确地传达给听众。播音主持人在谈论一个话题时，必须确保思维连贯、内容有逻辑性。如果一个主题由三个小点构成，播音主持人需要按照逻辑的顺序，逐一进行讨论，而不是随意跳跃。此外，播音主持人在解读和分析信息时，也应做到有理有据，避免主观臆断，只有这样听众才能正确理解播音主持人的意思，有效地把握话题的重点。即使在复杂的议题中，播音主持人也要做到思维清晰、观点明确，尽可能避免模糊不清和产生歧义。在处理争议性话题时，播音主持人需要保持立场明确，一贯性的观点有助于听众对问题的理解。语言是思想的载体，如果语言连贯，思想就能流畅地表达出来。播音主持人在表述时，要注意语句之间的逻辑关系，如因果、对比、并列等，合理使用各种关联词，使语句之间的逻辑关系清晰，帮助听众理解并跟随他们的思路。

（五）审美性原则

作为一种语言艺术，主持语言不仅需要准确传达信息，还需要创造一种美感，这可以吸引和保持听众的注意力，增加节目的吸引力，并满足听众的审美需求。从宏观结构上看，美的语言应有起承转合、节奏韵律，使听众能够在接收的信息中感受到一种节奏感和音乐感。一段流畅而有节奏的语言，会给听众带来愉悦的听觉享受，丰富他们的听觉体验。这就需要播音主持人在词句选择和句子结构上下功夫，寻求恰当的语言节奏，营造有节奏感的语言环境。从微观角度看，播音主持人的语言应通过生动的描述、恰当的修辞，增加语言的艺术感。例如，用一些形象生动的词语和句子来描述场景，以此唤起听众的视觉和听觉想象，进一步提高语言的表现力和感染力。也可以运用一些比喻、象征、拟人等修辞手法，让抽象的观点更具体形象，让复杂的问题更容易理解。审美性原则还强调语言的情感传递。一个好的播音主持人不仅能够用语言传递事实和信息，还能够通过语言表达出自己的情感和情绪，这种情感的传递能够让听众更好地理解信息，也能引起听众的共鸣。在这个过程中，既需要播音主持人的真挚情感，也需要他们用恰当的语言技巧去描绘和传达这些情感。

二、创作要求

（一）发挥传统语言优势，创新语言风格

广播电视主持人是节目传播的重要载体，他们的语言风格具有无可替代的魅力。在此基础上，他们应该发挥传统语言的优势，创新语言风格。语言，这个持久的文化象征，不仅代表一个民族最优秀的精神财富，也是其文化传承的重要手段。因此，主持人在创作时应深度挖掘其文化价值，将其与节目特性完美融合，以此形成自己独特的主持风格。这种主持风格不仅能充分反映节目的文化深度和时代气息，使观众在接收信息的同时，也能体验到优秀的文化传统。同时，这也为广播电视节目注入了新的生命力。不过，面对新媒体时代的挑战，必须意识到只有通过

不断的学习和成长，才能提高能力和素质。主持人在语言创作中应充分利用每一个词语、每一个句子，挖掘它们的哲理和文化内涵。他们应重视语言表达的个性化，提高语言的表达效果，使语言表达更为鲜明，更符合大众审美。换句话说，主持人需要具备丰富的文化知识、良好的综合素质，以及独特的语言创新能力，这样才能使自己的主持风格在众多节目中脱颖而出，同时也才能让节目的社会影响力和传播力得到更大的提升。

（二）创新节目形式，增强节目活力

在如今这个融媒体发展的时代，广播电台面临着极大的挑战和机遇。为了在竞争中保持优势，广播电台必须借鉴互联网的思维方式，结合自身的独特性质，创新节目形式，从而不断满足受众的个性化需求，增强节目的活力。广播电台应优化语言表达方式，尊重受众个性化的需求，创新节目形式，这是促进语言艺术多元化发展的一种方式。在节目制作过程中，需要根据目标受众的特点进行个性化的节目包装，充分发挥节目的交互性、即时性和数字化特性。为了在这个融媒体的时代中提高节目的活力，广播电台应该充分利用这些优势。可以从中央电视台的一些创新节目中找到灵感。例如，《典籍里的中国》和《国家宝藏》这两档节目，它们利用情景剧、戏剧和影视化的形式，通过古今记忆的串联，讲述历史中的闪亮故事，使优秀的传统文化焕发出新的生机。这些节目在给观众带来全新感受的同时，也充分展示了中华优秀传统文化的宝贵资源。它们的成功在于创新的节目形式和对受众需求的尊重，从而增强了节目的活力，提升了其在激烈的市场竞争中的地位。

（三）注重社交化创造，与受众的互动

在这个融媒体的时代，体现出一种新的发展趋势，那就是主持人与听众的交互日益加强，广播电视节目主持的传播方式正逐渐转型，呈现

出强烈的社交化特征。这一趋势不仅改变了主持创作的主体，也对传统的节目语言产生了深刻影响。随着社区和圈层文化的兴起，新的视听媒体符号系统也应运而生，进一步造就了社交化的主持创作人才。这种新的媒介环境对播音主持的传播实践提出了新的挑战，同时也对主持人提出了全新的能力要求。移动互联网媒体的特性对主持传播产生了影响，使得节目的构建趋于"模拟社交化的环境"。在这样的环境下，信息的传播不再仅依赖主持人的朗读或者叙述，而是在主体之间的互动中自然地进行。节目的语言更加自然和随意，如同日常生活中的社会交往场合。在这种趋势下，传统广播电视的"讲台"和"舞台"所带来的权威感正在逐渐被消解。因此，当播音主持人进行语言创作时，应将社交化的理念融入其中，充分整合和处理信息，不仅要关注信息的真实性、逻辑性和叙事性，还要考虑听众的心理需求，采用多元化的创作思维来指导创作。这样的创作方式将更符合当下融媒体环境的特性，也更能满足听众的需求。

（四）结合受众的年龄特点，开展针对性语言创作

在进行语言创作时，应认识到青年受众和成年受众的需求和偏好的巨大差异。例如，年轻人对情感和形象的关注往往超过了信息本身，他们对活泼的信息表达方式更为接受。然而，对于年纪较大且具有一定知识水平的受众，需要向他们提供专业的新闻报道，使他们能够充分感受到播音主持语言的魅力。因此，播音主持人在语言创作中的任务，一方面是确保提供的新闻信息内容完整、准确且丰富；另一方面，他们需要根据不同年龄受众的特点和需求，进行有针对性的语言创作。他们应避免片面化和口语化，而应努力实现语言表达的多元化和个性化。这样，无论受众的年龄多大，他们都能从中找到符合自己认知水平和信息需求的内容。

（五）运用信息技术，推动播音主持的创新性发展

信息技术的发展和应用正推动着传统广播电视媒体走向网络化，这给播音主持行业带来了前所未有的挑战与机遇。传统的广播电视传播方式正在经历巨大的变化，在融媒体的环境下，其社会影响力有所减弱，这要求播音主持人需要具备新的专业知识和技能以适应这一变化。因此，新时代的播音主持人应积极运用信息技术，推动播音主持工作的创新性发展。目前的广播电视传播正在以网络信息技术为核心进行深度变革，这也正在为受众带来丰富的浏览体验，提升他们的生活质量。因此，要实现广播电视的创新性发展，必须不断培养和提升播音主持人的专业素质，让他们能够在新的传播领域胜任工作，使节目更具竞争力和传播力，从而引领社会主流、服务人民群众。在我国，已经有许多电视台和广播电台开设了移动端直播栏目，这为传统媒体的节目主持人提供了一个新的交流和学习的平台。在这个平台上，他们可以通过相互传播、相互交流、互帮互助，来提升自己的专业素质和技能。在语言创新方面，应结合新媒体的传播形式和受众需求，创新新闻和语言的表达方式，以此提升自身的竞争力和影响力。在激烈的竞争环境中，只有持续创新，才能保持领先地位。

（六）结合主持人自身特点和实际情况，加强语言特色的塑造

主持人的语言风格和特色与观众的文化水平、生活经历等密切相关。这一风格不仅塑造了观众对节目的初步印象，还会深远影响主持人的职业发展。因此，主持人在策划和录制节目时，需要关注和考虑听众的反应，按照不同的人群特性，有针对性地调整和提升自己的语言表现形式。日常工作中，主持人需要尽可能和大众建立良好的关系，多站在听众的角度，创新和丰富自己的语言表达方式，以提升语言表达能力。通过这样的方式，让听众在享受节目的同时，也能感受到主持人在语言创作上

的努力。为了进一步强化主持人的语言特色，节目团队可以与主持人进行多元化的交流，例如，通过增加主持人和听众之间的互动，以及主持人与现场观众的互动，来加强这种交流。另外，主持人也应尽可能发挥自己擅长的语言风格，以便给听众带来新的体验。在新媒体平台上，主持人可以通过各种形式来强化自己的语言特色，以提高节目和主持人本身的影响力和传播力。这种强化不仅可以提高节目的吸引力，还可以提升主持人在观众心中的形象，从而推动主持人的职业发展。

第二节　媒体融合背景下播音主持语言创作内部技巧与外部技巧

一、内部技巧

（一）情景再现

情景再现是一种在心中以稿件为蓝本，构建人物、事件、情节、场景和情绪的动态画面的技术。这一过程源自深入的感受和理解，从而激发出特定的情感和态度。要实现这种情景再现，创作者首先需要设身处地去理解和体验稿件的内容，然后通过触景生情，进一步感受人物和场景的情绪，最后，根据自身的感受，表达出稿件的主题和情感。

接下来要对情景再现进行实际的训练。训练的关键是要深入理解稿件，产生真实的感受，需要在对稿件进行深度分析的基础上，产生与稿件主题和播出目的相一致的感受。

1.《晚霞的故事》

深红色的晚霞犹如一位艳丽的舞者，挥洒着色彩的魔法，在天际舞动。我独自站在小镇的最高点，面对这一片灿烂的色彩，心中荡起了阵阵涟漪。在我内心的舞台上，我想象着我是那位舞者，穿梭在绚丽多彩的晚霞中，舞动着生命的旋律。

　　周围一片宁静。只有微风低声吹过，和着树叶的窸窣声。我闭上眼睛，感受那微风如同琴弦般的触摸，仿佛大自然的旋律在我的心头激荡。我想象着我是那一片片橙红色的云朵，轻轻地飘浮在空中，伴随着风的旋律舞动。

　　我再次睁开眼睛，凝视那片晚霞。它渐渐由深红色变为暗金色，像一块块熔铜，把天边照亮。我想象自己是那柔软的金色光线，无声无息地洒在大地上，带来了宁静和安详。我感受到自己与大自然的联结，仿佛可以感知它的呼吸，我的心灵因此而变得宁静。

　　夜色渐渐降临，晚霞的颜色慢慢消褪，我依然站在那里，心中的情景再现仍在继续。那一刻，我感受到了生命的热情、世界的美好，以及自己与大自然的和谐共融。我仿佛成为那晚霞，那风，那光线，成为大自然的一部分。

　　2.《伦敦》

　　曙光乍现，伦敦这座千年古城开始苏醒。泰晤士河沉浸在清晨的雾气中，仿佛被一层薄薄的蓝色纱幕轻轻覆盖，宛如一幅浓墨重彩的画卷，恬静而美丽。

　　伦敦塔桥，那座历经风雨的金属巨人，如今依然傲然屹立，将伦敦的过去与现在连接在一起。当朝阳照耀在它的铁制桥身上，仿佛给一千年的故事镀上了一层金色的光华。走近些，你可以听到历史的呼吸，感受到时间的脉搏。

　　转过头，伦敦眼在阳光下闪闪发光，它像一个巨大的瞭望镜，瞥见这个城市的喧嚣与繁华。每个透明的观光舱都悬挂着满载期待的游客，他们想从这个城市的天际线寻找他们的故事。

　　走进市区，传统与现代在此交融。西敏寺的钟声在空中回荡，像诗一样的旋律被风带到每个角落，提醒人们这个城市的庄重和尊严。与此同时，现代建筑的玻璃外墙在阳光下反射出炫目的光芒，证明了伦敦无尽的活力和创新。

街头巷尾，古老的酒吧与现代的咖啡馆并肩而立。人们在这里畅谈笑语，生活的节奏在这里变得轻柔，好像时间在这里悠然地放慢了脚步。

夜幕降临，伦敦的夜晚如同繁星般璀璨。华灯初上，伦敦城如梦如幻，给人无尽的惊艳。

伦敦，这个充满魅力的城市，如同一本厚重的历史书，记录着过去，展示着现在，展望着未来。它以其独特的风貌，吸引着世界各地的人们前来领略其魅力，体验其生活。

3.《韵律乡愁：优美乡村的诗意之旅》

在这个美丽的乡村，一片宁静的田野展现在眼前。金色的麦浪轻轻摇曳，像是为整个村庄奏起了一曲美妙的《乡愁》。小溪悠然流淌，水面倒映着碧绿的山峦和蓝天白云，宛如一幅恬静而宁谧的画卷。

村庄的房屋错落有致，犹如小巧的玩偶屋般，白墙红瓦，散发着朴实而温馨的气息。屋前的小花园种满了各色花卉，绚丽多彩的花朵争相绽放，散发出阵阵芬芳的气息，吸引着彩蝶在花丛中翩翩起舞。

乡村的人们勤劳而善良，他们带着微笑从田间回家，背上的筐篮里装满了丰收的果实和蔬菜。阳光洒在他们的身上，映照出他们朴实的笑容，那是一种对生活的满足和感恩。孩子们在村头的空地上奔跑嬉戏，欢声笑语充满整个乡野，他们无拘无束地享受着大自然的馈赠。

在乡村的角落，一座古老的庙宇静静矗立。庙前的古槐枝繁叶茂，为行人遮挡炎炎的烈日。庙内的香烟袅袅升起，信徒们虔诚地跪拜着，祈求着平安和幸福。古老的庙宇透露出一种神秘而庄重的气息，让人感受到乡村深厚的文化底蕴和宗教信仰的力量。

远处的山坡上，一片茶园静静地依偎在山腰。绿茵茵的茶树在微风中轻轻摇曳，一片片嫩叶如翠绿的海洋，为人们带来清新的茶香。茶农们低头细心地采摘，手法娴熟，仿佛在为每一片嫩叶演奏一曲柔美的旋律。这里的茶叶是乡村的骄傲，是大地孕育的宝藏，也是人们品味乡愁的灵魂。

乡村的优美充满着自然的韵味和人文的温度。每一处细微的景致都散发着浓厚的诗意，让人们感受到宁静和安逸。在这里，时间仿佛凝固了，一切变得纯粹而真实。每个到访的人都会被这里的美丽所打动，也会在心中留下一段难忘的记忆。

这是一个让人向往的乡村，一个寄托了人们梦想和希望的地方。在这里，人们寻找到了内心的宁静，感受到了大自然的恩赐。乡村的美丽永远流淌在时间的长河中，它是生活中的一抹亮色，一份美好的回忆，让心灵得到净化，感受生命的温暖和力量。

（二）对象感

对象感，也被称为交流感。对象感是指播音员通过设想和感知，意识到受众的存在和反应，包括他们的心理状态、需求、愿望和情绪等，并通过这种感知来调动自己的思维和情感，使其处于积极运作的状态。播音员的交流方式主要包括与想象对象的交流、与对方实体互动，从而间接地与听众产生联系，以及直接与受众交流这三种形式。在训练中，播音员需要将自己置身于受众角度，设想和感受受众的存在和反应，进而了解他们的心理状态、需求、愿望和情绪。通过这种感知，播音员可以调动自己的思维和情感，更好地与受众进行交流和互动。

1.《天下母亲》

深夜，星光点缀着黑暗的天幕，我静静地坐在孩子的床边，轻轻地抚摸着他的额头。他的脸庞透露出一丝疲惫，脸颊上的泪痕还没有完全干涸。我心中涌起一股深深的母爱，仿佛一泓清泉润泽着我的灵魂。

"孩子啊，我知道你已经长大了，面临许多挑战和困惑。但是，无论你走到哪里，不管你遇到什么困难，我希望你记住我对你的爱是无条件的，永远不会改变。"孩子在梦中微微皱起眉头，好像能感受到我的话语。我轻声继续说道："在这个喧嚣的世界中，人们常常会给你很多定义和期望，但是，我希望你不要迷失自己。你的价值不在于别人对你的评价，而在于你内心的善良和真实。无论你选择什么样的道路，只要是你真正喜欢的，那就是对的。"

我又继续温柔地说道："孩子，人生不可能一帆风顺，你会遇到挫折和失败。但是，请你记住，失败并不代表你没有价值。它只是生命中的一次经历、一个机会，让你学习和成长。当你面对困难时，不要害怕，不要气馁。相信自己的能力，坚持下去，你一定能够战胜一切。"

我感受到孩子的心灵在我的温暖下渐渐平静，于是继续说道："孩子，人与人之间的关系是珍贵的，无论是家人、朋友还是爱人。请你用心去对待每一个与你相交的人，给予他们关爱和理解。珍惜他们的存在，因为在你需要帮助和支持的时候，他们会在你身边守护你。"

我轻轻地捧起孩子的手，感受到他的温度和脆弱。我继续说道："孩子，记住，生活中最重要的不是物质的积累，而是内心的富足。请你注重培养自己的品德和修养，善待他人，善待自己。学会感恩，感恩这个世界赋予你的每一份喜悦和挑战。只有心存感恩，你才能真正拥有幸福的生活。"

我的声音逐渐低下来，我知道孩子已经进入了梦乡。但我却还停留在这个时刻，凝视着他安详的面容，心中充满了对他的爱和关怀。

作为一位母亲，我知道自己无法替代孩子经历他人生的每一个瞬间。但是，我希望我的叮嘱能够在他的心灵中扎下根，成为他成长道路上的指南针。无论他将来走到哪里，无论他面对什么样的困境，我相信，我的爱和叮嘱将永远陪伴着他。

2.《教室》

太阳照耀着安静的教室，坐在讲台上的我，是一位年轻的老师，怀揣着满满的热情和希望。教室里坐着一群充满朝气的学生，他们是我教育的对象，也是我深爱的孩子们。

我相信教育的真谛不仅仅是传授知识，更是培养学生的品格和情操。于是，我用心呵护着每一个学生的成长，试图激发他们的对象感，让他们发现身边的美好与价值。

一天，我带着学生们来到校园花坛旁。我指着一朵盛开的花对学生们说："同学们，你们看，这朵花是多么美丽啊！它用鲜艳的颜色和芬芳的气息，吸引了我们的目光。花儿散发出的美丽和香气，是一种对象感的体现。我们应该像这朵花一样，用自己的优秀品质和充满爱心的行为来感染他人，让世界变得更美好。"

学生们静静地听着我的话，他们的眼神中透露出对美的向往和渴望。我知道，他们已经悄悄感受到了对象感的力量。

为了更好地培养学生的对象感，我经常鼓励他们积极参与公益活动。我组织学生们去孤儿院探望孩子们，去养老院陪伴老人，让他们亲身感受到帮助他人的喜悦和幸福。在这个过程中，学生们渐渐明白了，真正的幸福来自给予和关爱他人。

除了关注外部的对象，我也注重培养学生们对自己内心的感知。我经常给他们分析优秀的文学作品，让他们通过阅读感受文学的魅力。我告诉他们，文学是一面镜子，能够反映出我们内心最深处的情感和思考。只有真正了解自己，才能更好地理解他人，才能在人生的道路上不断成长。

时间如白驹过隙，转眼间，学生们已经进入了高中阶段。他们开始面临更多的选择和挑战。在毕业典礼上，学生们纷纷向我表达了感激之情。

有学生说："老师，您教会了我们如何用心去感知世界，让我们明白了对象感的重要性。我们将永远铭记您的教诲。"

另一个学生说："老师，您让我爱上了文学，让我明白了自己的价值和梦想。感谢您一直陪伴着我。"

听着学生们的话，我内心充满了喜悦和骄傲。我知道，虽然我的教育只是一份微薄的付出，但我已经在他们的心中撒下了种子，让他们拥有了永不止步的追求。

这是一间充满对象感的教室，学生们在这里感受到了美的力量，感悟到了人生的真谛。而我，作为一名老师，我将继续传递爱和知识，用对象感的教育，培养更多有爱心和理想的孩子，让他们成为社会的栋梁，为世界带来更多的美好。

（三）内在语

文学作品中，内在语是一种强有力的工具，可以丰富作品的内涵和表达。它可以帮助读者更好地理解和感受作品中隐藏的情感和思想。在一本小说中，一位主人公可能会说出一句简单的台词，比如："没关系。"然而，通过内在语的运用，读者可以感受到这句话背后的复杂情感。或许，这句话实际上意味着"我很伤心，但我不想让你担心"或者"我很害怕，但我要保持坚强"。内在语可以揭示角色内心的矛盾、迷茫或秘密，让读者更好地了解人物的动机和心理状态。此外，内在语还可以用来承接语言链条，使故事的逻辑关系更加紧密和连贯。合理运用内在语，可使作品中的对话更自然地过渡，使情节的发展更加流畅。读者可以通过语句之间的微妙暗示来推断和理解故事中发生的事情，从而增强对作品的参与感和理解力。

1.内在语的分类

（1）语性内在语

在播音与主持专业中，语性内在语是指在呼号、语句、段落、层次、稿件、节目起始处，加入适当的词语，这些词语在播音员或主持人的心中进行默读，以实现开场的顺利进行。这些内在语的目的是与原稿件自然衔接，为开场铺垫，引起听众的注意与兴趣。举个例子，在一档广播节目的开场白中，主持人可能加上一些语性内在语来引起听众的兴趣和好奇心。比如，他可以在正式开始之前说："大家好，欢迎收听今天的节目！在这个美丽的清晨，我将带领大家进入一个奇妙的世界。"这样的语性内在语能够激发听众的好奇心，让他们更加期待接下来的内容。语性内在语的运用还可以让整个节目或稿件在各个层次之间更好地衔接。例如，在一个新闻节目中，主持人可能会在播报不同新闻时加上适当的语性内在语，以平稳过渡和连接。比如，他可以在播报完一条重大新闻后说："接下来，我们将转向一则轻松愉快的故事，为您带来一些欢乐和温暖。"这样的语性内在语可以帮助听众在信息切换时更好地跟进，并减少节目的紧张感。

（2）寓意性内在语

寓意性内在语，亦称为隐藏语句，具有揭示语句深层含义、挖掘语句本质和语句目的的重要作用，可被视为稿件中的"弦外之音"，其以一种间接、隐晦的方式传递信息，激发读者的思考和感知，使文本更具深度和丰富性。

当夜幕降临，月光洒在小巷中，一位独自行走的男子突然停下脚步，凝望着远方。他的目光透露出一丝忧伤和思索，仿佛在回忆着往事。这时，一只孤寂的小鸟停在他的肩膀上，它的柔软羽毛轻轻触碰着他的皮肤，仿佛传递着一种安慰和共鸣。

这个场景中，男子的凝望和表情揭示出他内心深处的思绪和情感，通过他的目光和表情，我们能够感受到他的忧伤和回忆。而小鸟的出现，虽然只是一个细节，但它给整个场景增添了一种寓意性内在语。小鸟作为一种自由的生命，停在男子的肩膀上，不仅是为了传递一种身体上的接触，更重要的是象征着安慰和共鸣。

（3）关联性内在语

关联性内在语在语言表达中起到连接各个句子和段落的作用，使得表达更加连贯和有逻辑性。它能够明确句子之间的因果关系、条件关系、转折关系、并列关系等，使得听众更容易理解和跟随思路。

①虽然这个城市繁忙喧嚣，但在公园里的一角却有一片宁静的绿地。

②尽管这个节目的观众人数有所下降，但是观众的参与度却明显增加了。

（4）提示性内在语

提示性内在语在语句、段落和层次之间起到衔接的作用，可以解决上下句语气的衔接问题，使文本的表达更加连贯和流畅。例如：

①我的心情开始变得沉重，仿佛有一座大山压在我的心头。

②夕阳西下，余晖洒在湖面上，映照出一片金色的光辉。

（5）回味性内在语

回味性内在语是在稿件的段落、层次和全文结尾处恰当设置的相关词汇，用以提示播音员和主持人采用特定的语气或表达方式。这样的表达能够唤起听众的回味、思考、想象或憧憬，并给人一种情感仍然存在的印象。回味性内在语可以划分为四类：寓意式回味、反问式回味、意境式回味和线索式回味。

① 寓意式回味：透过内在语将前句的深刻寓意展现出来，并营造出一种引人深思的氛围。例如，我逐渐相信，每一个经历过生活的人，都能为后人的道路增添一些闪烁之光。

② 反问式回味：这种内在语在结尾处用来肯定和强调前句的意义或前文的结论，并起到引申、指向和推动的作用。例如：寒冬来临，而春天是否会远去呢？

③ 意境式回味：这类内在语用来营造某种情境和氛围，引发听众思考、感受、向往或遐想。例如：这个字，它与你、我、他同生共存，宛如排山倒海般磅礴。

④ 线索式回味：某些稿件会在特定段落、层次和全文结尾处重复出现相同的句子。针对这些线索式句子，通过联系上下文来进行表达设计，以调动受众的想象力，深化主题并加深印象。例如：我是被妈妈宠坏的孩子，任性成性，这种特质在我成长的岁月里始终如一。

（6）反语性内在语

反语性内在语通过直接呈现句子表层意义和深层内在意义的对立或对比关系，使得表达方式更具冲击力，内容更具回味性。例如：除了对这些自以为是的人羡慕之外，我无法给予任何赞同之辞。

2. 内在语的感受训练

（1）《衣衫心迹》

那是一个寒冷的冬天，大地被冰雪覆盖，寒风凛冽。在吴家花园里，一个身着简朴的老人穿着一身破旧的棉衣，没有罩衫，却是它守护着他的生活。

这身棉衣曾经陪伴他度过了抗美援朝的岁月，为了方便外出而买来的"打掩护"。它的质料平平，外头连罩衫也没有，但正是这身棉衣见证了他在吴家花园度过的六七个寒冬，直到他穿着它来到西南。

岁月流转，时光如梭。在那个风和日丽的日子里，彭总在院子里补衣服，你带着家人玩闹着途经他身边。故意逗趣地开口说："这位老大爷，照张相吧？"你们以为他不会答应，还会说些自嘲的话，却意外地看到他抬起头，笑呵呵地坐正了，说："照吧！"

你按下了快门，那一刻，老人的笑容定格在了照片上。这张照片，见证了他补衣的坚毅和乐观，见证了他在困境中保持微笑的坚强。

然而，时间无情，岁月无声。主人已经离开了人世，照片也在浩劫中消失成灰烬。但那个瞬间，那份温暖和感动，却永远留在你和妻子的心中。

这身棉衣，平凡而朴素，却承载了一个人一生的故事。它不仅是一件物质的衣物，更是一种精神的象征，见证了这位老人的勇气、坚韧和善良。

虽然照片消失了，但那段回忆和故事将永远存留，成为一份珍贵的财富。它们告诉我们，生活中的点滴细节和平凡之物都可以成为美好的记忆，让我们珍惜每一个瞬间，感悟生命的真谛。

（2）《相遇的灵魂》

阳光洒在城市的街道上，熙熙攘攘的人群穿梭其中。在这喧嚣的背景下，两个年轻人相遇了。他们分别是李峰和张雨萱，两个素未谋面的陌生人。

　　李峰是一个思想活跃、富有创造力的年轻人。他身穿一件破旧的牛仔裤和一件简单的 T 恤，头发散乱地披在肩上，眼神中闪烁着一股渴望。与之相比，张雨萱则显得优雅端庄，身穿一袭粉色连衣裙，长发如瀑布般披散在肩上，眼眸中透露出一份柔和与智慧。

　　李峰看着张雨萱，不由自主地走近她。他微笑着说道："你好，我是李峰。这个城市有那么多陌生的面孔，但是你的目光吸引了我。能否和你聊聊天？"

　　张雨萱微微一笑，抬起手指轻轻拂过自己的长发，然后说道："你好，李峰。我是张雨萱。我相信每个人都有故事，我也很愿意和你分享我的故事。"

　　李峰睁大了眼睛，感受到了张雨萱的开放和真诚。他笑了笑，说道："那太好了！我对人们的故事充满了好奇。你有什么故事可以告诉我吗？"

　　张雨萱轻轻叹了口气，眼神中透露出一丝忧伤。她缓缓地说道："我小时候家境富裕，生活无忧。但是一场突如其来的意外，让我失去了父母。从那时起，我学会了独自面对生活的艰辛和挑战。我逐渐明白，生活并不总是公平的，但我们可以选择如何面对它。"

　　李峰静静地听着，他感受到了张雨萱心底深处的坚强和勇气。他眨了眨眼睛，问道："那你是如何找到自己的力量，重新定义自己人生的呢？"

　　张雨萱微笑着说道："我开始投身于公益事业，帮助那些需要帮助的人。通过与他们的交流和帮助，我重新找回了生活的意义和快乐。我相信每个人都有着无限的潜力，只要我们用心去发掘和释放，我们就能成为改变世界的力量。"

　　李峰听得入神，内心仿佛被一股澎湃的力量触动。他感慨地说道："你的经历和想法真的让我深受启发。或许，每个人都有着自己独特的故事和价值观，我们应该尊重和包容彼此。我希望有一天，我也能找到属于自己的力量，用我的创造力去改变世界。"

张雨萱温柔地看着李峰，点了点头。她相信，这个年轻人注定会有一番不凡的成就。两个陌生人在这个喧嚣的城市里相遇，他们的对话不仅带给彼此思考和启发，更点燃了他们内心的激情和渴望。他们的故事将继续在这个城市的角落里绽放，为这个世界带来不同的色彩与希望。

（3）《妈妈喜欢吃鱼头》

在一个温馨的家庭中，阳光透过窗户洒在餐桌上，一股诱人的鱼香味扑鼻而来。这是一个平凡而幸福的早晨，母亲和女儿坐在餐桌旁。

母亲是一个温柔而坚强的女人，她喜欢吃鱼头。女儿则是一个活泼好动的孩子，总是充满好奇心。她看着餐桌上那碗美味的鱼头汤，忍不住开口问道："妈妈，你为什么喜欢吃鱼头呢？我怎么觉得它看起来有点恶心呢？"

母亲微笑看着女儿，轻轻地说道："亲爱的，每个人都有自己喜欢的食物味道。对于我来说，鱼头是一种特别的美味。它不仅味道鲜美，而且富含营养。更重要的是，吃鱼头是我童年时的回忆。"

女儿好奇地问："妈妈，你小时候是怎么知道鱼头这么好吃的呢？"

母亲笑着继续说道："那是在我很小的时候，我家住在一个小渔村里。每当爸爸捕鱼回来，我们家里都会有新鲜的鱼头可吃。我记得那时候，我们一家人围坐在一起，品尝着爸爸做的鱼头汤。那个味道，那份家的温暖，深深地烙印在我的记忆中。"

女儿侧过头，眼中闪烁着好奇的光芒："妈妈，你还记得那时的味道吗？"

母亲微微闭上眼睛，仿佛回到了那个渔村的小屋里，回忆着那份美好："味道是难以言表的，它蕴含了爱和关怀。那是我儿时的味道，那是家的味道。"

女儿轻轻点头，眼中充满了理解和共鸣。她慢慢地拿起勺子，轻轻地舀起一口鱼头汤，品尝着其中的滋味。那一刻，她仿佛能够感受到母亲的回忆和情感，明白了鱼头汤背后的意义。

她们默默地享用着这顿早餐，鱼头汤在她们之间成为一种纽带，将母亲和女儿的心紧紧相连。她们明白，食物不仅可以满足口腹之欲，更是一种情感的传递和回忆的延续。

在那个温暖的早晨，母亲和女儿之间的对话不仅仅是关于食物的交流，更是关于家的温暖和爱的传承。这一碗鱼头汤，成为她们心灵的味道，将她们的牵挂和爱意浸润其中。

二、外部技巧

（一）重音

重音在语言传达过程中扮演着关键角色，依据表达者情感的需求，对特定的词组或短句进行强调。它以整个语句为单位，所以也常被称为"语句重音"。应用重音不仅是为了清晰、深入地呈现不同语句的目的和情感，而且能赋予语句自身一种轻重起伏的美感。对于重音的使用方法，可以总结为三种形式：强弱停连法、快慢停连法以及虚实停连法。在强弱停连法中，表达者通过声音的高低、音量的大小进行对比，来展示重音。在这种方式下，重音词组或短句的声音和音量都较高，而非重音部分的声音和音量则较低。快慢停连法通过调整语速和语句停顿的方式，来表现重音，通常的做法是在重音前后设置停顿，并降低语速。

1. 重音的分类

（1）并列性重音

并列性重音通常用于标明一系列相等或同类的概念，强调并列关系中的每一个部分，因此听众对每一个概念的理解都会增强。例如，"我喜欢画画、弹钢琴、读书。""在这个计划中，我们将挖掘真相、分享知识、激发激情。"

（2）对比性重音

对比性重音是在对比结构中使用的，可以帮助表达者强调对比的两个部分，有助于听众清楚地理解对比关系，并领会对比的要点。例如，

"我喜欢茶，不喜欢咖啡。""你可能认为这是一种奢侈，但实际上，这是一种投资。"

（3）呼应性重音

呼应性重音在回应或反馈某些信息时使用，通过对特定部分的强调，突出信息的重要性，并强化其在整个句子中的作用。例如，"你去哪儿？""我去图书馆。""他说他能做到，我也相信他能做到。"

（4）递进性重音

递进性重音常见于递进关系的语句中，强调从小到大，从次要到主要的表达方式，使得信息的呈现有层次感，也增加了语句的动态感。例如，"她今天看了一本书，明天要看两本，后天要看三本。""他的发言首先明晰，其次翔实，最后独到。"

（5）转换性重音

转换性重音则在语境需要改变或情感需要转换的时候使用，通过对特定部分的强调，引导听众跟随语境的改变或情感的转换。例如，"他一直很安静，直到音乐响起。""我以前只是个书呆子，但现在我已经成为一名领导者。"

（6）肯定性重音

肯定性重音用于对某种看法、情感或者状态的肯定，通过强调，使得表达的决心或确定性更加明显，听众更易于理解和接受。例如，"我一定会去的。""我相信，我们可以改变世界。"

（7）强调性重音

强调性重音的功能在于凸显某一特定部分，这种强调可以是对事物的特性、对观点的重视，或是对情感的加深。例如，"这次考试，我一定要得第一！""这是一个卓越的团队，他们始终保持着最高的标准。"

（8）比喻性重音

比喻性重音常常应用于比喻或象征的语句中，它通过重音强调比喻部分，使得比喻意象更加生动和具象。例如，"她的眼睛像星星一样闪烁。""他是我们团队的明灯，总是引领我们前进。"

（9）反义性重音

反义性重音用于强调与预期或常规相反的意义或情感，这样的对比使得重音部分更为突出，增加了语言表达的丰富性和深度。例如，"我以为你喜欢咖啡，没想到你喜欢茶。""她看似温柔，实际上却非常坚强。"

（10）拟声性重音

拟声性重音用于模仿或表达特定的声音，通过模仿特定的声音特征，使得语言表达更加生动和真实。例如，"咔嚓一声，灯亮了。""他的声音如同雷鸣，令人震惊。"

2.重音的感受训练

海，世界上有各种各样的海：深海浅海、热海寒海、静海涌海、绿海蓝海、暗海亮海……波涛汹涌。海把大陆与大陆联结在一起，海把岛屿与岛屿联结在一起，海的印记刻满了地球的表面，使大地更加辽阔，使生命充满奇迹。

海，有宁静的，有狂暴的。宁静的海上，留下了航行者平稳的航迹；狂暴的海，也阻挡不住冒险者前行的信心。

谁说深海无法探索？牵着海草，抓住珊瑚，穿过暗流，拨开海藻，一次次，一分分，潜着游着，游着潜着，抵抗压力，向大海深处进发。前方是未知的海底，勇敢前行吧，朋友，无尽的奇遇在深海。

海底看来没有路了，然而，心中还有路，是的，心中还有路！现在不就是在心灵深处寻路吗？

海啊，没有边际的海……

3.重音的感受训练注意事项

在理解和实践重音的应用中，以下几点建议应被重视：首先，理解一个语句中可能存在多个重音点的事实。这些重音根据其背后的思想和情感可以被划分为重音、次重音和非重音。理解这种多重性有助于精确地表达和识别复杂的情感和概念。其次，需要认识到语句之间可能存在的重音差异。因为每个语句所传达的思想和情感可能有所不同，因此重音的权重也会相应地有所变化。再次，在于理解和应用适合特定情感的表达方式。例如，如果需要表达温柔的情感，可能不适宜使用高低强弱法。然而，在某些情况下，为了强调主重音同时又不影响情感色彩，可以同时使用多种方法。在实际操作中，快速识别法可能是有益的策略。播音员能够迅速确定在文本中哪些名词、数量词和形容词应当被强调，但仍需要根据其背后的思想和情感来分辨主次。在使用快慢停连法时，主重音的权重应影响其后的停顿时间，即重音越重要，停顿的时间就应该越长。最后，应当注意，重音不等于词的轻重格式，也不同于重读。单纯的习惯性重音可能无法准确地符合情感的表达规律。在理解和运用重音时，应当注意这些可能的误区。

（二）停连

在语言的传递过程中，停顿与连接（通常被称为"停连"）起着关键的作用。所谓的停顿，是指语言表达中的暂停；而所谓的连接，则是指语句中无须暂停的部分。这两个元素对于语言的创作者及接收者来说，都承载着生理和心理的双重需求，且并不是简单的一元过程。生理需求主要是因为在一个呼吸周期内，无法完成全部的语句表达，因此需要在中间进行呼吸、调整声音，让声带得以休息。心理需求则是指要以积极而自如的态度满足情感的表达。

停连的功能是使文章的层次和语句结构更为清晰，能够深化思想感情的表达，给语句自身添加节奏的美感，同时也为生理呼吸提供机会。在口语表达过程中，标点符号仅作为参考，它是创作者在创作文字稿件时的语法停连。而语言艺术的停连与语法的停连并不相同，它是按照思想感情的表达而设定的，因此也被称为情感停连。在大多数情况下，文章在标点符号处，情感表达并不停止；在无标点符号处，情感表达往往出现停顿。停顿主要包括扬停强收和落停缓收两种方式；连接则包括停而徐连和紧停紧连两种方式。停而徐连给人一种似停非停的感觉，是一种用语气先抑后扬的方式将语句前后的词组、短句连接起来的方法；紧停紧连则是在停顿后用抢气的方式紧连起来的方法。

1.停连的分类

（1）并列性停连

并列性停连通常应用于连接语句中的并列词组或短句，它在这些并列部分之间设定一处停顿，以凸显每部分的独立性及各自的重要性。如：

在那个温暖的夏日，阳光明媚，微风轻轻，花朵盛开，生活充满了各种可能。我记得那天，我在公园的长椅上坐下，看着人们忙碌地过着他们各自的生活。有的在喂鸽子，有的在遛狗，有的在画画，有的在看书，有的在打电话，有的在拍照。他们看起来忙碌而满足。

我看到了那些背着吉他的年轻人，他们在绿荫下歌唱，手指在琴弦上跳跃，笑声在空气中飘荡。我看到了那些悠闲的老人，他们在棋盘上流连，思考着下一步，他们的脸上满是沉静的专注。我看到了那些小孩，他们在草地上追逐，他们的笑声和欢呼声传遍了整个公园。

那一天，我看到了生活的多样性，体验了它的丰富和美好。我看到了他们的活力、他们的热情、他们的才华、他们的智慧、他们的乐观。那一刻，我明白了生活的意义，感受到了生活的热烈和美好。那一天，我收获了快乐、收获了启示、收获了理解、收获了欣赏、收获了感动。那一刻，我感到自己是如此幸运，能够在这个美好的世界里，拥有这样的生活。

（2）呼应性停连

呼应性停连应用于一种特殊的句式——一呼一应或一呼多应的句式。在这种句式中，通常在呼和应的部分设置停顿，使得听众能更清楚地感知到语句中的呼应关系。如：

坐在公园的长椅上，我看着眼前的湖面，那碧蓝的湖水轻轻荡漾，如同童年的记忆——深深地，淡淡地，缠绕在我的心头。我忍不住想起了那个纯真的年代，那个充满笑声和泪水的年代。多么美好的时光啊，它给我带来了无尽的欢乐和痛苦，那些欢乐和痛苦，如同湖水的波纹——一层层，一圈圈，激荡在我的心海。

看着那个正在湖边玩耍的小男孩，他的笑容如此纯真，他的眼神如此快乐，我不禁在心中默默地祝福他，希望他能够永远保持这份纯真和快乐。那份纯真和快乐，如同湖面的波纹——轻轻地，柔柔地，扩散在我的心间。

我想，每个人的心中都有一个湖，那湖水深深地藏着我们的记忆，藏着我们的欢乐和痛苦。我们不能选择忘记，也不能选择回忆，我们只能静静地坐在湖边，让那湖水的波纹——轻轻地，悠悠地，带走我们的思绪。

（3）转换性停连

转换性停连用于那些情感或思想需要转变的句子中。在情感或思想发生转变的地方设置停顿，使得听众能更清晰地感受到转变的存在，从而理解作者的真实意图。如：

安娜是一位典型的科学家，每天沉浸在实验室里，周而复始地对各种微生物进行观察和实验。她的世界充满了显微镜、培养皿和各种化学试剂。然而，当夜幕降临，月光洒进窗户，她便会将那副热衷于科学的皮囊轻轻地脱下——此时，她就是一个热爱音乐、痴迷于琴键跳跃的音乐家。在她的手下，钢琴仿佛也有了生命，那每一个音符都在诉说着她的内心世界。

（4）强调性停连

强调性停连应用于那些需要特别强调的词组或短句之前或之后。在这些地方设置停顿，使这些词组或短句更加凸显，从而达到强调的效果。如：

那是一个充满奇幻与冒险的世界，横跨无尽的海洋、山脉、城堡和森林。人们在那里尽情地生活着，有的追逐荣耀，有的寻求宝藏，有的守护家园。然而，在所有的人和事中，有一样东西无比重要，那就是勇气。在这个世界里，没有一件事能比勇气更为重要。人们在面临危险的时候，是勇气让他们站出来，面对困难。是勇气，让他们在绝望中看到希望，再次站起来。无论是富有的商人、贫穷的农夫，还是英勇的骑士，他们的勇气都是他们最强大的武器。正是因为有了这种勇气，人们才能在这个世界上不断前进，不断探索，不断成长。因此，我想对你们说，永远不要忘记你们内心的勇气，它是你们最宝贵的财富。

（5）区分性停连

区分性停连主要用在表达思想情感层次较复杂的句子中，通过在各个层次之间设置停顿，使得这些层次更加明显，也使得语句的表达更加清晰。如：

夜幕降临，我独自一人坐在那片沉静的湖边。湖面平静如镜，微风轻轻吹过，带起一层轻轻的波纹。我看着这平静的湖面，心中却充满了不安。我想起了在这个地方度过的那些时光 —— 我想起了我们一起欢笑的日子，那时我们一起坐在湖边，欢声笑语回荡在空气中；我想起了我们一起度过的困难时期，那时我们在寒风中抱团取暖，鼓励彼此不要放弃。但是现在，只剩下我自己，我不禁感到一阵悲凉。

（6）分合性停连

分合性停连用于分合句式的表达中。无论是先分析后合成，还是先合成后分析，都会在分与合的地方设置停顿，使听众能更好地理解语句的结构。如：

阅读，一种看似平凡的日常行为，其实蕴含着许多丰富深刻的内涵。首先，阅读是对知识的获取——通过阅读，我们能够从不同的书籍、文章中汲取丰富的信息，获得新的知识和启示。其次，阅读也是对心灵的滋养——优秀的文学作品能让我们在精神世界中得到放松和愉悦，也能激发我们的想象力和创造力。最后，阅读还是一种独特的人文体验——通过阅读，我们能够深入理解不同文化和社会的思想，扩大我们的视野，增进对世界的认知。总的来说，阅读是一种简单但有深远影响的行为，它不仅能增长我们的知识，滋养我们的心灵，也能让我们获得更宽广的世界观。

（7）判断性停连

判断性停连的作用在于表示语句中带有判断性情感色彩的词组或短句，通过在这些部分设置停顿，可以使得这些判断更加显著。如：

盖茨比对我来说一直是一个谜。他是一个自信而富有魅力的人，他的财富和派对令人叹为观止。然而，在他背后隐藏着许多不为人知的秘密。他的过去似乎笼罩着一层神秘的面纱，令人难以捉摸。这种神秘感让人无法抗拒，同时也让人产生了对他真实身份的好奇和怀疑。

（8）生理性停连

生理性停连用于表示语句中带有生理性特征的部分，这种停连的设置使得语言表达更加自然，更具有人性化的特征。如：

雨水沿着他的脸颊流淌，混合着泪水，滴在地面上。他忍不住开始抽泣起来，泪水和雨水交织在一起。他用手抹去脸上的水，却无法止住眼泪的涌动。在这个冷酷无情的世界中，他的眼泪成了他最后的抗议。每一滴泪都是对虚伪和压迫的反抗，每一滴泪都是他心中的火焰在燃烧。他感受到泪水顺着脸颊滑落的温度，伴随着剧烈的呼吸和颤抖的身体，他身处于一种无法控制的情绪之中。他的眼泪，成了他生命中唯一真实的东西，真实得足以击碎那个冷酷世界的假面具。

（9）回味性停连

回味性停连主要用于表达语句中的回味性情感色彩，通过在这些部分设置停顿，可以让听众有更多的时间去理解和感受这些情感。如：

在那个夏天的午后，阳光透过树叶的缝隙洒在小溪上，泛起一片闪烁的光斑。我坐在岸边，静静地观察着水面上的涟漪，心中涌出一股难以言喻的情感。

此刻，时光的车轮将我带回了过去。我眼前浮现出一个单纯的自己，那个曾在这片美丽自然环境中畅游的孩子。记忆中的画面开始重现，笑声回荡在耳畔。小时候，我与伙伴们一同追逐游戏的快乐，无忧无虑地享受每个瞬间。那时的纯真与快乐仿佛扑面而来，勾起了我内心深处对童年岁月的思念。

继而，我回想起青春期的自己。年少的我满怀激情地追逐梦想，追求知识与成长。在阅读的世界里，我找到了渴望已久的归属。书籍是我心灵的良师益友，每一次阅读都是一次心灵的升华。回想起那段追求知识的时光，内心涌动着对未知世界的好奇和探索的欲望。

（10）灵活性停连

灵活性停连的设置是为了使语言表达有更广阔的空间，只要能够表现出不同的思想情感，就可以灵活地使用停连。如：

岁月如梭，我曾在其中踽踽独行，身披一把脆弱的小伞，风雨中挣扎，为自己遮风挡雨。然而，在某个日子里，我遇见了他——一个高大的存在，宛如一座山峦。我依偎着他，立刻感觉到头顶的天空变得幽蓝，那是他的守护，那是他的温暖。

我放下了自己的小伞，专注于画一幅以他为圆心的画卷。用大海的深邃作为底色，以青春的力量为笔，用心血为墨，我采摘七彩的阳光，镶嵌出一道似梦似幻的风景。

然而，就在某一天，那幅风景突然像海市蜃楼般消失了。凄风苦雨中，我睁开久闭的双眼，不再有炫目的阳光，我才发现那曾经伟岸如山的存在早已凋零。我的心彻底沉浸在风雨之中，逐渐变得冰冷，才想起那把曾被我抛弃的小伞。

我迈出了当初自己勾勒的圆圈，捡起那把脆弱的小伞，继续独行于岁月的风雨中。不再渴望雨停天晴，不再依赖他人同行。我只记住，再也不要丢掉自己的小伞。

2.停连的感受训练

在这美好的节日期间，供应的水果品种丰富多彩，令人目不暇接。黄香蕉苹果、鸭梨、酥梨、瓢梨、京白梨、子母梨、胎黄梨，每一种都散发着诱人的香气，让人垂涎欲滴。

当你品尝到哈密瓜的甜蜜和伽师瓜的清爽时，心中的愉悦油然而生。白兰瓜的细腻口感和黄金瓜的醇香回味，仿佛将你带入了水果的世界里。西瓜的红肉和绿皮，鲜桃的柔嫩与多汁，都成为夏日的清凉源泉。

在水果摊上，你还可以找到葡萄的紫红颗粒，它们酸甜交融，让人回味无穷。海棠的酸甜味道，红果的鲜嫩滋味，石榴的琉璃种子，都让人感受到了大自然的慷慨馈赠。

不仅如此，沙果的酥脆，百香果的清新，猕猴桃的酸甜，都在这个季节为你带来了多样的口感体验。而菠萝的香气、柠檬的酸爽、椰子的奶香、龙眼的鲜美，更是为你的味蕾带来了一次次的惊喜之旅。

每一种水果，都是大自然的馈赠，都是生命的奇迹。它们散发着生命的活力和芬芳的气息，给予我们丰盈的滋养。在这个节日里，我们可以尽情品尝水果的甜美，感受大自然的慷慨，也让我们意识到珍惜与感恩的重要。

无论是红、黄、绿的颜色，还是酸、甜、爽的口感，它们都构成了水果的独特韵味，也给予了我们愉悦的时刻。让我们在节日期间，品味水果的丰富滋味，感受大自然的恩赐，同时也学会珍惜生活中的每一个甜蜜瞬间。

3. 停连的感受训练注意事项

第一，要根据不同的情感色彩选择合适的停连方式。不同的情感需要用不同的语调和节奏来表达，因此在停连时要根据情感的特点选择适当的停连方式。对于较舒缓的句式，可以选择停而徐连的方式，通过缓慢的停顿来表达出柔和的情感；而对于跌宕起伏、情感较浓的词组或短句，可以使用停后紧连的方式，通过短暂的停顿和紧凑的连接来表达强烈的情感。

第二，要注意在存在并列性词组或短句较多的情况下进行停连时的处理。如果需要连接的词组或短句过长，可能导致气息不够或流畅性受到影响。此时可以进行分组停连，根据数量或内容进行分组，使每组的词组或短句之间进行停连，以保持语句的整体流畅性和语调的平衡。

第三，不同的思想情感有不同的停顿连接，同时停顿时间也会有所不同。不同的情感色彩对应着不同的节奏和语气，因此在进行停连时，要根据情感的深度和强度来调整停顿的时间。较深沉或激烈的情感可能需要更长的停顿时间，而较轻松或柔和的情感则可以采用较短的停顿。

第四，要确保在充分表现思想情感的基础上灵活运用停连。停连是为了更好地表达思想和情感，但并不意味着在每个句子中都要设置停顿。停连应该根据需要灵活运用，避免过度使用或使用不当，以保持语句的自然流畅和情感的真实表达。

第五，要注意在停连训练中注重实践和反思。通过不断实践和尝试，才能更好地掌握停连的技巧和应用。同时，要时刻进行反思和评估，观察停连对语言表达的影响，及时调整和改进自己的停连技巧，以提高语言表达的精确度和感染力。

（三）语气

语气是一种语言表达的方式，涉及一个人说话时的口吻，并且在语法上可以表示陈述、祈使、感叹、疑问等不同的情态。语气的外在表现可以是扬或抑。在具体的语句中，语气以思想情感为核心，并通过不同的声音形式来体现。语气是以句子为单位存在的，为深刻的思想情感提供形象化的表达方式，并且赋予语句自身较大起伏的节奏美感。

1.语气的分类

（1）波峰类

波峰类语气句头和句尾低、句腰高，是一种特定的语气形式，常用于表达先激进扬起，后消极下抑的情感，可以通过句子的声调起伏来实现（见图7-1）。

如：

①他是一个热情洋溢的领导，充满着创新的想法和激情。然而，随着时间的推移，他的决策逐渐变得保守和消极，失去了之前的活力和动力。

②这个项目是我们的绝佳机会！我们可以取得巨大成功！但是……我们需要更多的资源和支持才能实现它。

③我们必须采取行动来解决环境问题！我们不能再对地球的破坏视而不见！我们应该立即减少排放和推动可持续发展！

图 7-1　波峰类语气图示

（2）波谷类

波谷类语气句式以先消极下抑为起始，通过将语调降低传递出一种消极情绪或观点。接着，在句子的结尾部分，语调逐渐抬高，以表达出激进或积极的情感，整个句子的语气变化形成了一种波谷形状，给人以起伏感和张力（见图 7-2）。

如：

①尽管我们面临着严峻的环境问题，我们的资源正在不断耗竭，森林被砍伐，动物物种濒临灭绝，但我们不能束手无策，我们必须采取行动来拯救我们的地球！

②尽管生活中有时会遭遇挫折和困难，但我们绝不能放弃追求自己的梦想。因为只有在面对逆境的时候，我们才能展现出真正的坚韧和勇气，最终获得属于自己的成功。

③当我看到那座山峰时，心情沉重、无比压抑，仿佛整个世界都变得灰暗无光。然而，我却决定挑战它，迎接未知的挑战。随着每一步的攀登，我的心情逐渐变得激动起来，犹如燃烧的火焰，不可遏制。最终，当我站在山顶，俯瞰着群山蜿蜒延伸的壮丽景色时，心中涌动着一股巨大的喜悦和胜利感，让我感受到了无与伦比的成就。

图 7-2 波谷类语气图示

（3）上山类

上山类语气中句子的开头部分往往呈现出较为低沉的语调，而句子的结尾则呈现出较为抬高的语调，在句子的中间部分，可以将其比喻为半坡，扮演着句子腰部的角色（见图 7-3）。

如：

①雨下了一整天，淅淅沥沥的声音打在窗户上。我听着，心情渐渐低落。然而，突然间，夕阳从云层中露出了微笑的面容，照亮了整个天空。我不禁心生希望，感叹自然的美妙。

②这本书的内容非常有深度，值得一读。

③当天将尽，夜幕降临。

暮色苍茫，万物渐归寂静。

星光点点，繁星闪烁于无垠的天穹。

行人归家，脚步沉重而疲惫。

但愿彼此之间，有温暖的家庭和温馨的港湾。

愿明日的曙光，带来希望与新的开始。

图 7-3 上山类语气图示

（4）下山类

下山类语气句式中，句子的语调起初较为抬高，然后逐渐下降，形成一个下坡的声调曲线（见图 7-4）。

如：

①当我抬起头来，只见天空阴沉沉的，乌云密布。

②他默默地离开了，留下我一个人独自伤心欲绝。

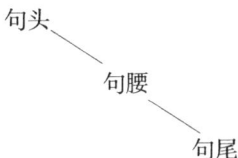

图 7-4　下山类语气图示

（5）半起类

半起类语气的句头部分呈现较低的语调，这种语气在语法上表示了疑问或不确定的情态（见图 7-5）。

如：

①你是不是忘记了我的生日？

②当我们遇到困难时，我们是否应该放弃呢？

③你真的相信这个说法吗？

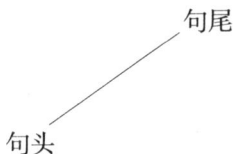

图 7-5　半起类语气图示

2. 语气的感受训练

（1）在这个寒冷的冬季，大地银装素裹，雪花纷飞，一片银白的世界。正是这样的季节，春节的喜庆与温暖却在寒冷的冬雪覆盖下绽放。

缓缓而至的春节，如同一阵温暖的春风，吹散了冬日的严寒。当夜幕降临，万家灯火齐亮，热闹的喜庆氛围渗透在每个角落。透过窗户，我望着街道两旁的街灯，它们点亮了整个城市，照亮了人们欢聚的笑容。一道道红灯笼高悬在屋檐下，点缀着无尽的祝福和期待，为这个特殊的时刻增添了喜庆的色彩。

街道上弥漫着热闹的气息，人们身着盛装，带着笑容，纷纷走出家门，走向熙熙攘攘的人群。每一步都是期盼，每一步都是祝福，他们怀揣着对新年的美好期许，踏上团圆的征程。烟花爆竹在夜空中绽放，彩带飞舞在空中，将喜庆的音符和色彩洒向大地。欢声笑语回荡在寒冷的空气中，伴随着烟火的绚丽，营造出一片繁华热闹的景象。

而在这冰天雪地中，春节的美食更显珍贵。饺子、汤圆、年糕等传统食物摆满了餐桌，散发着诱人的香气。人们围坐在一起，分享着美食和温暖，亲情、友情和爱意在每一口美食中交织。冬雪覆盖的大地仿佛也被这温暖的气息所融化，传递出家庭团圆和睦的力量。

在冬雪覆盖下的春节里，除夕的钟声敲响，它将我们带入一个全新的开始。人们在热闹的庆祝中感受到希望和激动，用最美好的期待迎接新的一年的到来。无论寒冷的冬季如何，春节的喜庆和温暖永远在心中燃烧，为我们带来无尽的希望与幸福。

这就是冬雪覆盖下的春节，一个温馨而喜庆的时刻。在这样的时刻，让我们怀揣着真诚和美好的祝福，与家人朋友团聚在一起，共同迎接新的一年的到来。愿这个春节带给我们所有人欢乐、幸福和美好，让我们在温暖的氛围中共同创造美好的回忆。

（2）深夜如同一幕神秘的舞台，黑影时而闪现在静寂的屋前。他们手持提棍，拿着砖块，毫无预警地砸向房屋，甚至人身。然而，一旦有人追上他们，他们又在夜色中瞬间消失，化为一缕缥缈的幻影……

李女士脸上洋溢着惊恐，她诉说着这起离奇事件："记忆令人战栗的9月13日凌晨，时针指向三点。我们一家人正陷入甜美的梦乡，却被不期而至的'砰、砰'砸击声惊醒。我抬起头，眼前的景象让我不寒而栗——我们家茶铺的屋顶已被人狠狠地击打出三个巨大的窟窿。透过窟窿望向屋外，映入眼帘的是几个黑影，仿佛从黑暗中涌现。只要有人靠近，他们便如狂风般朝青坡堰河边奔去，转眼间消失在浓郁的夜色中。"

3.语气的感受训练注意事项

在语气感受训练中需注意以下几点：第一，需避免使用过于保守的调子，即表现中速匀速、直线前进的语气状态。第二，应避免念字念调的情况，即仅强调个别音节发音，而缺乏语句整体概念和情感色彩的表达。第三，应避免机械地排列语气，而忽略了语句所传达的思想情感，以免给人一种单调拖沓的感觉。第四，不应过度运用语气和腔调，避免年轻主持人滥用语气、乱用腔调的现象，以免呈现出哗众取宠、夸张或平淡无味的风格。第五，要注意不同语体存在不同的语气比度，即使是同一语体，由于情感分量的差异，语气的比度也会有所不同。第六，需要关注语气的渐序性，即在语气扬起时，音调会逐渐变高变强；而在语气下抑时，音调则逐渐降低变弱。第七，在语句的最后一个音节归音时，要根据扬停强收、落停缓收的原则，使其与整个语句相协调。第八，需要注意语气的抑扬表达，由于文稿中语句所承载的丰富思想情感，每个语句都应根据情感停顿和连接的需要进行重新设置，因此可能包括一抑再抑、抑而更抑、扬而再扬等多种表现形式。

（四）节奏

节奏作为客观事物存在的一种有规律、有序的运动形式，呈现出思想情感运动状态的外在表现。它以其引导、定向、激发和调节思想情感的功能，赋予语句以强大的表现力，使其自身具备了跳跃起伏的艺术美感。在语言艺术中，节奏依靠外部声音条件，并通过多种声音要素的对比组合，展现出扬抑顿挫、轻重缓急的特征。节奏是客观与主观的统一、是生理与心理的统一、是一种交替出现的有序运动，同时具备循环往复和整体性的特点。在节奏的转换方式中，可以观察到六种不同形式，包括大转、突转、逆转、小转、溅转和顺转。其中，大转、突转和逆转主要用于主导节奏与辅助节奏之间的转换，这些转换往往伴随着较大的情感反差，变化突然甚至朝向反方向转变。而小转、溅转和顺转则用于两种节奏之间的转换，这些转换往往具备较小的情感反差，变化渐进甚至顺向进行。在运用节奏的方法上，我们通常可以观察到一些常见的规律。比如，在欲扬之前先抑制一下情感的表达，在欲抑之前先给予一些扬声器的情感张力；在欲停之前先连续一些表达，在欲连之前先停顿一下；在欲轻之前先重压一下情感，在欲重之前先轻快一些；在欲快之前先放慢一些语速，在欲慢之前先加快一些语速。

1. 节奏的分类

（1）轻快型节奏

轻快型节奏在语言表达上具备以下特点：多扬少抑，更多地强调扬声器的情感表达，较少使用抑制手法；连续的表达较多，停顿较少；语速偏快，使得语言流畅迅速；声音轻盈，不过分用力，整篇表达给人一种轻巧明亮、欢快跳跃的感觉。例如：当春风拂面、花开满园、万物复苏之时，我们迎来了一个美好的季节。阳光明媚，微风轻拂，鸟儿在枝头欢快地歌唱，生机勃勃的景象让人心情愉悦。在这样的日子里，我们相聚一堂，欢笑声、谈笑声此起彼伏，交织成一曲欢乐的乐章。无拘无束地畅谈，思绪连绵不断，仿佛追逐着蝴蝶般飞跃。

（2）凝重型节奏

凝重型节奏倾向于抑制情感的表达，扬声器的使用相对较少。在语言的表达过程中，停顿的次数相对较多，且停顿的时间较长。此外，语速相对较慢，语气低缓而凝重，每个音节都被强调并着重表达。

例如：岁月沉淀，历史见证，那庄严的建筑屹立在城市的心脏。每一根石柱都承载着岁月的沉重，每一个雕刻都饱含着智慧的印记。当我踏入这座古老的殿堂，一股深沉的敬意弥漫心头。静谧的氛围让我的步伐放缓，仿佛时间也为这座建筑停滞了片刻。我仰望着高高的拱顶，陷入沉思。在这里，历史与现实交织，凝聚成一种庄严而沉重的存在。

（3）高亢型节奏

高亢型节奏的语言表达特点通常带有强烈的情感和表达意愿，以及紧迫感和动力，常用于表达激动、兴奋、愤怒或紧迫的情绪，以引起听众的共鸣或注意。在语音表达中，强调语调的变化和音量的提升，以及较快的语速和连贯的语音节奏是其重要的特征。这种语言风格往往具有一定的感染力和说服力，能够有效地吸引听众的注意力和产生情绪上的共鸣。

例如：我告诉你，这个想法绝对是个天才的创意！我们不能再等待了！我们必须立即行动！时间就是金钱，我们要抓住这个机会！听我说，这是一个绝无仅有的机会！我们要迈出勇敢的一步，勇往直前！我们不能停下来，我们要一直前进！让我们用我们的热情和决心，用我们的才智和勇气，去改变世界！

（4）舒缓型节奏

舒缓型节奏的语言通常带有平和、柔和的语气，没有剧烈的起伏或强烈的情感表达。句子的节奏不会过快，以便让听者有足够的时间理解和消化所表达的内容。重点词语和短语通常以较轻柔的方式表达，声音不会过于强调或突出。句子结构相对简单，使用流畅的连接词和短语，让语言流畅而自然地进行，给人以宁静、舒适的感觉。虽然舒缓型语言的整体语调比较平稳，但仍然会有一些轻微的起伏和变化，以避免过于单调。

例如：当我沐浴在温暖的阳光下，微风轻轻吹拂着我的脸颊，我闭上双眼，深深地吸一口清新的空气，感受着大自然的呼吸。

我慢慢地走在河岸边，眼前是一片碧绿的草地，小花在微风中轻轻摇曳，仿佛在向我招手。我沿着曲折的小径徐徐前行，双脚轻轻地触碰着柔软的草地，感受着每一根草叶的细腻触感。

远处的小溪悄悄地流淌着，水波荡漾着微弱的声音。我静静地坐在溪边的石头上，闭上眼睛，聆听着溪水轻柔的声音。水滴慢慢地滴落在石头上，发出微弱而舒缓的声响，仿佛是大自然为我演奏的一首优美的乐曲。

我深吸一口气，缓缓地呼出，感受着空气在我的身体里流动。身体渐渐地放松下来，一切都变得那么轻盈、安详。时间仿佛停滞了，我完全沉浸在这片宁静的自然之中。

（5）低沉型节奏

低沉型节奏的语言表达更倾向于使用低调、暗沉的词汇和句式，避免使用明亮、活跃的词汇和句型。在句子的表达中，更多地使用停顿或逗留，让语句的节奏缓慢下来，给人一种思考、反思或压抑的感觉。语言中的重点部分会强调发音的低音部分，使得语气更为低沉、低沉而有力。通过减慢语速，语言表达更加稳重、深思熟虑。

例如：当冷风呼啸而过，孤独的身影在荒凉的街道上徘徊。思绪如潮水般涌来，却找不到出口，沉重地压在胸口，透不过气来。寂寞的夜晚，漫长的时光仿佛被拉长，绵延至无尽的远方。岁月如刀刻，犹如一场无声的伤痛，刺痛着心灵的最深处。沉默的泪水流淌，浸透了孤寂的夜晚，留下无言的悲伤。这是一片属于迷失者的领域，乌云笼罩着心灵的天空，仿佛永远无法散去。

（6）紧张型节奏

紧张型节奏的语言表达特点确实是扬多抑少、连多停少、语气急促、语速较快，语言密度较大，通篇给人一种紧张急促、暴风骤雨之感。这种表达方式常常用于描绘紧张、激烈、战斗或危险的情境，让读者或听众感受到一种紧迫和压力的氛围。

例如：黑夜降临，阴云密布，心跳急促，如鼓槌敲击在胸膛上。枪声不绝于耳，炮火轰鸣，战场上血肉横飞，生死悬于一线。士兵们奋勇拼搏，汗水和血液交织，呼啸着冲向前线，毅然面对死亡的阴影。爆炸声不断响起，碎片四溅，烟雾弥漫，压抑着呼吸。紧张的氛围笼罩在空气中，每一秒都似乎无比漫长，时间仿佛被拉扯得细长无尽。冷汗湿透衣衫，双手发抖，仿佛拨动着生命的琴弦。每一次枪声都刺激着神经，不断激发着勇气和恐惧。这是一场残酷的战争，人性的边界在狭小的战壕里被推到了极限。

2.节奏的感受训练

冰岛，北大西洋上一个神秘而寒冷的国度，被冰雪覆盖的地方，却孕育出了勇敢而坚韧的渔夫们。他们像海鸟一样，驾驶着小船，冒着寒冷的海风，踏上无尽的大海。他们的故事充满了传奇，他们的勇气和毅力令人敬佩。

冰岛渔夫们的日常生活充满了挑战和危险。在广阔的海洋中，他们面对着汹涌的巨浪和冰冷的海水。他们时刻面对着生死考验，但他们从不退缩，勇往直前。他们的手掌粗糙，皮肤黝黑，是他们艰苦工作的痕迹。他们从黎明到黄昏，从春天到冬天，勇敢地在大海上劳作。

冰岛渔夫们有着坚韧的意志和顽强的毅力。即使遭遇恶劣的天气和艰难的环境，他们也不轻易放弃。他们将自己视为大海的守护者，为了保护家人和国家的生计，他们勇敢地与自然抗争。每一次的捕捞之旅，都是一次对自己意志的考验，但他们总能克服困难，带回家丰收的喜悦。

在冰岛渔夫们的内心深处，有着对家庭和社区深深的责任感。他们将捕获的鱼类视为家人的衣食，也是他们在国际市场上的收入来源。他们的辛勤劳动和勇敢无畏的精神，支撑着整个社区的繁荣和发展。每一次出海，都是为了给家人带来温暖和安全感。

冰岛渔夫们不仅是海上的英雄，更是社区中的榜样。他们教会了我们勇敢和坚持不懈的品质，教会了我们如何面对困难和挫折。他们的故事是鼓舞人心的，让我们相信只要心怀信念，就能克服一切困难。

在我心中，冰岛渔夫们是真正的勇士。他们用自己的血肉之躯，捕获着大海的恩赐，用无尽的勇气和毅力，守护着自己的家园。他们是冰岛的骄傲，也是我们学习的榜样。让我们向这些无名英雄致以崇高的敬意，为他们点赞，为他们祈福。

冰岛渔夫，你们的身影永远铭记在我们心中。愿你们航程平安，愿你们渔获丰收。谢谢你们，因为有了你们，这个世界才更加美好！

3.节奏的感受训练注意事项

主导节奏与辅助节奏：在文章中，主导节奏起到引领和循环运用的作用，而辅助节奏则起次要辅助作用，并围绕主导节奏穿插运用。主导节奏对辅助节奏有强烈的影响，因此在运用不同的辅助节奏时，应偏向于主导节奏。这样可以确保整体节奏的连贯性和一致性。

节奏的对比性：在掌握节奏时，要遵循欲扬先抑、欲快先慢的原则，注意节奏之间的对比。通过对比性的运用，可以增加音乐或文章的表现力和吸引力。欲扬先抑表示在表达情感高潮时，首先要有一段抑制的过程，这样才能更好地突出高潮部分；欲快先慢表示在表达速度变化时，应先从较慢的速度开始，然后逐渐加快。

控制有节、对比有度：在训练节奏感受时，要注意控制节奏的有序性和整体的平衡。避免出现一高就喊、一低就沉、一快就乱、一慢就断、一弱就软、一松就散等现象。要保持节奏的稳定性和连贯性，同时在节奏变化时要把握好度，使变化有力度但不过分。

第三节 媒体融合背景下播音主持语言创作 "三化合一"

一、播音主持语言创作的规范化

新媒体的兴起给传统播音主持行业带来了深刻的冲击。传统的电视、广播等传媒平台面临着新媒体的竞争，观众的选择变得更加多样化。因此，传统播音主持人需要积极应对这一变革，主动适应新的媒体平台。他们需要了解不同媒体平台上的工作方法，例如在网络直播、社交媒体或视频分享平台上进行主持工作的技巧与要求。通过熟悉和掌握这些工作方法，播音主持人可以扩大自己的传播范围，与更多观众进行互动，并提升自己的竞争力。

　　在新媒体迅速发展的时代，播音主持工作者在言谈举止方面受到了更多的关注。这一现象也对他们的专业能力提出了更高的要求。作为语言艺术的执掌者，播音主持工作者需要通过语言创作来实现信息的传递和情感的表达。在语言创作的过程中，播音主持工作者需要注重字音、字义以及语气语调的准确把握，以便将所要表达的内容重点清晰流畅地呈现给听众。然而，当前存在一些问题需要解决。一些播音主持工作者在词汇表达方面不够规范，造成了信息传递的困扰。他们缺乏节奏感和对轻重缓急的把握，导致表达过程显得乏味单调。在语法上的不规范也给听众带来了困惑。为了解决这些问题，播音主持工作者应该从加强训练入手，可以通过语言文字练习来提高自己的语言表达能力，可以涵盖词汇的积累、语法的学习以及写作的训练。发声训练也是非常重要的一环，它可以帮助播音主持工作者发展出更为发达有力的发声肌肉，扩展声域，并美化说话音质。在发声训练中，可以参考《汉语拼音方案》和《普通话语音训练教程》等专业教材，以纠正发声中存在的问题。在表达过程中，播音主持工作者还应该注重节奏的运用。准确把握停顿的位置、运用恰当的重音以及控制语速，都能够使表达更加生动有趣。在强调内容重点时，播音主持工作者应该通过声音的变化和语气的调整来突出关键词汇和字眼，从而使节奏更加流畅，确保将内容具体、生动地传达给听众。

二、播音主持语言创作的情感化

　　随着新媒体的迅猛发展，人们面对的新闻来源越来越多，而对于新闻真实性的判断也变得更加困难。在这个背景下，播音主持人需要充分发挥自己的专业表达能力，与大众建立起共鸣，起到引导作用。他们可以通过使用丰富多样的词汇和生动有趣的语言来引起大众对新闻的共鸣，使得新闻内容更加贴近大众的生活，传播正确的人生观、价值观和世界观。在实际工作中，播音主持人可以适度修饰播报语言，以确保新闻内容的真实性和价值观的正确性。通过巧妙的语言运用，他们可以赋予新闻内容独特的情感色彩，使新闻更易于被大众接受。这种修饰语言的运用不仅仅是为了增加新闻的吸引力，更重要的是让新闻内容更加贴近大众的需求，满足大众对新闻的需求和期待。在播音主持工作中，丰富的情感表达是非常重要的基础。播音主持人需要通过运用自己的声音、语调、语速等手段，准确把握新闻中所需要传递的情感。只有准确把握情感，才能让播音主持工作更加出色，引起大众的共鸣。综上所述，想要让播音主持工作富有情感，需要注意以下几点：

首先，在广播电视领域，播音主持工作者是与观众进行直接交流的主要媒介。他们的表现，无论是专业能力的运用，还是情感表达的准确性，都能直接影响节目的质量和接收者的反应。因此，播音主持人需要强化自身的专业能力学习，并在理论与实践中找寻完善自我、提高表达能力的有效路径。马克思主义理论是我们的行动指南，它提供了解决社会矛盾和问题的科学方法和理论工具。对马克思主义理论的深入理解和准确运用，可以使播音主持人在对待工作中的各种问题时，能够站在科学的、发展的角度来认识和处理，避免陷入主观的、片面的认识中。播音主持工作不仅是一项专业技术性的工作，更是一项重要的意识形态工作。只有深入理解党的指导方针，播音主持人才能更好地用党的理论观点引导广大听众，传播正能量，营造健康向上的社会氛围。播音主持人需要树立正确的人生观、价值观和世界观。这是他们在面对工作中的各种选择时，能够坚守底线、崇尚真理、追求卓越的重要保证。在传播信息的过程中，播音主持人需要有独立思考和判断的能力，能够清晰地区分真假、善恶、美丑。只有这样，他们才能将自己的情感正确地投入工作中，对正确的事物表达支持和喜爱，对错误的事物表达反对和批评。

其次，情感工作的能力是从业者在与他人交往和处理情感相关工作中所需具备的一项重要技能，要提高这种能力，从业者需要进行常规的实践操作。实践操作是指在实际工作中主动应用和实施情感管理策略和技巧，不断地实践操作，从业者可以逐渐培养出熟练的情感工作能力。在日常生活中，从业者应该留心小事，观察并体会事情中的情感需求，这意味着从业者需要敏锐地察觉他人的情感状态和情感表达，从中获取情感需求的线索，对情感需求的观察和体会，有助于从业者更好地理解他人的情感体验，并相应地调整自己的情感表达方式。除了之前提到的实践操作、观察和体会情感需求、语言表达能力的重要性，情感工作中的传递情感也是一个关键环节。在传递情感的过程中，声音的高低并不是决定性因素，真实的传递过程和真诚的表达更为重要。从业者需要以真诚的心态和热忱的态度，将自己的情感充分地展露出来，并将情感与工作内容相融合，以达到与大众产生共鸣的效果，进而实现内容的真实性和有感情的表达。

三、播音主持语言创作的个性化

在当前高速发展的新媒体时代，播音主持工作已经迈入了一个新的阶段。播音主持不仅是一项面对社会、面对大众的工作，而且是一项随着网络技术和社会发展而不断变革的职业。随着新媒体的发展，广大播音主持工作者开始通过网络进行工作，以满足不同大众的需求。作为一名播音主持人，必须具备优秀的语音播报能力，以保证在传递信息的同时，能够把握住听众的心。同时，个性化也是播音主持人吸引听众的重要因素。无论是在语音的处理，还是在节目的内容、形式上，都需要体现出播音主持人自己的特点和风格。只有这样，才能在众多的节目中脱颖而出，吸引更多的听众。

而要做到这些，播音主持人就需要注意调整自己的语言风格以适应不同内容的特点，树立良好的形象，推动媒体平台的发展[①]。在语言风格上，要体现出高度的专业性，也要具有亲和力，能够引起听众的共鸣。

① 郭佳琳. 新媒体语境下播音主持语言艺术的特点研究 [J]. 新闻研究导刊,2022（8）:3.

个性化的体现并不止于语言风格，还应该体现在对象感、交流感、口语化表达方式和个性风格等方面。只有让听众感觉到主持人的存在，与主持人产生情感共鸣，才能真正抓住听众的心。口语化的表达方式可以让信息的传递更加直接、准确，而个性化的风格则是主持人魅力的独特体现。除此之外，播音主持工作也是一个训练思维和语言创作能力的过程。通过对工作的深入分析，发散性思维的训练，可以促使播音主持人不断提高其创新能力。而这种创新能力不仅能够帮助主持人更好地理解和解析问题，也能够使主持人在工作中展现出自己的个性特点，从而吸引更多的听众。

第四节　媒体融合背景下播音主持语言表现力提升策略

一、播音主持语言表现力的概述及重要性

对于播音主持而言，语言表达能力与表现力是其个人在工作中的必备能力之一，相比其他类岗位人员，播音主持的工作便是通过语言进行信息的传递与信息的转述，因此，要确保播音主持在岗位中具有较高的表现能力，需要播音主持具有较深厚的文化沉淀与知识积累，可以及时对播音过程中的事故，采取有效措施应变处理。播音主持的语言表现能力应具体体现在以下三个方面：

其一，播音主持的语言应具有规范化与标准化表现能力。通常情况下，从事播音主持工作的人员都需要具备国家颁发的普通话一级甲等证书，这是一个明确的标准，要求播音主持人能够准确无误地使用普通话进行表述。在播音主持过程中，需要用准确、简洁的语言描述事件的重点，以此方式精准地向受众群体传达信息，无论是新闻报道还是节目解说，播音主持人都需要用流畅、客观的语言去阐述事件的核心内容，避

免冗余和模糊的表述，使听众和观众能够更好地理解和接收信息。

其二，播音主持的语言应具有吸引力。在新媒体等各类传播工具的普及化背景下，广播和播音主持行业呈现出前所未有的兴盛景象，广播节目的形式多样，电视新闻的演绎方式也呈现出多元化。在这种情况下，播音主持行业内部的竞争日渐白热化，想要在此环境中脱颖而出，或取得行业内的领先地位，播音主持人就需要展现出自己独特的风格和个人魅力，通过这些手段吸引广大的公众收听自己主持的报道节目。同样重要的是，播音主持人的语言表达还需要具备引导性，能够对听众的思维方式和认知产生正面影响，帮助他们更好地理解新闻信息。这样不仅保证了信息和资源在市场中的价值，也保证了其传播的时效性。

其三，播音主持的语言应具有时代性特点与艺术性特点。主持人作为社会信息传播的关键载体，他们的语言技巧就像一种全面的艺术。在主持过程中，主持人需要展现出扎实且深厚的语言能力，并且他们的演绎需要富含情感，满足现代社会的需求。在新形势下，播音主持人的语言表现力成为评估其个人能力的重要标准，强大的能力不仅能提高节目的收视率、增强传播效果，还能推动行业或企业的持续发展。具有出色语言表现能力的播音主持人，能在市场中获取更多资源，从而提升节目质量，确保其社会影响力向正向发展。进一步地，当播音主持人的语言综合能力达到一定水平后，听众和观众对节目的认同感和认可度也会随之提升。总的来说，如果要保证播音主持行业的持续发展，就必须确保主持人等核心人物在市场中具有强大的竞争力。

二、融媒体时代下播音主持面临挑战

在新媒体时代背景下，播音主持需要与时俱进，满足公众、行业和时代的需求，持续优化和提升自己的专业能力。当前的媒体融合传播工具的多样性，使得主持人在市场内面临着更大的工作挑战，包括主持现场与听众的互动，以及主持内容与主持风格的匹配度，这些因素都会对节目的收听率产生影响。另外，由于新媒体时代的播音工作存在许多不确定性，播音主持现场可能会遇到的突发事件的概率也在增加。主持人必须具有强大的现场应变和处理能力，以便在面对突发情况时能够迅速应对。在新媒体时代，传统媒体的出现次数逐渐减少，新旧媒体工具和传播载体正在融合。通过分析目标听众的需求，可以了解到，只有满足碎片化的信息需求，才能更好地适应社会中更广泛的群体的需求。自媒体时代的到来，使得播音主持的门槛降低，每个人都有可能成为事件的报道者，因此，主持人需要更加强调他们与传播者的差异性，避免二者的模糊性对播音主持行业的发展产生负面影响。总的来说，当前我国的播音主持行业面临着巨大的机遇和挑战。播音主持人需要清晰地认识自我价值，把握行业需求和产业价值定位，才能确保他们在社会中的持续发展。

三、融媒体时代下提升播音主持语言表现力策略

（一）强化播音主持语言规范性

在播音主持这一岗位上，一名卓越的主持人应具备高超的语言表达能力，并且其表达方式应具有规范性。只有这样，才能确保主持人在语言表达和情感展现上达到更高的水平。面对工作的实际需求，主持人应以普通话作为工作语言，他们的发音应满足或符合国家播音主持的相关标准。在对事件进行描述或转述时，播音主持需要运用自己的观点或语言来传达信息。对于观众来说，播音主持传递的信息或叙述的内容具有一定的引导和示范作用，因此，播音主持的语言表达应具有较高的规范性。

从上述的分析中，可以明确知道，播音主持在执行其工作职责时，需要确保语言表达清晰、准确，发音规范，避免出现音准问题、方言、错别字等现象。当阐述或转述事件以及观点时，播音主持需从客观角度出发，确保所有带有观点性质的词汇使用得当，避免因个人情感或主观

认知的偏差，导致词汇使用不准确或滥用。同时，主持人在描述事件的语句中，必须保证语法表达无误、结构正常。现代社会的背景下，各类媒介工具多样化，多媒体节目如直播、转播等的数量和规模在市场上都显著增长。要在这种环境中立足，提供给观众更优质的信息获取渠道，播音主持人需要确保所报道的内容具有时效性。因此，越来越多的新闻开始采用现场报道的方式播出。这种需求使得播音主持人经常需要在高压的工作环境下运转，这可能导致他们在语言表达时变得紧张，出现表达错误、语言不规范等问题。另外，一些播音主持在转述内容时，没有清晰或正确地认识自己的角色定位，误以为只要节目收视率高，自己的语言是否规范就无关紧要。然而，这是错误的理解。如果主持人在广播过程中忽视了语言的规范化表达，随意使用网络用语或生活用语，可能会导致其主持内容的价值降低。虽然这种方式能快速缩小播音主持与观众的距离，但实际上是一种对语言艺术的不尊重。

（二）丰富播音主持语言情感内涵

播音主持的核心任务是通过语言进行事件传播，从而使听众获取更多的社会信息，这使得听众可以通过听觉刺激去感知、体验并最后相信信息。因此，为了提高播音主持的表现能力，个人情感的融入和渗透在这个工作中是非常重要的。以下从三个方面对此进行阐述。

首先，播音主持工作需要实现"声音"与"情感"的交融。当播放某个节目或报道某个事件时，播音主持需要详细解读报道的内容，了解报道的主题、方向和背景，感知并感受事件的整体基调，以进一步理解事件的内涵和精神实质。这样可以实现事件逻辑与情感的高度融合，让观众在富含情感的声音中理解主持人对事件的解读，从而产生心理共鸣。

其次，播音主持的工作需要实现"真实"与"情感"的结合。这要求播音主持在传播节目或报道内容时，不断提升个人能力和业务水平，具有较高的政治素养以及出色的事件分析能力。主持人应根据实际情况，在播音主持中对报道内容进行客观、真实的描述。对于社会中的各种事件，他们需要准确把握事件的重点，融入情感进行事件表达，使得声音具有更强的感染力，更好地触达受众群体的内心，实现对听众情绪的感染。

最后，播音主持需要做到"魅力"与"情感"的融合。主持人应通过对事件的不同表述，体现出美学价值。比如，播音主持在工作中或播出节目过程中，需要保持个人情感和立场的坚定，具有明辨是非的能力，从而提升主持人的传播力和影响力。

（三）提升播音主持语言亲民性

播音主持的节目收视率和收听率通常被认为是衡量主持人业务能力的重要指标。收听率的提高意味着播音主持人具有强大的吸引力，并在市场中受到欢迎。只有当主持人具有这样的能力时，他们播出和报道的内容才在市场中有较高的价值。在日常生活中，大多数听众在选择节目时，会主动寻找自己感兴趣的内容。这时，听众不仅关注节目的内容，而且会关注主持人的语言表达方式是否与他们的需求相匹配，换句话说，他们关注主持人是否接地气。主持人要做到接地气，需要不断地摸索经验，深入了解并感知听众对主持方式的需求。此外，主持人的亲民特性也涉及他们的语气和用词。因此，主持人需要在工作前不断地提升自己的能力和业务水平，了解当地的风俗民情，掌握并感知听众的个性化需求，在保证报道语言标准化的基础上，适当地在语言表达中融入一些口语化的内容，从而得到公众的认可。这将进一步提高播音主持的收听率和市场价值，确保他们报道的内容在市场中有较高的舆论影响力。

（四）丰富播音主持语言文化底蕴

在播音行业中，主持人是与大众直接接触的一环，他们所从事的是一种具有强烈综合性的职业。在节目的创作与播报中，主持人的个人能力、知识储备、文化修养和经验积累都会影响节目的效果。只有主持人具有深厚的文化底蕴，才能对社会中的敏感事件有独特的理解和观点，从而在节目的主持和报道中提出新颖的看法。一旦主持人满足了这些需求，他们播出的节目将具有更深的市场洞察力，确保内容与观众的精神需求相吻合。总的来说，主持人需要具备高级的文化修养和内心涵养，这种修养会在他们的播音或信息传递中体现出来。因此，主持人在保证表述准确、发音清晰、立场坚定的同时，还需要努力积累词汇和优化语法，以确保节目具有更强的人文特色和大众共鸣。通过这种方式，可以全面提升主持人的个人能力、业务能力和综合能力，确保主持人的语言在社会上具有更强的影响力和引导力。

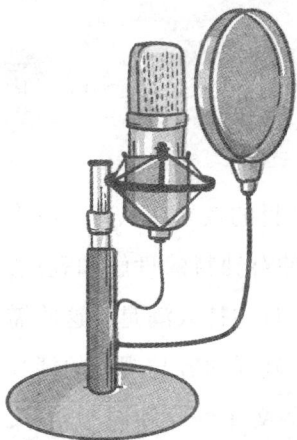

第八章　媒体融合背景下播音主持艺术创新发展之人才培养

第一节　明确学科思路

一、理解学科本质

（一）艺术表演形式

播音主持艺术首先是一种艺术表演形式，它涵盖了广播、电视、网络直播等多种媒体，通过声音和形象将各种信息、情感和观点传达给听众或观众。播音主持艺术是一种复合型的艺术，不仅包括语言的运用，还涉及声音、肢体、面部表情等非语言的表达方式。在主持过程中，播音员需要根据节目的性质和内容，灵活运用多种表达方式，以吸引并引导听众的注意力，使节目内容更具感染力和说服力。播音主持艺术的艺术性主要体现在语言艺术、声音艺术、情感艺术等方面。语言艺术包括语言的选用、语言的节奏、语言的变化等；声音艺术则是通过声音的音质、音色、音量、语调等因素来表达节目的主题和情感；情感艺术则需要播音员在理解节目内容的基础上，运用适当的表达方式，真实、自然地传达出节目的情感。作为一种艺术形式，播音主持艺术需要不断地进行创新，以满足听众日益变化的审美需求和接受习惯。播音员需要根据节目的特点和听众的需求，创新表达方式、节目形式、互动方式等，使节目内容更加丰富、有趣、引人入胜。

（二）掌握学科体系

学科体系涵盖的内容宽广深厚，从基本的声音表达和语言修辞，到复杂的人文社会理论与新媒体技术，所有这些构成了播音主持艺术的全貌。深入理解和掌握基本的声音语言学是至关重要的，不仅包括对声音的基本控制、音色的变化以及正确的发音，更包括对声音情感和节奏的控制，以及如何通过声音表达出主持人内心的情感和思想，掌握了基本技巧，才能真正地"说"出想要传达的信息和情感。广泛地接触和学习人文社会学科的知识是提高播音主持艺术水平的关键，包括新闻学、文化研究、社会学、心理学等学科的知识，通过这些知识，可以更好地理解社会、理解受众、理解所传达的信息的社会和文化背景，能够更好地与听众进行沟通和交流。新媒体技术的发展，使得播音主持艺术的形式和内容发生了深刻的变化，如直播、短视频等新形式的出现，使得播音主持艺术的传播方式变得更为多元化。掌握新媒体技术，不仅能更好地适应媒体融合的趋势，更能在播音主持过程中，更好地利用这些新媒体工具，提高播音主持的效果和影响力。

（三）多维技能要求

播音主持艺术的人才培养远非单一技能的学习，而是一种多维技能的整体要求，可以分为基础技能、职业技能和创新技能。基础技能是构建播音主持艺术的基石。其中，语言运用能力无疑是最基础的技能之一。播音主持艺术人才需要具备丰富的词汇量、精确的语言表达能力，以及准确的语感。他们必须熟练掌握各种发音技巧，包括语音的节奏、强弱、高低、快慢等。而除了语言运用能力外，良好的沟通能力和人际交往能力也至关重要。主持人是桥梁，他们需要通过沟通，将信息准确无误地传达给听众。而在沟通的过程中，更需要良好的人际交往能力来处理各种人际关系，包括与嘉宾、与观众、与工作团队之间的关系。职业技能是播音主持艺术的核心。一方面，主持人需要掌握专业的主持技巧，这包括掌握节目的步骤和节奏，能熟练地进行即兴演讲，也包括迅速应对各种突发状况的能力。另一方面，他们还需要具备一定的编导能力，理解编导思想，能够深入节目的制作过程中去。对新媒体环境下的技术使用也是必需的，如录制和编辑音频、视频，以及运用各种新媒体平台进行传播。创新技能是播音主持艺术发展的动力。主持人需要具备的创新能力包括但不限于新颖的思考方式、独特的艺术表达、原创的节目设计。创新是推动事物发展的原动力，只有不断创新，才能使播音主持艺术保持生命力。因此，对于播音主持艺术人才来说，提升创新技能是必不可少的。

（四）培养声音美学

声音美学的培养首先要建立在对声音美学的深刻理解基础上，具体要理解声音的各种属性，如音色、音量、音调等，以及它们如何通过不同的组合产生不同的艺术效果。理解声音如何与情感、语境等因素相互作用，以及如何通过声音的变化来有效地传达情感和信息。在理解的基础上，需要进行有针对性的训练。这种训练包括但不限于掌握正确的发音技巧、提高声音控制能力、提升语音表达能力等。这些训练应该是循序渐进的，从基础开始，逐步提升。在训练过程中，应注重理论与实践的结合，通过理论学习来指导实践，通过实践来检验和丰富理论。声音美学的培养不仅是一个个人的过程，也是一个团体的过程。可以通过各种形式的交流和合作，如集体练习、互评等，来提升整个团队的声音美学水平。这种集体的培养过程可以提供更多的互动和反馈，从而提高训练的效果。同时，声音美学的培养也需要有创新精神。在传统的基础上，应鼓励新的声音美学理念和实践方法的探索和尝试。这种创新不仅可以丰富声音美学体系，也可以适应不断变化的传播环境和受众需求。此外，声音美学的培养需要有持之以恒的精神。因为声音美学的提升是一个长期的过程，需要有足够的耐心和毅力，持续进行训练，不断提升自己的声音美学水平。

二、把握发展方向

（一）顺应新媒体技术的发展趋势

在当今时代，新媒体技术的发展趋势如潮水般翻涌，深刻改变了播音主持艺术的发展路径。对于播音主持人来说，掌握新媒体技术，熟悉并顺应这一发展趋势，已经成为成功的关键。无线技术和移动互联网的兴起，使得播音主持艺术可以跨越时间和空间的限制，接触到更多的观众。从录播到直播，从电视到手机，播音主持的形式多样化，需要播音主持人具备更高的技术理解和应用能力。在实际操作中，播音主持人需要熟悉直播平台的运作规则和技术特性，才能确保播出的稳定和效果。社交媒体的普及使得观众不再是被动接收信息的一方，而是可以主动参与到节目中来。在新媒体环境下，播音主持人需要运用社交媒体工具，激发观众的参与和互动，实现从单向传播到互动传播的转变。比如，主持人可以通过在线投票、实时评论等形式，收集观众的反馈，增强节目的互动性和观赏性。人工智能技术的发展，为播音主持艺术的创新提供了无限可能。虚拟现实（VR）、增强现实（AR）等技术，使得播音主持可以打破物理空间的限制，创造更为生动、立体的视听体验。主持人需要对这些技术有所了解，了解其特点和应用方法，才能在节目制作中充分利用。此外，大数据技术的应用为播音主持艺术提供了更为精准的受众画像和预测模型。播音主持人可以通过分析大数据，了解受众的喜好、需求，提高节目的精准度和针对性。而所有这些，都需要播音主持人有着良好的学习能力和适应能力，对新媒体技术持有开放的态度，积极探索和尝试。他们需要不断学习、实践，将新的知识和技能融入自己的专业实践，与时俱进。

（二）强调多媒体表达能力

掌握多媒体表达能力意味着对信息的全方位把握。在传播过程中，文字、声音、图像等不同形式的信息元素，都承载着各自的信息载量。播音主持艺术人才需要善于利用这些元素，将其融合在一起，构建出全方位、多层次的信息传播体系，使得信息传播更加完整且生动。同时，这也意味着播音主持艺术人才需要具备跨界的能力和视野。在多媒体环境中，播音主持艺术人才不仅要具备熟练的语言表达技能，还要能够运用视觉、听觉、触觉等各种感知方式，进行全面的信息表达。这需要播音主持艺术人才具备跨领域的知识结构，对多种传播方式有深入理解和实践。而要实现这样的目标，需要采取一系列策略。首先，教育和培训体系要更加注重多元技能的培养。除了传统的语言艺术培训，还需要加强对新媒体技术、视觉艺术、多媒体制作等方面的教育和培训。其次，要提倡跨界学习和实践。鼓励播音主持艺术人才深入了解和掌握其他领域的知识和技能，并在多媒体环境中灵活运用。最后，教育者和机构也需要建立和完善多媒体实验室、实践平台等，以供播音主持艺术人才进行实践和创新。

（三）强调创新思维和创意能力

创新思维是一种全新的思考方式，它不仅需要拥有丰富的知识储备，还需要具备灵活的思考能力，能够从不同的角度、不同的视野去思考问题。而创意能力则是将创新思维转化为实际操作的能力，它需要有足够的勇气去尝试新的事物，突破传统的限制，创造出不同的播音主持形式。培养创新思维和创意能力首先要从教育环境做起，需要为学生营造一个宽松、开放的学习环境，让他们敢于表达自我、敢于挑战权威。在这样的环境中，学生的思想能够得到自由的发展，他们的创新思维和创意能力也能得到锻炼和提高。需要将创新思维和创意能力的培养融入课程中。在教学过程中，不仅需要传授专业知识，还需要教授创新的方法和手段。例如，可以引导学生观察并研究最新的播音主持趋势，分析其背后的原因，思考如何在自己的作品中应用这些趋势。通过这样的教学方式，可以激发学生的创新思维，提高他们的创意能力。需要在实践中培养学生的创新思维和创意能力。让学生参与到各种播音主持的实践活动中，让他们有机会运用自己的知识和技能，解决实际问题。在这个过程中，他们不仅可以提高自己的实践能力，也可以锻炼自己的创新思维和创意能力。需要营造一种鼓励创新的氛围，向学生传达一种信息：失败并不可怕，可怕的是停止尝试和创新，为学生提供充分的支持和鼓励，让他们敢于尝试新的事物，敢于创新。

（四）关注社会和文化变迁

在播音主持艺术创新发展的过程中，关注社会和文化变迁是一项至关重要的任务。一方面，社会变迁直接影响着播音主持艺术的内容和形式，主持人需要根据社会变化调整他们的言辞和主题，使之与时俱进。另一方面，文化变迁为播音主持艺术提供了丰富的素材和广阔的视野，使得主持人能够在多元化的文化背景下进行深度挖掘和创新表达。

为了有效关注和应对社会与文化的变迁，播音主持艺术创新发展可以采取以下策略：一是要建立一种主动探索和学习的态度。播音主持人应保持对社会发展的敏锐洞察，定期关注新闻、时事，以及文化艺术动态，把握社会脉搏，感知文化风貌。与此同时，主持人还需要了解和学习新兴的社会文化现象，提升自我理解和解读社会变迁的能力。二是深入挖掘社会和文化现象，发现其中的问题与矛盾。这既需要主持人有敏锐的观察力，也需要他们具备一定的社会科学和人文科学知识，能够从更深的层面理解社会和文化的内涵。在播音主持艺术的创新中，主持人可以将这些问题与矛盾作为创新的主题，以丰富的艺术手法进行解读和表达。三是要鼓励主持人跨文化交流和学习。在全球化的背景下，不同的社会和文化都在互相影响，播音主持人需要具备跨文化的理解和沟通能力，能够在不同的文化背景下进行有效的表达。这既需要他们深入学习和理解其他文化，也需要他们有勇气尝试和接受新的思维方式和表达手法。四是播音主持人需要把握好社会和文化变迁的节奏和方向。社会和文化的变迁是一个持续的过程，主持人需要在这个过程中保持敏感，及时调整自己的表达方式和主题，以满足社会和受众的需求。同时，他们还需要根据社会和文化的变迁，进行自我反思和自我更新，以实现播音主持艺术的持续创新。

三、高度重视理论与实践相结合

（一）理论学习的深化

一方面，教学内容必须紧跟播音主持艺术的发展趋势，将最新的理论知识融入教学。这既包括播音主持艺术的基础理论，如语言艺术、声音美学、传播学等，也包括新媒体技术、跨媒体传播等新兴领域的知识。同时，教学内容的设置应更加贴近实际，比如，可以通过剖析优秀主持人的表演，让学生理解艺术表演形式的多样性，以及如何将理论知识融入主持表演。另一方面，教学方式也需要进行创新。传统的课堂讲授仍然有其必要性，但在新的教育环境下，教师需要引导学生将所学的理论知识与现实生活、实际工作相结合，增强理论的应用性。可以采用案例教学、角色扮演、讨论式教学等多种形式，鼓励学生主动参与学习过程。比如，教师可以设计一些主持人的真实场景，让学生进行角色扮演，这样不仅可以增强学生的参与感，也可以让他们更好地理解和掌握所学的理论知识。

（二）实践能力的提升

对于播音主持艺术创新发展的人才培养来说，理论的掌握固然重要，但没有实践的检验，理论的学习就可能变得空洞和脱离现实。因此，如何有效提升学生的实践能力，成为重点要探讨的问题。首先，需要为学生提供丰富多样的实践机会。这既包括校内的模拟实践活动，如播音主持训练室的模拟演练、校园电视台的实战操作等，也包括校外的实习实践机会，如电视台的实习、活动主持等。通过这些实践机会，学生可以亲身参与到播音主持工作中，直接感受并运用理论知识，从而提升自己的实践能力。其次，需要提供具有针对性的实践指导。在实践过程中，学生可能会遇到各种问题，这时，教师的指导就显得尤为重要。教师需要根据学生的具体情况，提供适合他们的指导和建议，引导他们思考如何在实际操作中更好地运用理论知识。最后，需要重视对学生实践能力的评价。有效的评价不仅能让学生明确自己的长处和短处，更能激发他们的学习动力。评价方式可以采取多元化的形式，既包括教师的评价，也包括同学之间的互评，甚至包括自我评价。而评价的标准，除了关注实践结果，更应关注学生的实践过程和思考能力。

（三）理论与实践的交融

为了使理论与实践的交融成为播音主持艺术教育的一种常态，需要建立一个能够促进这种交融的环境和体系。教育体系的建立首先依赖于有深度的课程设计，课程的设置应当能够平衡理论学习与实践操作的需求。对于理论课程，应当注重对学生批判性思维的培养，鼓励他们对现有理论进行质疑和创新；对于实践课程，不仅要提供充足的实操机会，还需要制定出详细、科学的评价标准，以确保学生能在实践中真正提升自己的能力。教师在促进理论与实践交融中发挥着至关重要的作用，需要引导学生通过实践来理解和消化理论知识，也要鼓励他们在实践中找到新的理论视角和研究方法。同时，教师也需要与时俱进，了解最新的行业动态和理论研究，以便更好地指导学生。学生自身的主动性和创新性也是推动理论与实践交融的重要因素，学生需要在教师的引导下，积极探索理论在实践中的应用，同时，他们也需要敢于挑战现有理论，提出自己的见解和想法。

第二节　拓宽目标格局

一、专业发展的自身需求

在新媒体环境下，播音主持艺术的专业发展自身需求已经发生了深刻的变化。以往仅需要掌握基本的播音主持技能，而如今的专业发展需要更多元的能力，其中包括表达能力、思辨能力、人际互动、冲突解决、演讲口才、文化包容等。在媒体融合环境下，播音主持人需要具备清晰、准确、生动的语言表达能力，以适应多样化的传播形式，不仅涉及语言文字的表达，还包括图像、声音、体态等多种传播元素的整合表达。播音主持人需要具备敏锐的思辨能力，以便能从大量的信息中筛选出重要的内容，并在处理信息时能独立思考、发现问题、解决问题。播音主持人需要具备良好的人际互动能力，包括与观众的互动、与嘉宾的互动以及与团队的互动，这样才能在互动中提升节目的吸引力，增强观众的参与感。在新媒体环境下，播音主持人面临的挑战和冲突更多，如何高效解决这些冲突，对播音主持人的专业发展至关重要。无论是线上还是线下，演讲口才始终是播音主持人必备的技能。好的演讲口才能够吸引观众的注意力，提升节目的吸引力。在全球化的媒体环境中，播音主持人需要具备文化包容能力，能够理解、尊重和包容不同的文化观念和价值观，这对于推动媒体融合的深度发展具有重要作用。整体来看，播音主持艺术在新媒体环境下的专业发展需求已经从传统的技能训练转变为综合能力的培养，这不仅需要教育者更新教学观念，也需要主持人自我提升，以适应新媒体环境的挑战。

二、融合媒介平台的人才需求

媒体融合平台的出现为我国播音与主持艺术专业提供了前所未有的发展机会，同时也带来了一系列全新的人才需求。一方面，新媒体时代的到来带来了网络主持人需求的急剧上升。从综合门户网站主持人到专业视频分享网站主持人，再到IPTV（交互式网络电视）主持人、互联网电视主持人以及手机电视主持人以及各式各样的自媒体主持人，这些全新的主持人职位亟须填补。但这些新型主持人的素质却参差不齐，一方面他们在展现个性多样化的同时，又极其需要专业层面的"规范化"。这种对专业化的需求，为播音与主持艺术专业的发展提供了极大的空间和可能。另一方面，针对新媒体主持人的理论建设、人才培养和专业设置，已成为播音与主持艺术专业未来发展的一大方向。随着融媒体平台的不断发展和社会需求的变化，需要更专业、具备跨媒体平台能力的人才，来适应这种变化。

第三节　转变人才理念

一、传统播音的二次创作

传统播音的二次创作是指在媒体环境中，播音主持人通过观察、体验、分析和加工文字稿件，以及进行艺术构想，最终以有声语言形式表现的创造性劳动。这种创作过程强调对语言的艺术性创造，使播音主持人能够以独特的方式传达信息，并产生情感共鸣。

（一）观察、体验、分析

通过对事件、现象的观察和深入体验，以及对相关信息的细致分析，播音主持人能够获得丰富的素材和情感体验，为后续的创作打下坚实的基础。

1. 观察

观察是播音主持人获取信息的重要途径，需要保持敏锐的观察力，不仅关注大众关注的热点事件，还要留意细微的变化和具有特殊意义的细节。具体可以通过关注新闻媒体、社交媒体、专业网站等多个渠道，获取全面、多角度的信息。同时，密切关注社会热点、行业动态和受众关注的话题，及时了解事件的发展和演变。进行实地调研和深入采访，与相关人员交流和互动，获取第一手资料和真实感受，通过采访专家、参与活动或现场报道等方式实现，以获得更准确、详细的信息。观察时要关注事件的细节和变化，包括人物的表情、环境的变化、事件的演进等，这些细节能够帮助播音主持人抓住事件的重点和特点，以及事件的情感共鸣点，为后续的创作提供准确的素材。

2. 体验

体验是播音主持人加深对事件的理解和感受的重要方式，需要亲身参与或感同身受，以获得更加真实的感受和情感体验。尽可能地亲身参与事件，通过实地体验来深入了解事件的背后故事和情感。例如，参加相关活动、观察现场、感受氛围。也可以通过想象让自己置身于事件当中，设身处地感受事件对相关人群的影响和情感体验。通过体验能够从多个角度、多个层面去感受事件的背后故事，从而更好地表达和传递给受众。

3. 分析

分析是播音主持人对观察和体验所得信息的深入思考和逻辑整理，对收集到的信息进行系统的分析和梳理，厘清事件的来龙去脉、关联关系和内在逻辑。运用相关的分析框架和模型，对事件进行深入分析。例如，SWOT 分析（态势分析）、五力模型、价值链分析等，可以帮助播音主持人从不同的角度和维度思考事件，并提供更深入的洞察和分析。通过分析有利于把握事件的核心要点和关键信息，为创作提供清晰的思路和结构。

（二）加工提炼

在传统播音的二次创作中，涉及将观察、体验和分析得到的信息进行深入思考和整理，以提炼出核心要点和关键信息，使其更加简洁、准确，易于理解和接受。加工提炼的过程包括以下几个方面：

筛选重要信息。播音主持人需要从观察和体验中筛选出与主题或要播报内容相关的重要信息。这涉及对信息的理解和判断，以便保留关键的细节和事实，去除次要或无关紧要的内容。

整理逻辑框架。播音主持人在加工提炼过程中，需要对信息进行整理，建立起清晰的逻辑框架。将收集到的信息按照一定的顺序和层次进行组织，确保信息的逻辑关系和内在连贯性，确保播报内容更具结构和条理，有助于听众更好地理解和接收信息。

精简语言表达。加工提炼还涉及语言表达的精练和简明扼要，播音主持人需要用简洁明了的语言表达复杂的信息，避免使用冗长和晦涩的词汇和句子，可以运用简练的措辞和生动的形象语言，使得播报内容更加通俗易懂，有助于听众的接受理解。

考虑受众需求。在加工提炼的过程中，播音主持人还要考虑受众的需求和口味，根据受众的特点和兴趣，对信息进行调整和定位，以确保信息能够与受众产生共鸣。

（三）艺术构想

艺术构想是传统播音二次创作中的重要环节，它使播音主持人能够将加工提炼后的内容融入自己的风格和表达方式，以使得播报更具个性和艺术性。艺术构想要求播音主持人具备独特的风格和特色，使得他们在播报中能够展现自己的个人魅力。每个播音主持人都有自己独特的声音、语调、节奏和表达方式，艺术构想要求他们在播报过程中运用这些个人特色，塑造出与众不同的声音形象。艺术构想强调在播报中注入情感，通过语言和声音的变化传递情感，与听众建立情感共鸣。播音主持人可以通过语调、音色、节奏等手段，表达出喜怒哀乐、紧张激动或温馨感人等不同的情感色彩，使得听众能够更加深入地理解和感受播报的内容。艺术构想要求播音主持人掌握良好的节奏控制能力，使得播报内容流畅有序，并能够引导听众的注意力。通过恰当的停顿、语速和语调的变化，播音主持人能够创造出音乐般的节奏感，使得播报更加生动有趣，优化听众的收听体验。

二、全能主持的内容生产

在媒体融合背景下，内容生产的流程变得越来越简化，这要求播音员和主持人必须具备全方位的信息产制能力，并且在节目中扮演主导角色，展现个人的独特魅力。然而，目前我国播音主持专业的教育和人才培养理念更加侧重于声音艺术化表达的培训，而在内容生产流程中全方位的产控能力相对被放置在次要位置。全能主持人需要具备广泛的知识背景和较强信息获取能力，能够深入研究主题，收集和整合相关信息，并将其转化为有趣、有深度的节目内容，需要了解不同领域的知识，跨越文化和行业的边界，以便更好地进行内容创作和节目策划。全能主持人应具备创新思维和敏锐的触觉，能够洞察时事热点和社会趋势，抓住观众的兴趣点，灵活运用各种创意和想象力，以及敏锐的嗅觉，为节目注入新鲜和有趣的元素，提供与众不同的内容体验。全能主持人需要具备出色的脚本撰写和节目策划能力，能够设计有层次感和张力的内容结构，掌握故事叙述的技巧，让节目具有引人入胜的效果，了解目标受众的需求和喜好，制定适合不同平台和媒介的内容策略，实现节目的多样化和创新性。全能主持人需要与制作团队、嘉宾和观众进行密切的沟通与合作，需要具备良好的沟通技巧和团队合作能力，与团队成员密切合作，协调节目的制作流程，并及时调整节目内容，以确保节目的质量和效果。在媒体融合背景下，社交媒体的影响力越来越大。全能主持人需要具备社交媒体的运营能力，能够与观众进行互动，积极回应观众的反馈和提问，需要熟悉不同社交媒体平台的特点和规则，灵活运用各种互动方式，与观众建立紧密的联系。

第四节　完善教学环节

一、专业文化培养环节

（一）专业文化知识为主的培养

在媒体融合时代，内容仍然是传播过程中的核心要素。无论媒介形式和传播方式如何不断革新，主持人只有在节目内容方面具备专业化的知识，才能吸引受众的关注，赢得他们的信任和尊重，并取得良好的传播效果。然而，可惜的是大部分这类主持人并非来自播音与主持艺术专业，这引发了对现今播音主持艺术专业教育的反思，并为其改革提供了指导方向。在媒体融合背景下，信息传播越来越细分化，这更加需要主持人走专业化的道路。因此，在媒体融合时代，不仅应该保持播音与主持艺术专业注重文学艺术素质培养的课程特色，还应根据学生的兴趣，开设各种不同类型的专业选修课程。举例来说，可以设置经济学、教育学、心理学等系列选修课程，同时鼓励学生针对特定领域的文化方向进行深入学习，以提高针对性。

（二）综合知识援助平台的构建

随着媒介融合的推进，主持人节目直播化的趋势日益明显。这意味着节目制作流程变得更简单，要求主持人不仅要具备某一领域的专业知识，还需要广泛涉猎其他领域的知识。构建一个多学科综合知识援助平台至关重要，其中包括文学、艺术学、传播学、社会学、政治学等多个学科的基础知识。主持人需要在面对日益简化的融合内容生产流程和日益增多的交流互动时，能够提供多角度的即时解读。为了培养这样的能力，可以通过必读书目的考核来实现。学生需要通读多领域学科概论的论著，并完成相应的考核报告以获得学分。这些必读书目可以涵盖 4~5 个不同领域，学生可以自由选择偏重的知识门类，但必须覆盖主要的社会学科。这样的学习方式旨在培养学生的语言思维能力和对信息内容的延展能力。

二、融媒素养培养环节

（一）媒介素养：从单一传播到双向互动

高等教育一直强调对传媒工作者媒介素养的培养，这在任何时代都是作为一名合格传媒工作者必备的素质。然而，在快速发展的媒介环境下，培养播音员和主持人这一传媒领域的"守门人"，媒介素养显得尤为重要。媒介素养是指公众对于当前媒介时代的认识和对媒介的知识。对于传媒工作者和专业教育来说，媒介素养涉及他们对自己职业和专业的认知，对当前媒介环境的理解，以及个人素质和职业素质的表现。高校在选拔和培养主持人时不应只注重外表和声音，还应对媒介素养的培养给予足够重视。在媒体融合背景下，受众成为中心，每个人都可以成为主播的时代，要展现职业播音员和主持人的独特价值，必须具备独特的专业素质和对媒介发展的把握能力。因此，高校在培养播音员和主持人时，除了专注于声音和语言表达等专业内容外，还应扩大媒介素养教育的覆盖范围，提高学生对新媒介特征的理解，媒介信息选择的能力，媒介与社会互动关系的理解，以及媒介理解和评估的能力。高校需要将媒介素养教育落实到实际行动中，以确保播音员和主持人在媒介领域有着独特的价值和对媒介发展的准确把握能力。

（二）创新意识：从单一分工到自主生产

主持人在内容生产过程中需要具备创新意识，生产出独特的节目内容来吸引观众的选择和关注。在信息充斥的时代，人们对信息的接收能力有限，筛选出有效信息并非易事。在同质化严重的生产环境中，主持人需要创新并生产出具有鲜明色彩的节目内容，才能在众多节目中脱颖而出。在媒介融合的背景下，主持人的角色定位发生了转移。从单一负责有声语言表达的采编播"合作型"主持人，转变为负责全方位信息产控的采编播"合一型"主持人。成为节目的"把关人"和"舆论引导者"，需要不断创新以生产出优质的品牌节目。然而，目前高等院校培养播音主持人才的课程设置存在一定问题，重视专业教育但缺乏特色培养。

通常的课程设置主要包括普通话语音、播音发声、播音创作基础、节目主持、新闻播音等专业技能的培养。这样的课程设置使得播音与主持的人才生产变得像流水线上的工厂生产。因此，在媒体融合背景下，建议在播音与主持的高等教育课程中增加一系列个性开发思维的课程，引入心理学对个性开发的相关课程，以培养更具创新意识和个人魅力的新时代主持人。

（三）品牌素质：从平台宣传到个人品牌

媒体融合中，媒介平台多元，观众可以通过微博、播客等平台全方位地了解播音员和主持人的生活。主持人的影响力逐渐从传统媒体向群众传播，评判主持人的标准也从收视率模糊转变为具体的指标，如粉丝量、评论数和转发量。在媒体融合，主持人除了打造媒体品牌外，还需要利用自媒体平台塑造个人品牌，增强个人的影响力和话语权。提高播音与主持专业学生的品牌打造能力，可以从以下三个方面入手：

一是精准的个性化定位。高等学校应该在学生的培养阶段鼓励积极寻找个人的独特定位。专业教师需要与学生充分互动，根据每个学生的特点进行个性化的指导和教学。学生也需要在实际的媒体实践中开发和展现自己的个性特质。二是独特的表达方式。在明确个性化定位之后，学生需要根据自己的方向和定位，塑造自己独特的语言特色和风格。应该努力成为无法被他人复制的语言符号。这一过程需要学生进行自主学习，并通过长期的品牌积累和培养来实现。三是个人独立表达空间。学生可以利用新媒体平台，如微博、微信公众号和播客等，打造个人品牌，与观众建立亲密联系。在校期间，教师应该运用多种媒介手段和任务设置，让学生通过自媒体平台持续发布个人作品，吸引关注，逐步培养个人品牌意识。

（四）主体意识：从依靠平台到争占平台

在开放式的传播环境下，专业传媒工作者需要具备更高的主体意识。媒体融合背景下，传播渠道不再受传媒集团的严格控制，媒体作为一种公器，可以被大多数人所使用。作为专业的传媒人，应该比一般群众更加意识到自身在媒介中的重要性。对于信息传播的"守门人"——专业的播音员和主持人来说，主体意识应该更加强烈。在媒体融合背景下，一切都在不断变化发展中。技术的更新迭代、媒介的交替替代，无论是社会文化层面还是个人日常生活，都深受融合的影响。当今，我们生活在一个多元化、网络化、数字化、碎片化的信息社会。科技是第一生产力，信息传播方式、形式和特征随着技术的进步而不断赋予新的内涵。经济、政治、文化和社会等方面也因此发生了重大变革。媒介的发展对各行各业的人才提出了更高的要求，而传媒人才则首当其冲。

　　我国播音与主持的起源与国外有所不同。外国的主持人最初是为满足娱乐文化节目传播的需求而出现的。而我国的播音与主持最初就具有强烈的政治性和新闻性。随着学科理论的不断发展，我国播音与主持专业逐渐具备了浓厚的艺术性，形成了独具中国特色的播音与主持艺术专业。在媒介壁垒逐渐模糊的今天，以广播、电视等媒介形式为基础的培养体系已无法指导当前的实践。播音与主持学科理论亟须根据时代变化来发展和提升。目前，一些高校已开始重视对新时代融合型播音员和主持人的培养。然而，现实情况是大多数高校在培养新媒体播音员和主持人时，思维仍然十分局限。有些只将新媒体主持人视为一个培养方向，有些只在原有课程上增加了一两门课程。这很大程度上是因为我国的播音主持教育工作者自身是通过传统体系培养出来的，突破传统教学模式存在一定的路径依赖和思维难度。因此，虽然萌生了改革的想法，却依然囿于保守。要培养适应时代发展的播音员和主持人，必须从播音与主持艺术专业的学科入手，重新思考和明确学科的定位、培养目标和方向，突破传统广播电视的限制，切实将人才培养改革提升到关乎学科存危与发展的层面上来。需要动员全体播音与主持教育队伍的力量，探索新的理论和框架，以实现独具中国特色的播音与主持艺术专业的可持续发展。

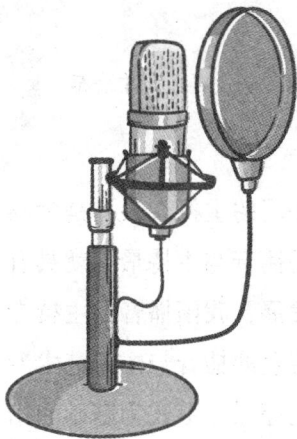

参考文献

[1] 段鹏.中国主流媒体融合创新研究[M].北京：中国传媒大学出版社，2018.

[2] 邓建国.媒体融合 基础理论与前沿实践[M].上海：复旦大学出版社，2017.

[3] 张子扬.媒体融合创新发展[M].南京：江苏人民出版社，2016.

[4] 宋金宝.媒体融合与传播策论[M].北京：中国传媒大学出版社，2022.

[5] 蒋晓丽，杨钊，李连杰，等.融媒体：媒体融合的中国路径[M].成都：四川大学出版社，2023.

[6] 郝天韵.南方报业传媒集团融合发展走出新路径[J].中国传媒科技，2018（7）：4.

[7] 刘宇浩.新闻传播视域下对技术变革影响的探究[J].新闻研究导刊，2020（2）：2.

[8] 陈绚.论媒体融合的功能[J].国际新闻界，2006（12）：5.

[9] 陈昌凤.媒体融合的核心：传播关系转型[J].中国记者，2014（3）：7.

[10] 王巍.广播电视播音主持语言表达规范研究[J].中国广播电视学刊，2022（7）：79-82.

[11] 耿畅.新媒体时代播音主持的发展路径[J].西部广播电视，2022（12）：182-184.

[12] 李丹.新媒体时代播音主持艺术的传承与创新策略[J].中国广播电视学刊，2022（5）：78-80.

[13] 程云.人工智能在播音主持工作中的应用研究[J].西部广播电视，2022（8）：166-168.

[14] 唐迪克.媒体融合视角下播音主持发展研究[J].中国地市报人，2022（4）：87-89.

[15] 张秋丽.媒体融合时代高校播音主持人才培养模式研究[J].新闻研究导刊，2022（1）：70-72.

[16] 刘文曦.媒体融合背景下播音主持话语表达的新实践[J].传媒，2021（24）：48-50.

[17] 旺珍.新媒体环境下少数民族地区广播播音员主持人应对策略[J].新闻传播，2021（24）：102-103.

[18] 杨锡.高校播音主持专业人才培养2.0模式研究[J].新闻研究导刊，2021（22）：79-81.

[19] 李璐.媒体融合时代下广电播音主持的创新与发展[J].大众文艺，2021（17）：101-102.

[20] 张为昱.聚焦融媒时代 探索声音艺术：评《融媒时代的播音主持艺术研究现状与趋势》[J].传媒，2021（16）：100.

[21] 王琳.融媒环境下电视播音主持风格的演变与创新[J].记者摇篮，2021（7）：154-155.

[22] 白梅.媒体融合时代下广播电视播音主持的创新与发展[J].西部广播电视，2021（7）：145-147.

[23] 黄晓.融媒时代广播电视播音主持的创新与发展[J].记者摇篮，2020（12）：181-182.

[24] 樊洁.媒体融合时代下广电播音主持的创新与发展[J].记者摇篮，2020（11）：147-148.

[25] 刘畅.适应媒体深度融合发展的播音主持专业课程建设初探[J].声屏世界，2020（15）：47-48.

[26] 杜金芮. 浅谈全媒体时代下播音主持的传承与创新 [J]. 记者摇篮，2020（7）：52-53.

[27] 张玥，郑逸舟. 媒体融合时代下广播电视播音主持的创新与发展 [J]. 传媒论坛，2020（11）：62.

[28] 汤怀锋. 浅谈媒体融合视域下如何提升播音主持工作能力 [J]. 传播与版权，2020（4）：108-110.

[29] 韩莉洪. 媒体融合时代下广播电视播音主持的创新与发展研究 [J]. 传播力研究，2020（10）：107-108.

[30] 冯媛媛. 媒体融合背景下播音主持职业素养的提升策略 [J]. 科技传播，2020（2）：83-84.

[31] 付俊楷. 基于媒介融合的高等院校播音主持专业定位 [J]. 文化产业，2020（2）：148-149.

[32] 杨雪瑞. 媒体融合时代下广播电视播音主持的创新与发展 [J]. 西部广播电视，2020（1）：152-153.

[33] 宋斌宏，董家辰. 媒体融合环境下的播音与主持艺术专业定位研究 [J]. 西部广播电视，2019（22）：207-208.

[34] 王益洲. 论融媒体视域下播音主持工作的有效开展 [J]. 传播力研究，2019（32）：148-149.

[35] 舒红霞. 融媒体时代播音主持语言传播的特征分析 [J]. 西部广播电视，2019（19）：178-179.

[36] 张传旭. 试论全媒体语境中电视播音主持的发展 [J]. 传播力研究，2019（28）：150.

[37] 吴宏波. 媒体融合时代下广播电视播音主持的创新与发展 [J]. 传媒论坛，2019（18）：47-48.

[38] 余尚娇. 基于媒体融合背景下播音主持职业素养的提升策略 [J]. 传播力研究，2019（26）：124-125.

[39] 赵丛菊. 媒体融合环境下播音与主持艺术专业的定位探讨 [J]. 西部广播电视，2019（15）：169-170.

[40] 高杰.媒体融合时代下广播播音主持的创新与发展[J].新闻前哨，2019（7）：56-57.

[41] 赵阳.新时期媒体融合背景下播音与主持专业人才培养对策研究[J].视听，2019（6）：250-251.

[42] 袁玮.媒体融合语境下广播电视播音主持工作存在的问题及对策探讨[J].传播力研究，2019（17）：141.

[43] 童云.高校播音主持人才隐性知识培养路径探析[J].齐鲁师范学院学报，2019（3）：20-25.

[44] 谢宏雁.媒体融合语境下广播电视播音主持工作存在的问题及对策[J].新闻研究导刊，2019（6）：88-112.

[45] 程远.媒体融合背景下播音主持职业素养的提升策略分析[J].记者摇篮，2019（2）：89-90.

[46] 郭怡然，周浩.媒体融合环境下播音与主持艺术专业的定位研究[J].传播力研究，2019（4）：166.

[47] 刘尧.媒体融合背景下播音主持职业素养的提升策略[J].科技传播，2018（9）：70-71.

[48] 修童.媒体融合背景下播音主持职业素养的提升策略[J].科技传播，2018（7）：11-12.

[49] 宋付力.媒体融合背景下播音主持职业素养的提升策略[J].中国传媒科技，2018（1）：112-113.

[50] 缪靖.媒体融合环境下播音与主持艺术专业的定位探讨[J].新闻传播，2017（19）：30-31.

[51] 李梅.新媒体环境下主持人媒介形象的变异与重构研究[D].西安：陕西师范大学，2021.

[52] 张超.媒介革新环境下播音主持人才的优化培养模式研究[D].开封：河南大学，2018.

[53] 陈思洋."全媒体时代"下我国节目主持人的转型升级探究[D].天津：天津师范大学，2016.

[54] 周健恒 . 融媒时代播音与主持艺术专业人才培养改革研究 [D]. 武汉：华中科技大学，2015.

[55] 蔡昕蕴 . 全媒体趋势下播音主持教学环节适配性研究 [D]. 西安：陕西师范大学，2012.